当代中国马克思主义无神论宣传教育研究

Dangdai Zhongguo
Makesizhuyi
Wushenlun
Xuanchuan
Jiaoyu Yanjiu

张戈 著

中国社会科学出版社

图书在版编目（CIP）数据

当代中国马克思主义无神论宣传教育研究 / 张戈著. —北京：中国社会科学出版社，2024.5
ISBN 978-7-5227-3635-8

Ⅰ.①当⋯ Ⅱ.①张⋯ Ⅲ.①马克思主义—无神论—宣传工作—研究—中国 Ⅳ.①B91

中国国家版本馆 CIP 数据核字（2024）第 110702 号

出 版 人	赵剑英
责任编辑	田　文
特约编辑	周晓慧
责任校对	张爱华
责任印制	张雪娇

出　　版	中国社会科学出版社
社　　址	北京鼓楼西大街甲 158 号
邮　　编	100720
网　　址	http://www.csspw.cn
发 行 部	010-84083685
门 市 部	010-84029450
经　　销	新华书店及其他书店
印　　刷	北京君升印刷有限公司
装　　订	廊坊市广阳区广增装订厂
版　　次	2024 年 5 月第 1 版
印　　次	2024 年 5 月第 1 次印刷
开　　本	710×1000　1/16
印　　张	13.25
插　　页	2
字　　数	185 千字
定　　价	88.00 元

凡购买中国社会科学出版社图书，如有质量问题请与本社营销中心联系调换
电话：010-84083683
版权所有　侵权必究

前　　言

马克思主义无神论是无神论发展的高级阶段，同时也是辩证唯物主义和历史唯物主义世界观的重要组成部分。马克思主义无神论宣传教育，就是通过社会宣传、学校教育等手段，使广大人民群众认识到"世上无神"的基本事实。我国是共产党领导的社会主义国家，历来高度重视马克思主义无神论研究和宣传教育工作，并将其纳入宣传思想工作的整体部署，在实践中创造和积累了许多好的经验，取得了明显的社会成效。进入 21 世纪，特别是党的十八大以来，面对坚持马克思主义无神论大原则的新要求，面对维护国家意识形态安全的新任务，面对传承中华人文精神的新课题，还应进一步加强和改进马克思主义无神论宣传教育。

马克思主义无神论宣传教育，理当讲清"世上无神"的基本事实。为此，可以从本体论上揭示"神"的本质及其产生发展消亡的客观规律，以此回答"为什么世上无神"；从认识论上剖析"神"存在的自然根源、社会根源和认识根源，以此回答"为什么有人信神"；从方法论上阐释"神"存在的长期性和最终消亡的必然性，明确在尊重信教群众信仰选择的同时，要积极引导宗教与社会主义社会相适应，以此回答"怎么对待本无的神和信神的人"。

马克思主义无神论宣传教育面向全体人民，但也要有针对性地突出主要对象。青少年的成长发展关乎党和国家的前途命运，应以他们为重点；党员干部的精神信仰关乎党和国家的兴衰存亡，应以他们为关键；农民群众的思想状况关乎党执政的群众基础，应以他们为基点。

做好马克思主义无神论宣传教育，应从三方面入手：一是做好基础工作，推动经济社会协调发展，加强重点领域的科技攻关，逐步消除"神"存续的社会根源和自然根源；二是用好学校主渠道，在大中小学和党校（行政学院）的课堂教育中融入无神论；三是守好社会宣传阵地，借助群众性精神文明创建活动和大众传播媒介积极宣传马克思主义无神论。

此外，还应建立健全马克思主义无神论宣传教育的长效机制，加强马克思主义无神论学科建设，给马克思主义无神论宣传教育提供体制保障和学术支撑。

目 录

第一章　引言 ………………………………………………… （1）
　　第一节　研究背景与意义 ………………………………… （1）
　　第二节　文献综述 ………………………………………… （9）
　　第三节　理论基础与基本概念 …………………………… （24）
　　第四节　研究思路与方法 ………………………………… （32）

第二章　当代中国马克思主义无神论宣传教育的生成逻辑 …… （35）
　　第一节　理论逻辑：坚持马克思主义无神论是"大原则" …… （35）
　　第二节　实践逻辑：维护当代中国意识形态安全 ………… （45）
　　第三节　历史逻辑：传承中华优秀传统文化中的人文精神 …… （58）

第三章　当代中国马克思主义无神论宣传教育的核心内容 …… （67）
　　第一节　从本体论上回答：为什么世上无神 ……………… （68）
　　第二节　从认识论上回答：为什么有人信神 ……………… （81）
　　第三节　从方法论上回答：怎么对待本无的神和信神的人 …… （89）

第四章　当代中国马克思主义无神论宣传教育的主要对象 …… （100）
　　第一节　青少年：马克思主义无神论宣传教育的重点 …… （100）
　　第二节　党员干部：马克思主义无神论宣传教育的关键 …… （109）
　　第三节　农民群众：马克思主义无神论宣传教育的基点 …… （118）

第五章　当代中国马克思主义无神论宣传教育的具体途径 ………（126）
　　第一节　基础工作：逐步消除"神"存续的现实基础 ………（127）
　　第二节　学校教育：充分发挥课堂教学的主渠道作用 ………（137）
　　第三节　社会宣传：积极拓展多维度多层次的宣传载体 ……（159）

第六章　当代中国马克思主义无神论宣传教育的组织保障 ………（173）
　　第一节　体制保障：规划马克思主义无神论宣传教育的
　　　　　　长效机制 ……………………………………………（174）
　　第二节　学术支撑：加强马克思主义无神论学科建设 ………（181）

结　　语 ……………………………………………………………（192）

参考文献 ……………………………………………………………（194）

第一章 引言

第一节 研究背景与意义

无神论是对"神"的观念的否定和批判。"神"的观念起源于原始社会,随着社会的发展而发展,并在这个过程中衍生出了原始宗教、民族宗教和世界宗教。与"神"的观念相伴随的无神论,也随着"神"的发展而不断完善。从自发的无神论到自觉的无神论,从古代的朴素无神论到近代以来的科学无神论,进而在人类文明和思考的积淀中,孕育出了其高级形态——马克思主义无神论。

马克思主义无神论是科学无神论发展的高级形态,是真正科学、彻底的无神论。它超越了单纯的"无神"论证而揭示了宗教的本质及其产生、发展、消亡的客观规律,超越了宗教批判而进入了社会批判,超越了思想领域而进入了社会实践领域。它不仅彻底地否定了鬼神、天堂、地狱及其他任何超自然力量的实际存在,而且积极地引导人们破除迷信、摆脱愚昧,用自己的智慧和双手去创造幸福美满的生活。这样,宣传教育就成为马克思主义无神论价值实现的重要环节。

一 研究背景

无神论思想是马克思主义的前提和基础,我们党历来高度重视马克思主义无神论宣传教育工作并将其纳入宣传思想工作的总体部署。早在土地革命时期,毛泽东就意识到无神论宣传教育的重要性,有计划地"在乡里也曾向农民宣传破除迷信"①。在抗日战争和解放战争时期，我们党在根据地和解放区组织成立了各级各类宣传队，以群众喜闻乐见的方式宣传马克思主义无神论，"反对群众脑子里的敌人"②。在新中国成立初期，党和政府开展了多形式、全覆盖、声势大的无神论宣传教育活动，下发了《不怕鬼的故事》等一系列的宣传教育材料，有效地破除了旧中国"遗留"的封建迷信思想，新中国的社会风尚为之一新。但自 1957 年起，宗教工作中的"左"的错误逐渐滋长，60 年代中期更进一步地发展起来。特别是在"文化大革命"中，林彪、江青反革命集团全盘否定了新中国成立以来党对宗教问题的正确方针，根本取消了党对宗教的工作。这同时也影响到马克思主义无神论宣传教育工作的正常开展。

十一届三中全会之后，党中央纠正了"文化大革命"中对宗教工作的"左"的错误，恢复了党的宗教政策，全国各级爱国宗教组织也逐步恢复并开展各项活动。与此同时，由于"文化大革命"期间对信教群众在宗教信仰上的过度压制，引发了拨乱反正时期一些地区宗教影响力的过度"反弹"，个别地区甚至出现了宗教狂热现象。对此，邓小平在 1980 年接见班禅额尔德尼·确吉坚赞时强调："对于宗教，不能用行政命令的办法；但宗教方面也不能搞狂热，否则同社会主义，同人民的利益相违背。"③ 这表明，在贯彻执行党的宗教政策的同时，决不能放弃马克思主义无神论的宣传教育。

基于这种认识，党中央印发了《关于我国社会主义时期宗教问题的基本观点和基本政策》。文件指出："我们共产党人是无神论者，应当坚持不懈地宣传无神论，但是我们同时应当懂得，对待人们的思想问题，对待精神世界的问题，包括对待宗教信仰的问题，用简单的强制的方法去处理，不但不会收效，而且非常有害。"④ 我们应该"用马克思主义

---

① 《毛泽东选集》第 1 卷，人民出版社 1991 年版，第 33 页。
② 《毛泽东选集》第 3 卷，人民出版社 1991 年版，第 1011 页。
③ 《邓小平思想年谱（1975—1997）》，中央文献出版社 1998 年版，第 329 页。
④ 《三中全会以来重要文献选编》（下），中央文献出版社 1982 年版，第 1225 页。

哲学批判唯心论（包括有神论），向人民群众特别是广大青少年进行辩证唯物论和历史唯物论的科学世界观（包括无神论）的教育，加强有关自然现象、社会进化和人的生老病死、吉凶祸福的科学文化知识的宣传，是党在宣传战线上的重要任务之一"[1]。马克思主义无神论宣传教育工作愈加系统化、规范化。

跨入21世纪，我国在迈入一个新的发展阶段的同时，也面临着改革发展稳定的新任务。一方面，随着人民物质生活水平不断提高，人民对精神文化生活的要求日益增长，急需高质量的"精神食粮"；另一方面，随着我国经济社会的快速发展，人们精神信仰的选择日益多元化，宗教成为"精神食粮"的重要"供给方"，宗教组织因此发展迅速，宗教的社会影响力明显增强。但宗教在发挥积极社会作用的同时，负面影响也日渐突出。

有些负面影响看似"小毛病"，实则是"大隐患"，倘若把握不好、处理不当，很容易被境内外敌对势力利用。比如达赖集团披着宗教外衣，标榜所谓"中间道路"，兜售"大藏区高度自治"，却在暗中密谋分裂国家。个别境外敌对势力、极端势力打着伊斯兰教的旗号，散播宗教极端主义，煽动境内人员进行所谓"圣战"，其真实意图是大搞暴恐活动，制造民族分裂。这些问题所涉及的都是敌我之间的较量，关乎国家安全和政权巩固，关乎中华民族和中国人民的根本利益。

宣传思想的阵地，我们不去占领，敌人就会去占领；马克思主义不去占领，各种非马克思主义甚至反马克思主义的思想就会去占领；无神论不去占领，有神论就会去占领。在这种形势下，中央组织部、中央宣传部、中央文明办、中共中央党校、教育部、中国社会科学院印发了关于马克思主义无神论宣传教育的指导性文件——《关于进一步加强马克思主义无神论研究和宣传教育工作的通知》。该通知指出：

　　面对改革发展稳定的新任务，面对人民群众精神文化生活

---

[1] 《三中全会以来重要文献选编》（下），中央文献出版社1982年版，第1238—1239页。

的新需求，面对与"法轮功"邪教组织和各种伪科学、迷信斗争的新情况，面对西方敌对势力利用宗教对我进行"西化"、"分化"的新动向，进一步加强马克思主义无神论研究和宣传教育工作，对于巩固马克思主义在意识形态领域的指导地位，保持党的先进性和纯洁性，提高全民族的思想道德素质和科学文化素质，打牢全党全国人民团结奋斗的共同思想基础，推动社会主义物质文明、政治文明和精神文明协调发展，具有十分重要的意义。①

党政各有关部门、教学科研各有关单位和社会各有关方面，要在党委的统一领导下，各尽其责，密切配合，积极探索新形势下开展马克思主义无神论研究和宣传教育工作的特点和规律，不断改进和创新工作内容、形式、方法和手段，努力提高马克思主义无神论研究和宣传教育工作的水平。②

十八大以来，党的宗教工作创新推进，爱国统一战线巩固发展，但与此同时，境内外的敌对势力也加紧利用宗教对我国进行渗透破坏，其活动呈现出组织化、系统化、精细化的趋势。面对新时代以来境内外敌对势力利用宗教进行的"西化""分化"图谋，党中央高瞻远瞩，将马克思主义无神论宣传教育提升到夯实马克思主义理论大厦基石、巩固执政党世界观基础、维护国家意识形态安全的高度。2016年4月，习近平总书记在全国宗教工作会议上指出："共产党员要做坚定的马克思主义无神论者，严守党章规定，坚定理想信念，牢记党的宗旨，绝不能在宗教中寻找自己的价值和信念。要加强对青少年的科学世界观宣传教育，引导他们相信科学、学习科学、传播科学，树

---

① 《关于进一步加强马克思主义无神论研究和宣传教育工作的通知》，载《中国精神文明建设年鉴（2005）》，学习出版社2007年版，第105页。
② 《关于进一步加强马克思主义无神论研究和宣传教育工作的通知》，载《中国精神文明建设年鉴（2005）》，学习出版社2007年版，第107页。

立正确的世界观、人生观、价值观。"① 此后，中央和各部委密集发文，强调要加强无神论宣传教育。2017 年 4 月，中央精神文明建设指导委员会印发《关于深化群众性精神文明创建活动的指导意见》，提出要"开展科学世界观和无神论教育，反对封建迷信和邪教，抵制愚昧落后"②。2018 年 2 月，《中共中央、国务院关于实施乡村振兴战略的意见》印发，提出要"加强无神论宣传教育，丰富农民群众精神文化生活，抵制封建迷信活动"③。2018 年 9 月，中共中央、国务院印发《乡村振兴战略规划（2018—2022 年）》，强调要"加强无神论宣传教育，抵制封建迷信活动"④。2019 年 1 月，中共中央印发的《中国共产党农村基层组织工作条例》要求：

> 党的农村基层组织应当加强对党员、群众的无神论宣传教育，引导党员、群众自觉抵制腐朽落后文化侵蚀，弘扬科学精神，普及科学知识。做好农村宗教工作，加强对信教群众的工作，管理好宗教活动场所，依法制止利用宗教干涉农村公共事务，坚决抵御非法宗教活动和境外渗透活动。必须在意识形态上站稳立场，旗帜鲜明反对各种错误观点，同一切歪风邪气、违法犯罪行为作斗争。⑤

2019 年 10 月，中共中央、国务院印发的《新时代公民道德建设实施纲要》再一次强调："要提倡科学精神，普及科学知识，抵制迷信和腐朽落后文化，防范极端宗教思想和非法宗教势力渗透。"⑥

中央和各部委的密集发文，一方面体现了我们党对无神论宣传教育

---

① 《习近平在全国宗教工作会议上强调：发展中国特色社会主义宗教理论 全面提高新形势下宗教工作水平》，《人民日报》2016 年 4 月 24 日。
② 《关于深化群众性精神文明创建活动的指导意见》，《人民日报》2017 年 4 月 6 日。
③ 《中共中央、国务院关于实施乡村振兴战略的意见》，《人民日报》2018 年 2 月 5 日。
④ 《乡村振兴战略规划（2018—2022 年）》，人民出版社 2018 年版，第 72 页。
⑤ 《中共中央印发〈中国共产党农村基层组织工作条例〉》，《人民日报》2019 年 1 月 11 日。
⑥ 《新时代公民道德建设实施纲要》，人民出版社 2019 年版，第 18 页。

的重视，另一方面也凸显了新时代无神论宣传教育工作的重要性和急迫性。形势逼人、挑战逼人、使命逼人，为了完成新时代马克思主义无神论宣传教育的使命任务，加强当代中国马克思主义无神论宣传教育研究刻不容缓。

二 研究意义

当代中国马克思主义无神论宣传教育研究，应当立足于当代中国的历史背景，深入思考"如何始终保持马克思主义无神论作为主流意识形态在人民群众思想中占据主导地位，如何减低宗教信众增加速度，如何抵御宗教对群众的精神诱惑和思想渗透"[1]的重大课题。

从理论上看，首先，马克思主义无神论宣传教育研究有助于推动马克思主义无神论学科的构建。《关于进一步加强马克思主义无神论研究和宣传教育工作的通知》提出"要加强马克思主义无神论学科建设和人才培养"[2]的要求。为落实这一要求，理应进一步推进马克思主义无神论宣传教育研究。马克思主义无神论研究，不但要从理论层面研究为什么"世上无神"，还要引导人们在日常学习、工作和生活中认识到这个事实，在此基础上引导人们树立起把握自己命运的人生态度，激发出昂扬向上、艰苦奋斗的精神力量。因此，宣传教育就成为马克思主义无神论研究价值实现的重要一环。对此，马克思主义经典作家有着丰富的论述，我们党在领导中国革命、建设和改革的历程中也发展出许多理论，新中国成立以来的学界前辈也贡献出许多优秀的研究成果，但是立足于当代中国，有针对性、专业性的研究尚不多见。为了弥补马克思主义无神论学科建设的不足，可以借用思想政治教育学的范畴，把马克思主义无神论宣传教育作为思想政治教育的基本内容，专门研究其生成逻辑、核心内容、主要对象、具体途径和组织保障。

---

[1] 叶小文：《中国特色社会主义宗教理论的内涵和外延》，《世界宗教研究》2016年第3期。
[2] 《关于进一步加强马克思主义无神论研究和宣传教育工作的通知》，载《中国精神文明建设年鉴（2005）》，学习出版社2007年版，第107页。

其次,马克思主义无神论宣传教育研究有助于丰富和发展思想政治教育学的内容。思想政治教育学是20世纪80年代创立的,指导着思想政治教育者有效开展思想政治教育,是帮助人们形成正确的思想和行为的学科。思想政治教育学是一门马克思主义理论学科,它以马克思主义理论体系为学科理论基础,以马克思主义理论教育为学科重要任务,致力于巩固马克思主义在我国意识形态领域的指导地位。从这个角度来看,马克思主义中的无神论思想,也就是马克思主义无神论的教育,亦是思想政治教育学科的重要研究内容。这一方向的研究,相对于思想政治教育学科其他内容的研究,尚属薄弱。鉴于此,深入研究马克思主义无神论宣传教育,剖析其生成逻辑、核心内容、主要对象、具体途径和组织保障,对进一步丰富发展思想政治教育学科的内容,有着重要的理论意义。

从现实中看,首先,马克思主义无神论宣传教育有助于维护意识形态安全。我国是共产党领导的社会主义国家,理应始终保持马克思主义无神论作为主流意识形态在人民群众思想中占据主导地位。然而,长期以来,西方国家一直将宗教视为对其他国家进行思想文化渗透的重要载体,把宗教问题作为遏制或颠覆其他国家得心应手的工具。他们打着"宗教自由"的旗号肆无忌惮地利用宗教对社会主义国家进行"西化""分化",在苏联解体和东欧剧变,以及部分国家的"颜色革命"中大显其效。21世纪以来,境外敌对势力加紧利用宗教对我国进行渗透,他们以"宗教自由"为幌子,利用一些基督教团体进行对华渗透,以此掩饰他们从事的变中国为世界上最大"牧场"的活动,掩盖他们反对和颠覆中国共产党的领导和社会主义制度的图谋。鉴于此,深入研究当代中国的马克思主义无神论宣传教育,对于抵御境外敌对势力利用宗教对我国进行的渗透,对于维护我国的国家意识形态安全具有重要现实意义。

其次,马克思主义无神论宣传教育有助于做好党的宗教工作。马克思指出:"工人党本来应当乘此机会说出自己的看法:资产阶级的'信仰自由'不过是容忍各种各样的宗教信仰自由而已,工人党则力求把信仰从宗教的妖术中解放出来。"① 列宁强调,马克思主义政党应坚持"任何人都有充分自由信仰任何宗教,或者不承认任何宗教,就是说,像通常任何一个社会主义者那样做一个无神论者。在公民中间,完全不允许因为宗教信仰而产生权利不一样的现象"②。这意味着马克思主义政党的宗教工作,不但要保护信教群众信仰各种宗教的自由,也要保护不信教群众不信仰宗教、宣传无神论的自由。这是同一问题的两个方面,任何强迫不信教群众放弃无神论去信仰宗教的行为,如同强迫信教群众放弃自己的宗教信仰一样,都是对公民宗教信仰自由的侵犯;任何只保护公民信仰宗教的自由而不保护公民坚持无神论的自由,如同不保护信教公民信仰宗教的自由一样,都不是全面、准确地贯彻党的宗教信仰自由政策,都无法最大限度将广大信教和不信教群众团结起来。因此,深入研究当代马克思主义无神论宣传教育,有助于贯彻落实党的宗教信仰自由政策,做好党的宗教工作。

再次,马克思主义无神论宣传教育有助于保持党的先进性和纯洁性。"共产主义是径直从无神论开始的"③,无神论思想是马克思主义科学理论中最为基础的思想,正是在这个基础之上,才树立起了马克思主义的理论大厦和科学社会主义的实践。从这个意义上讲,坚持无神论的虽然不一定始终坚持马克思主义,但不坚持无神论的一定不能坚持马克思主义。共产党员若要保持其先进性和纯洁性,必须坚持马克思主义无神论,然后才能树立起马克思主义的科学世界观,才能坚定马克思主义信仰和社会主义信念。鉴于此,为了保持党的先进性和纯洁性,必须加强对党员干部的无神论宣传教育,这也是当代中国马克思主义无神论宣传教育研究的重要现实意义。

最后,马克思主义无神论宣传教育有助于科学精神和积极人生观的

---

① 《马克思恩格斯文集》第3卷,人民出版社2009年版,第448页。
② 《列宁专题文集·论辩证唯物主义和历史唯物主义》,人民出版社2009年版,第220页。
③ 《马克思恩格斯文集》第1卷,人民出版社2009年版,第186页。

树立。马克思主义无神论宣传教育服从和服务于工人阶级政党的历史使命和社会主义国家的整体任务，着重为科教兴国贡献力量，让社会摆脱愚昧和迷信，因而理所应当包含自然科学知识的普及，包含科学精神和科学素养的培育。它通过对"神"的观念的揭示，通过科学知识的传播，帮助人们树立起科学的世界观，培育人们的科学精神和科学素养，进而夯实全党全国人民奋斗的思想基础。马克思主义无神论尽管是批判的，但并不是消极的，它建立在相信和依靠人民大众的基础上，在实际改善人民群众的物质与文化的条件和提高科学精神和认识水平上，建立起一种与宗教生活不同的思维方式和生活态度。这一逻辑正如马克思所指出的那般："对宗教的批判使人不抱幻想，使人能够作为不抱幻想而具有理智的人来思考，来行动，来建立自己的现实；使他能够围绕着自身和自己现实的太阳转动。"[1] 这也是通过坚持不懈的马克思主义无神论宣传教育，帮助人们树立起科学的人生态度和健康的生活方式的现实逻辑。

第二节　文献综述

从词源和含义上讲，"无神论"（Atheism）和"有神论"（Theism）、"宗教"（Religion）一样，都发源于西方，中国传统语境中并无与之含义匹配的词汇。汉语词汇"无神论"实为"舶来品"，其含义也多借鉴自西方。但从发展历史来看，由于社会历史背景的不同，中外学术界对无神论及其宣传教育的研究，走了迥然相异的两条路线。

一　国外文献综述

鉴于特殊的宗教文化背景，中世纪欧洲的无神论者常常被划为"异端"，遭受教会的迫害和挞伐。即便是步入了20世纪，欧美的部分学者也常常将无神论与共产主义一起污蔑为"无道德""万恶之源"。

---

[1] 《马克思恩格斯选集》第1卷，人民出版社2012年版，第2页。

譬如说，韦伯斯特在他的《新大学词典》（*Webster's New Collegiate Dictionary*）中就将"邪恶"（wichedness）列为无神论的同义词。[①] 在这种背景下，能够坚持无神论已经很难得，遑论"无神论宣传教育"，乃至"马克思主义无神论宣传教育"了。但即便是在如此不利的历史文化背景下，仍有一些研究者试图拨开历史和现实的迷雾，从理论上关注和研究这一西方哲学史中非常重要的课题。其中，影响力较大的就有当代西方新无神论思潮。

近代以来，随着社会的发展和科技的进步，宗教的影响力日趋衰弱。但进入21世纪以来，由于世界政治经济格局的变动和不平衡发展，部分地区的宗教原教旨主义和新基要主义势力开始复兴，宗教极端主义也有所抬头，这为西方新无神论思潮的兴起奠定了现实基础。

"9·11"事件后，极端主义和恐怖主义越来越成为世界和平与发展的共同威胁，西方知识精英由此开始反思和批判宗教，无神论和宗教批判类书籍愈加畅销，新无神论思潮开始兴起。在此期间，新无神论思潮的代表人物的代表作，如2004年山姆·哈里斯（Sam Harris）的《信仰的终结：宗教、恐怖与理性的未来》（*The End of Faith：Religion、Terror and the Future of Reason*），2006年理查德·道金斯（Clinton Richard Dawkins）的《上帝错觉》（*The God Delusion*），2006年丹尼尔·丹尼特（Daniel Dennett）的《打破魔咒：作为自然现象的宗教》（*Breaking the Spell：Religionasa Natural Phenomenon*），2007年克里斯托弗·希金斯（Christopher Eric Hitchens）的《上帝不伟大：宗教如何毒害一切》（*God Is Not Great：How Religion Poisons Everything*），开始在西方知识精英阶层畅销，无神论的社会影响力有所扩大，引发了当代西方一股新的无神论的思潮，格瑞·沃尔夫（Gary Wolf）在2006年的英国《连线》（*Wired*）杂志上将这一思潮命名为"New Atheism"[②]，当代西方新无神论思潮也因此得名。

---

① 参见 Jeff Frankel, *An Introduction to Atheism*, Independent Atheists, 1988, p. 23。
② Gary Wolf, "The Church of the Non-believers", *Wired*, 2006（11）.

第一章　引言

　　由于社会历史背景的不同，当代西方新无神论思潮与传统的无神论思潮有着诸多不同。在传统无神论思潮兴起之时，欧洲大陆的宗教和教会权威依旧强大，"中世纪把意识形态的其他一切形式——哲学、政治、法学，都合并到神学中，使它们成为神学中的科目。因此，当时任何社会运动和政治运动都不得不采取神学的形式；对于完全由宗教培育起来的群众感情说来，要掀起巨大的风暴，就必须让群众的切身利益披上宗教的外衣出现"[①]。无神论研究和宣传教育也摆脱不了这种影响，因此，传统无神论思潮无法彻底地否定和批判"神"和宗教，许多无神论者也托庇于"阐释宗教""维护教会"的名义才得以阐述自己的学说。此外，中世纪科学技术的发展也限制了传统无神论思潮的理论高度。

　　当代西方新无神论思潮则与之不同，他们对宗教的批判是毫不留情的。该思潮兴起于宗教影响力日趋衰弱的21世纪，学者们手中掌握了现代科学技术的最新成果，因而，他们的立场更为彻底、更为科学。理查德·道金斯直接表明："我的立场所全部要攻击的就是，基督教神学不是一门学科，它是空洞、真空，缺少同一性或内涵。"[②] 他毫不留情地批判宗教："在整个人类历史上，宗教狂热者都诉诸拷打和处决、十字军远征和圣战、清洗和大屠杀、宗教法庭和火烧巫师。"[③] 克里斯托弗·希金斯也持相同立场："理智必须将信仰当作敌人来消灭，消灭宗教将抑制人类的邪恶倾向，解决人类的顽固问题。"[④]

　　除了对宗教的无情批判外，部分学者还从宗教经典入手，从理论建构上揭露宗教经典的谬误和矛盾。山姆·哈里斯在其著作中运用进化论的观点否定了"《圣经》是道德源泉"的观点，他指出："人们今天

[①]《马克思恩格斯选集》第4卷，人民出版社2012年版，第262页。
[②] Marianna Krejci-Papa, "Taking On Dawkins'God: Aninter-view with Alister McGrath", *Science & Theology News*, 2005-04-25.
[③] Richard Dawkins, *The God Delusion*, Boston: Houghton Mifflin Harcourt, 2006, p.56.
[④] Christopher Hitchens, *God Is Not Great: How Religion Poisons Everything*, New York: Hachette Book Group, 2007, p.95.

选择遵守《圣经》中的某些训诫，并非源于《圣经》本身，而是人们自身选择的结果。"① 克里斯托弗·希金斯在其著作中用了多个章节来分析《圣经》内部存在的事实错误和逻辑错误。他指出，自然和人类的认识有限，所以宗教典籍并不是科学严密的。在批判神学的同时，当代西方新无神论思潮还提出其愿景，比如，美国无神论者联盟在其使命宣言中讲道："我们的愿景是把社会改变成理解和尊重无神论者的社会；支持和尊重基于理性、经验主义和自然主义价值的世界观；尊重和保护政教分离、宪法以及作为一个自由、民主和开放的国家的社会成员无神论者的人权。"②

总的来说，当代西方新无神论思潮的主要代表学者善于使用达尔文进化论的武器，充分利用现代科学技术成果来否定和批判神学，批判宗教极端主义，提出宗教信仰的非科学性和非理性的观点。在此基础上，他们主张对宗教进行科学研究，倡导科学和理性的生活方式。这一思潮虽然是少数派社会现象和亚文化形态，但经过新媒体力量的迅速传播，也对当代西方无神论的宣传教育起到了一定的推动作用。

二 国内文献综述

"未能事人，焉能事鬼。"由于思想文化的不同，我国历史上虽然出现过形形色色的鬼神观念，但从未发展出世界宗教和一神教，而是在绝大多数历史时期，保持着人文世俗理性的传统。但这并不意味着我国历史上缺乏无神论及其宣传教育的研究。事实上，无神论与有神论的共存、交锋贯穿了整部中国思想史，从荀子的《天论》到范缜的《神灭论》再到柳宗元的《天爵论》，都蕴含着先哲们对"天""人"关系的理性思考，闪耀着智慧光芒如无神论精神。

新中国成立之后，我们党高度重视马克思主义无神论的研究和宣传

---

① Sam Harris, *The End of Faith*, New York: W. W. Norton & Company, 2005, p. 69.
② Jesse M. Smith, "Creatinga Gogless Community: The Collective Identity Work of Contemporary American Atheists", *Journal for the Scientific Study of Religion*, 2013, 52 (1), p. 81.

教育工作。1963年,毛泽东就曾在中央外事小组、中央宣传部关于加强研究外国工作的报告指示稿上批示:"对世界三大宗教(耶稣教、回教、佛教),至今影响着广大人口,我们却没有知识,国内没有一个由马克思主义者领导的研究机构,没有一本可看的这方面的刊物。""不批判神学就不能写好哲学史,也不能写好文学史或世界史。这点请宣传部同志们考虑一下。"① 自此,我国无神论研究和宣传教育步入了一个新的阶段,推出了许多新的成果。

步入21世纪以来,随着党中央重视程度的提高,马克思主义无神论宣传教育研究有了新的起色,产生了一批优秀的研究成果。通过对文献资料的整理,我们把近年来国内学者对马克思主义无神论宣传教育的研究大致划分为以下五类:

第一,对马克思主义无神论及其宣传教育重要性的研究。马克思主义无神论及其宣传教育重不重要?这个问题既是学界研究的重点,也是争论的焦点。早在2001年,任继愈就将无神论的重要性上升到马克思主义理论基础的高度来认识,他指出:

> 一般地说,马克思主义和科学无神论的关系,类似高等数学和初等数学的关系。只有具备初等数学的扎实功底,才能学好高等数学;只有具备坚定的科学无神论的世界观,才能做一个真正的马克思主义者。……马克思主义是科学,要掌握一门科学,必须有坚实的基础知识。……进行科学无神论的宣传教育,在过去的战争年代是必要的,在当前的建设年代同样是必要的。②

有学者不认同这种观点,徐玉成指出:"无神论同马克思主义的辩证唯物主义和历史唯物主义之间虽然有渊源关系,但是二者不是一个思想体系,不能同日而语。所以把它们之间的关系轻率比喻为'初等

---

① 《毛泽东文集》第8卷,人民出版社1999年版,第353页。
② 任继愈:《不仅要脱贫 而且要脱愚》,《江南论坛》2001年第2期。

数学同高等数学之间的关系',是贬低了马克思主义历史地位,是不正确的,至少是不确切的。"至于无神论宣传教育,"应当与过去在政治上'左'的指导思想和'左'的作法划清界限,不要把正常的科学无神论宣传再搞成在政治上对宗教进行批判的运动,不能与'左'的指导思想混为一谈"。①

党的十八大以来,随着党中央对无神论宣传教育重视程度的提高,学界又围绕无神论及其宣传教育的重要性进行了研究和讨论。2016年5月,朱维群指出:"中国特色社会主义的理论源头和基础是马克思主义,而马克思主义的世界观是辩证唯物主义与历史唯物主义,无神论又是这一世界观的基础性组成部分。"他还对"马克思主义无神论属主流意识形态""党不仅要自身坚持而且要旗帜鲜明地向社会宣传马克思主义无神论"的论点进行了论证。②同年9月,朱晓明支持了这种观点:

> 无神论是马克思主义的基础和前提,也是马克思主义的重要内容。……一般的马克思主义宣传教育不能代替专门的无神论宣传教育。在当代中国,一般的中国特色社会主义理论宣传教育,也不能代替马克思主义无神论的宣传教育。我们也应向人民群众提供各种无神论的宣传材料……不断巩固无神论观念,而不是把无神论宣传教育仅仅停留在一般的理论、原则和概念上。③

有学者认为:

> 马克思主义哲学,即辩证唯物主义与历史唯物主义则是马克思主义的无神论的理论基础,或者用该文作者的说法"基础和前

---

① 徐玉成:《关于无神论宣传教育的几点思考》,《佛学研究》2003年第00期。
② 朱维群:《旗帜鲜明地坚持和宣传无神论》,《环球时报》2016年5月4日。
③ 朱晓明:《对无神论,既要坚持更要积极宣传》,《环球时报》2016年9月12日。

提"。正因为马克思主义哲学的彻底性,即在社会历史观上创立了历史唯物主义,因而马克思主义的无神论是建立在科学的唯物史观基础上的彻底的无神论,而以往的无神论充其量往往是以'下半截的唯物主义'(恩格斯语)或自发的唯物论为哲学基础。遗憾的是这位作者竟然把基本理论弄颠倒了。[①]

至于"马克思主义无神论中国特色社会主义宗教理论的世界观基础",则是同"无神论是马克思主义的基础和前提"一样都是"抬高无神论的地位的两个错误理论"[②]。虽然作者对无神论的重要性的相关观点进行了批驳,但认同坚持和宣传无神论的意义和紧迫性,"错误就在于为了突出无神论,设定了一个错误的前提,把正确的具体内容装进一个错误的框框里"[③]。讨论并未就此结束,研究也在进一步推进,在这场争论后,网上网下,期刊报纸仍旧围绕着无神论及其宣传教育的重要性进行讨论,观点大同小异,故不再赘述。

第二,对马克思主义无神论宣传教育是否应当批判有神论的研究。"无神论是对神的否定,并且正是通过这种否定而设定人的存在"[④]。从理论上讲,无神论宣传教育本就应当批判有神论,早在20世纪80年代末,任继愈就提出,无神论研究和宣传教育,不能消除"有神"观念和宗教神学,但可以使一部分人通过教育和实践,放弃唯心主义,接受唯物主义科学的世界观。[⑤]

然而,时过境迁,近年来,随着舆论环境的变化,学者们围绕着马克思主义无神论宣传教育到底要不要批判有神论又展开了争论。有学

[①] 陈村富:《简论马克思主义与宗教:兼议宣传无神论与信徒能否入党的两场争论》,《世界宗教研究》2016年第5期。
[②] 陈村富:《简论马克思主义与宗教:兼议宣传无神论与信徒能否入党的两场争论》,《世界宗教研究》2016年第5期。
[③] 参见陈村富《简论马克思主义与宗教:兼议宣传无神论与信徒能否入党的两场争论》,《世界宗教研究》2016年第5期。
[④] 《马克思恩格斯文集》第1卷,人民出版社2009年版,第197页。
[⑤] 任继愈:《宗教·道德·文化》,宁夏人民出版社1988年版,第17页。

者认为，无神论宣传教育应当批判有神论。李申等指出："只有科学无神论的宣传和教育才是抵制邪教的思想武器，才是提高民族思想素质的必要思想工作，才能帮助我们在各种各样的有神论进攻面前头脑清醒，保持自我，做一个现代的青年。"①

有学者认为，无神论宣传教育不应当强调与有神论的斗争。有观点认为："时下部分'科学无神论'者，夸大无神论与有神论作斗争的重要性，把思想信仰上的差别上纲为'谁战胜谁'的大是大非之争，似乎这一斗争决定着党和国家的命运。""宣传这样的无神论只会打击宗教界的积极性，加剧宗教界与社会的紧张，妨碍民族团结与宗教和睦，给政府帮倒忙，使社会主义者自我孤立，所以是不可取的。"② 三年后，他又撰文指出，有人把"仇恨矛头集中指向整个伊斯兰教和穆斯林。他们用极端敌对的言词，称伊斯兰教为'绿教'，鼓吹'绿色威胁论'，否定它是和平的宗教，把恐怖主义造成平民死伤的罪过转嫁在穆斯林头上，鼓吹与'伊斯兰法西斯恐怖主义'作战""这种极端无神论不仅在理论上歪曲马克思主义无神论，背离其反对向宗教宣战的原则立场，而且在政治上违反党的宗教工作基本方针，起了破坏民族关系的恶劣作用，应依法制止和惩处。"中国社会主义者应该"在思想上与战斗无神论、极端无神论划清界限，高举马克思主义无神论即温和无神论的旗帜，以博大胸怀善待宗教、尊重宗教信仰者，依据党的宗教工作基本方针，认真维护宗教界与信教群众的合法权益"。③

有学者从文化战略的角度看待我国的宗教存在，他认为：

> 人们批判宗教是因为其乃"统治者"的宗教，是替统治者服务并维护其利益的，却忘了今天的中国已是人民群众自己在当家做主，无产阶级革命党已经成了"执政者"，正在实践着其对国家的

---

① 李申等：《科学无神论大学生读本》，人民出版社2004年版，第28—29页。
② 牟钟鉴：《尊重宗教是无神论的新高度——温和无神论述要》，《中国民族报》2014年1月14日。
③ 牟钟鉴：《警惕极端无神论的危害》，《中国民族报》2017年3月21日。

治理和统领；当社会在强调宗教负面、消极和落后的因素时，却遗忘了马克思主义所论及的宗教之负面影响是由于其负面的社会存在。当社会基础已出现根本变化，执政力量有了质的改变后，难道不应该重新审视在这一基础上所产生的宗教以及这一宗教对新的执政者的维护吗？

基于此，他提出：

> 社会应以平常、正常之心态来看待和善待宗教，让宗教以其"神圣"、"道德"、"超越"之维来关心、支持并热情、主动地直接参与社会及文化建设，理直气壮地参与社会慈善和文化事业，减少人们的尘、俗追求，净化人们的心灵，提升人们的精神，使宗教成为社会大众安身立命、和谐生存的精神支柱之一，成为民族团结、社会和睦的催化剂和保护层。①

第三，对马克思主义无神论宣传教育现状的研究。21世纪以来，马克思主义无神论宣传教育在党中央关注和部署之下有了新的起色，但我们仍要清醒地认识到其中所存在的诸多问题。加润国认为，马克思主义无神论宣传教育的主体权责不清，影响了工作的落实。新中国成立初期无神论宣传教育由文教委负责，中宣部并不负责；文教委撤销后成立了宗教局，它开展无神论宣传教育就有了困难。

> 从宗教局来讲，它不是宣传部门，也不是教育部门，而是管理部门，主要工作是落实政策，依法管理，不涉及宣传无神论。因为宗教工作要面对宗教界人士和信教群众，强调思想信仰上互相尊重，不能对他们搞无神论宣传。解放初期宗教工作在文教委里面，它可以两方面都抓；但是现在分开了，宗教局只管一方面

---

① 卓新平：《从文化战略角度看待我国的宗教存在》，《中国民族报》2012年9月25日。

了。30 年来宗教政策落实得越来越好，现在信教的人很多，有神论影响越来越大，但是无神论宣传教育谁来做呢？无神论学科的队伍谁来建呢？当然要中宣部和教育部来管。但是，中宣部的任务太重，要弘扬主旋律，中央的政策、理论要宣传，一些大的思潮、舆论要引导。教育部要为国家培养人才，各方面的事情多得很。这样，无神论的研究和宣传往往就提不到应有的位置，这个工作就渐渐地落空了。①

杜继文认为，马克思主义无神论舆论话语权的弱势导致了宣传教育工作的艰难。

> 近些年来，我国的宗教发展速度、传播的广度、渗入的深度是空前的，而且没有遇到强力的学界阻击与教育界应有的抗拒……在这类语境之下，无神论被当做反对宗教、反对宗教信仰自由的邪恶。最常见的罪名就是"极左"，而一"极左"就是"文革"，一提"文革"，好像就是迫害宗教、消灭宗教……

在这种情况下，"一些高等人士一听到无神论就皱眉，相关机构则拒绝、冷漠、边缘化；所谓人文神学家和护教吃教的人群相互呼应，更与之不共戴天，丑化、压制、包围，让无神论不得发声，没有活动空间"②。这种舆论现状势必会影响无神论宣传教育的顺利开展。

第四，对马克思主义无神论宣传教育内容的研究。马克思主义无神论宣传教育的内容是马克思主义宣传教育的核心，马克思主义无神论宣传教育的内容决定着马克思主义无神论宣传教育目的的实现，因而也是学者们研究的重点。

---

① 加润国：《关于加强无神论研究宣传教育的思考和建议》，《科学与无神论》2011 年第 1 期。
② 杜继文：《什么是"宗教信仰自由"？——学习〈全面推进依法治国若干重大问题的决议〉，重读宪法的体会》，《科学与无神论》2015 年第 2 期。

第一章 引言

有学者认为，应当加强马克思主义关于宗教基本问题的理论观点的教育。刘福军指出：

> 学习马克思主义关于宗教基本问题的理论观点，目的是使大学生学会运用辩证唯物主义和历史唯物主义的立场、观点、方法认识到宗教的本质、根源和作用，知道宗教是有神论的唯心主义思想文化体系，同共产党人的无神论思想在世界观上是根本对立的；使大学生认识到宗教有一个发生、发展和消亡的漫长过程，知道宗教在社会主义社会仍将存在并将长期存在的事实。①

何虎生认为，马克思主义关于宗教基本问题的理论是无神论宣传教育的核心，但同时，他也强调了党和国家宗教政策教育的重要性："党和国家的宗教政策，是对马克思主义宗教观的运用和发展。""要用完整的准确的宗教政策教育和引导大学生，任何人既不得到宗教活动场所进行无神论的宣传，又要自觉与宗教的唯心主义世界观划清界限，努力树立马克思主义的科学世界观、人生观和价值观。"②

龚学增认为，马克思主义无神论宣传教育要重点宣扬科学知识。当前，马克思主义无神论研究和宣传教育工作的主要任务是要围绕科学思想、弘扬科学精神、普及科学知识、传播科学方法的主题来进行宣传。

> 要加强马克思主义唯物论基本原理和基本知识的研究和宣传教育，帮助人们认清人类社会发展的一般过程和普遍规律，增强坚持马克思主义唯物史观的自觉性和坚定性。要加强自然科学和生命科学基础知识的研究和宣传教育，帮助人们科学认识宇宙和生命的起

---

① 刘福军：《大学生马克思主义宗教观教育主要内容研究》，《学理论》2014年第11期。
② 何虎生：《论高等学校马克思主义科学无神论教育的主要内容》，《科学与无神论》2013年第3期。

源、人类进化的规律，正确对待各种自然现象、自然灾害和生老病死。要加强健康文明生活方式的研究和宣传教育，帮助人们养成良好的行为习惯，科学合理地进行体育锻炼、保健养生、饮食起居、观光旅游、休闲娱乐。要通过不懈努力，引导人们牢固树立正确的世界观、人生观、价值观，树立科学的自然观、宇宙观、生命观，增强辨别唯物论与唯心论、科学和迷信、文明与愚昧的能力。①

李士菊认为，应当加强社会科学知识的教育。社会科学知识的教育也是我们进行马克思主义无神论教育的一个重要方面。

> 历史、社会发展简史、法律常识、政治经济学常识、哲学常识等课程，都是研究社会科学的基础学科，属于社会科学的教育。这些学科也都是社会意识形态，具有比较强的阶级性、政治性和思想性。所以，在这些学科的教育和教学中，更应该突出和体现科学无神论教育的内容。②

何虎生和刘福军认为，应当加强理想信念教育。"在一定意义上说，理想信念教育已成为党的建设和思想政治教育工作的核心，成为马克思主义科学无神论宣传教育的重要内容，事关党的教育方针的贯彻落实，事关中国特色社会主义事业的合格建设者和可靠接班人的培养。……在境外敌对势力更加注重利用宗教渗透对我实施西化、分化的新形势下，必须大力加强社会主义核心价值体系的建设，努力增强社会主义意识形态的吸引力和凝聚力，自觉维护马克思主义在我国意识形态领域的指导地位，坚决抵御和防范境外敌对势力的宗教渗透，教育和引导人民群众树立科学的世界观、人生观、价值观和荣辱观，坚

---

① 龚学增、李申编著：《马克思主义无神论干部读本》，人民出版社2004年版，第308页。
② 李士菊：《马克思主义科学无神论的当代阐释》，人民出版社2006年版，第427页。

信和坚定马克思主义的科学理想和信念。"①

第五,对马克思主义无神论宣传教育组织与保障的研究。马克思主义无神论宣传教育由谁组织?对这个问题,习五一建议:

> 尽早建立主管部门牵头,教育、文化、组织、统战、理论、传播等各有关部门参加、分工负责、齐抓共管的长效机制,使这项工作获得不可缺少的思想保障、组织保障和制度保障。制定无神论宣传教育中长期规划和统筹协调规划落实的工作机制框架,是对此项工作具有决定性意义的"顶层设计",涉及无神论宣传教育工作的所有方针大计,都应在总的规划和机制确定之后,有领导地常抓不懈,有步骤地协调实施,落实一批近期可见的具体成果。②

徐麟认为,无神论宣传教育工作应当和"四大建设"结合起来,"四大建设,物质文明建设、政治文明建设、精神文明建设和党的建设,都要把无神论宣传教育纳入其中,列入议事日程,要倾全党之力来抓无神论宣传教育"③。

如何保障马克思主义无神论宣传教育的实施和实效?对此,学者们建议,应当充分整合现有的教育资源,多管齐下。比如,设置硕士点、博士点以培养宣传教育队伍。习五一、黄艳红认为:"只有在马克思主义研究学科中增设科学无神论专业方向的硕士点和博士点,才能为人才队伍的长期发展提供坚实的学术基础。"④ 比如,在课堂之外营造无神论宣传教育的气氛。左鹏认为:

---

① 何虎生、刘福军:《论马克思主义宗教观教育的主要内容》,载《马克思主义宗教观研究》,中国社会科学出版社2014年版,第271页。
② 习五一:《马克思主义理论学科前沿研究报告(2010)》,中国社会科学出版社2012年版,第2页。
③ 徐麟:《关于改革开放以来无神论宣传教育的回顾与前瞻》,《科学与无神论》2011年第7期。
④ 程恩富、侯惠勤、樊建新主编:《马克思主义理论研究与学科建设年鉴》,中国社会科学出版社2012年版,第442—458页。

可以通过校园网络文化的建设和管理，形成网上网下教育引导的合力；通过深度辅导和心理咨询，解决学生因学习、就业、人际交往等引发的心理不适和思想困惑；通过完善家庭经济困难学生资助政策体系，斩断所谓"信善助学机构"的活动空间；通过校园安全和法制教育，防止传教人员借新生入学、寒暑假、志愿服务、社会实践等机会拉拢学生。[①]

孙倩认为：

组织兴趣小组对有关问题进行研究，翻译国外有关资料，吸引学生参加并进行自我教育。也可以组织在线上活动，营造一种互动参与讨论无神论问题的气氛。还可以在校园文化活动中进行展览宣传等等。三要积极开发在校园里进行无神论教育的讲座或是选修课，整合现有的无神论专家力量，精选一些学生关心的问题，形成一本较好的通行的讲义，积累好的教学经验，以供推广。[②]

三 简要述评

近年来的研究表明，学界在当代中国马克思主义无神论宣传教育研究领域取得了不少成绩，涌现出一系列优秀成果，这些成果为本书的研究提供了大量学术资源和研究经验。然而，从研究现状来看，当前学界对马克思主义无神论宣传教育的研究还存在一些问题。

第一，当前研究成果总体上相对偏少。就文献量来看，以2001年1月1日至2020年3月29日为检索期限，在中国知网（CNKI）单以"无神论"进行篇名检索，有1406个，主题检索有2914条；以"无神论"和"宣传教育"的组合进行篇名检索，有33条，主题检索有120

---

① 左鹏：《高校思想政治理论课中宗教问题教育的现状及对策研究》，《思想教育研究》2015年第1期。

② 孙倩：《青少年科学无神论教育的理论与实践》，中国社会科学出版社2009年版，第252页。

条;以"马克思主义无神论"和"宣传教育"为组合进行篇名检索,仅有3条,主题检索也只有93条。就专著数量来看,在马克思主义无神论宣传教育研究领域,曾经出版了几部"读本",但主要适用于特定历史时期的宣传教育,也曾出现几篇学术论文,但针对的是特定人群和地区。以当代中国为背景,以全体人民为宣传教育对象的研究成果尚十分稀缺,急切需要立场鲜明、观点明确、资料翔实、深入浅出的"应景"新作。可以看出,近年来,在党中央的关怀下,关于无神论宣传教育研究虽然涌现出一系列优秀且影响深远的成果,但不得不说,相比研究成果丰硕、研究人员众多的诸多热门"显学",无神论这种"冷门绝学"还是研究人员和研究成果太少,关注度太低。

第二,重理论、轻实践,争论多、对策少。当前学者们对马克思主义无神论宣传教育的研究,多集中于从理论上论证其必要性和可行性。很多影响力深远的优秀成果是讨论"马克思主义无神论重要不重要""无神论宣传教育必要不必要""有神论批判应该不应该"的争鸣文章,这些文章立场鲜明、逻辑清晰、论证充分、传播广泛,具有非常高的理论价值,但能够直接用于宣传教育工作的文章、著作不多。这种研究现状的形成,一方面是历史原因,另一方面也与无神论学科研究滞后有关。由于无神论学科话语权较弱,专门从事马克思主义无神论研究和宣传教育工作的人员稀缺,使得当前的研究多集中于宗教学、统战学等相关学科的理论探讨上,思想政治教育理论与实践领域的成果稀缺。

第三,碎片化研究多,整体性研究少。当前学者们对马克思主义无神论宣传教育的研究,还存在着碎片化研究多,整体性研究少的问题。当前从事无神论宣传教育研究的学者有很大一部分是高校教师,他们的学科背景复杂多样,有医学、理学、工学,也有哲学、宗教学、人类学、社会学、传播学、教育学、马克思主义理论学科和中华优秀传统文化研究,他们从自己的研究方向出发,结合自己的宣传和教育体会,对如何进行无神论宣传教育做了研究。这种多学科多视角的研究倾向，在拓展马克思主义无神论宣传教育研究广度的同时，也带来了碎片化研究多、整体性研究少的问题。梳理、总结近年来的文献可以发现，学者们有的针对科学技术和科学普及进行研究，有的针对精神控制和心理调适进行研究，有的针对哲学本体论和宗教思想进行研究，有的针对统一战线和传播规律、教育规律等进行研究。研究虽然面面俱到，却凌乱虚无，缺乏立足于思想政治教育理论与方法的整体性研究。

基于此，本书研究将在深入梳理、学习、理解、借鉴当前学界研究成果和相关理论的基础上，力求将当前学界优秀的理论成果、鲜明的立场观点、丰富的学科背景、翔实的调查资料、有效的教学经验、高效的传播手段、先进的科技成果整合起来，然后借用思想政治教育学的范畴，把马克思主义无神论作为思想政治教育的基本内容，专门研究其宣传教育的生成逻辑、核心内容、主要对象、具体途径和组织保障。最后将这些成果付诸实践、接受检验，以期对当代中国的马克思主义无神论宣传教育工作有所贡献。

第三节　理论基础与基本概念

一　理论基础

（一）马克思主义的社会存在和社会意识辩证关系原理

社会存在和社会意识辩证关系问题是社会历史观的基本问题，正确认识这一问题是解决其他社会历史问题的基础和前提。针对这一问题，马克思主义提出了社会存在和社会意识辩证关系原理，科学地揭示了人类社会发展的规律。马克思对社会存在和社会意识的矛盾运动规律做了精练而科学的解释：

> 物质生活的生产方式制约着整个社会生活、政治生活和精神生活的过程。不是人们的意识决定人们的存在，相反，是人们的社会

存在决定人们的意识。社会的物质生产力发展到一定阶段，便同它们一直在其中运动的现存生产关系或财产关系（这只是生产关系的法律用语）发生矛盾。于是这些关系便由生产力的发展形式变成生产力的桎梏。那时社会革命的时代就到来了。随着经济基础的变更，全部庞大的上层建筑也或慢或快地发生变革。①

这就是社会存在和社会意识矛盾运动的规律。

宗教是一种社会意识形式，是一种特殊的意识形态。相比于政治法律思想、道德、艺术，宗教虽然看似同人们的物质生活相关性不大，同经济基础的联系不紧密，但归根结底也是一种意识形态，与物质生活，与经济基础存在着千丝万缕的联系。正如恩格斯所指出的那般："更高的即更远离物质经济基础的意识形态，采取了哲学和宗教的形式。在这里，观念同自己的物质存在条件的联系，越来越错综复杂，越来越被一些中间环节弄模糊了。但是这一联系是存在着的。"② 也正因如此，宗教的本质及其产生、发展、消亡的客观规律也遵循着马克思主义关于社会存在和社会意识辩证关系原理。这一原理也因此成为马克思主义无神论宣传教育研究的重要理论基础。

（二）思想政治教育灌输理论

思想政治教育灌输理论是思想政治教育理论的重要内容，它源于马克思主义灌输理论。列宁指出，"工人本来也不可能有社会民主主义的意识。这种意识只能从外面灌输进去"③。这一论述着重强调了科学的思想和先进的理论不可能凭空出现在人们的脑海中，必须通过"灌输"的方法，从外部输送到人们的头脑中，才能让人们掌握科学的思想和先进的理论。"灌输"的形式有很多种，比如，通过杂志、书籍、报纸、传单条幅、文件板书等输送的文字灌输，通过课堂讲授、宣讲报告

---

① 《马克思恩格斯文集》第2卷，人民出版社2009年版，第591—592页。
② 《马克思恩格斯选集》第4卷，人民出版社2012年版，第260页。
③ 《列宁选集》第1卷，人民出版社2012年版，第317页。

等输送的语言灌输,通过话剧演出、电视电影等输送的形象灌输,等等。

思想政治教育灌输理论是党的宣传思想工作的重要方法,是马克思主义无神论宣传教育的重要手段。借助"灌输",我们可以有效地提升人们的思想认识水平,帮助人们掌握科学的思想和先进的理论,还可以引导人们认识宗教有神论的虚幻本质,帮助人们认识"世上无神"的基本事实,也正因如此,思想政治教育灌输理论成为马克思主义无神论宣传教育的重要理论基础。

(三)大众传播理论

大众传播指一群人经由一定的大众传播工具,如报纸、书籍、电视、电台、网络、移动终端等向社会大众传送信息的过程。大众传播的传送者通常是庞大的组织体,沟通工具大都是先进的科技传输技术,而受众则是数量庞大的大众。对当代中国来说,随着科技的发展,大众传播得到了快速发展,进入了一个高度发达的时代。大众传播信息量巨大、传送体系开放、传播渠道多样、传播速度快捷,已经完全渗透进人们的日常生活。在这种情况下,综合运用各种大众传播媒介来宣传马克思主义无神论,能够取得事半功倍的效果。致力于研究大众传播的大众传播理论也因此成为马克思主义无神论宣传教育研究的重要理论基础。具体来说,大众传播理论主要有以下几种:

首先是"把关人"理论。"把关人"理论,也被称为"守门人"理论。在大众媒体传播的过程中,诸如新闻记者、新闻编辑乃至期刊报纸的总编辑是对新闻的报道、讨论的议程、话题的走向有着最终的"把关权",这些人牢牢地把握着舆论和报道的走向,因而也被称为"把关人"。"把关人"能够决定什么样的新闻可以报道,什么样的消息能够让大众知晓,这种权力让他们有着引导甚至决定舆论走向的能力。"把关人"理论反映了大众传媒时代的新闻传播生态,也是马克思主义无神论宣传教育应深入研究的大众传播理论。

其次是使用与满足理论。这个理论最早出现于20世纪40年代,它将自己代入新闻受众的角色,分析何种新闻满足了新闻受众的要求,何种传媒更容易接触到新闻受众的需求,在此基础上考察大众传播媒体所传播的新闻给新闻受众带来了什么样的影响,产生了什么样的作用。这一理论将传统大众传播理论的研究视角从"传播者"转向了"接受者",强调了新闻受众的感受,新闻受众的选择,以此来决定新闻传播的议程设置。值得注意的是,强调新闻受众的需求并不是无原则地满足任何要求,在马克思主义无神论宣传教育中,既应该以通俗易懂的材料和语言宣传马克思主义无神论,也应当有选择地甄别有益的信息,如此,才能取得较好的宣传教育效果。

再次是议程设置理论。该理论认为,新闻受众对某一新闻的观点和立场是纷繁复杂的,传播者无法决定接受者的立场和观点,也无法满足所有人的口味。但是,大众媒体针对某一新闻、某一事件报道得越多,新闻接受者就认为它越重要,大众媒体越强调某种立场,新闻接受者就越能在潜移默化中受其影响。因此,大众传媒可以设置新闻传播的议程,设置自己的偏好,以此来影响新闻受众。在自媒体时代,新闻受众的偏好虽然难以为某一家媒体的议程所影响,但通过多家媒体的矩阵联盟,共同设置,共同引导,可以有效实现特定的议程。该理论是大众传播理论中重要且经典的理论,也是马克思主义无神论宣传教育所必须深入研究和借鉴的理论。

最后是沉默螺旋与反沉默螺旋理论。沉默螺旋理论与反沉默螺旋理论是对立的。沉默螺旋意味着,由于害怕孤立,人们在表达自己的观点之前会先看大多数人的观点,发现当他们与大多数人意见不同时,他们会选择沉默。反沉默螺旋理论则相反,少数人选择不沉默,他们反对大多数人的意见,甚至在某些情况下能够造成少数意见与多数意见相对抗,乃至导致舆论反转的一种理论。

除此之外,大众传播还有拟态环境理论、模式示范论、强大效果模式论、培养理论、知沟理论等一系列理论,由于篇幅所限,不再一一赘述。

二　基本概念

（一）当代中国

"时代"是人们认识人类社会规律的世界历史性范畴，它表示一定时空范围中世界历史的性质和走势。"当代"就是指"当前所处的时代"，是对人类发展历史时间段的一个定性界定。

马克思主义认为，生产力是推动社会进步最为活跃和革命的要素，科学技术是第一生产力，所以，科学技术革命就成为判断人类所处"时代"的重要因素。18世纪60年代至19世纪中叶的第一次科技革命，标志着资本主义战胜了封建主义，人类进入工业时代。19世纪60年代后期，随着资本主义经济的快速发展和科学技术的进步，资本主义生产的社会化大大加强，资本主义世界体系由此确立，世界各国之间的联系逐渐加强，人类走入了电气时代。第三次科技革命是第二次世界大战之后科技领域发生的第三次重大革命，主要涉及信息技术和新能源技术等领域。人类逐渐走入信息时代。从时间上看，第三次科技革命始于20世纪四五十年代，这也是世界历史意义上的"当代"，也是通常意义上所指的"当代"，即第三次世界科技革命延续至今的历史时期。

对本书来说，"当代中国"的时间应界定为人类进入21世纪以来特别是党的十八大以来的时期。进入21世纪的人类社会，世界各国各地区相互联系、相互依存的程度空前加深，人类生活在同一个地球村里，越来越成为"你中有我、我中有你"的命运共同体。当代中国在改革开放和社会主义现代化进程中迅猛发展，无论是经济实力、科技实力、国防实力还是综合国力都进入世界前列，人民生活水平实现前所未有的提升，创造了举世瞩目的"中国奇迹"。特别是党的十八大以来，经过长期努力，中国特色社会主义进入新时代。这意味着近代以来披荆斩棘的中华民族迎来了从站起来、富起来到强起来的伟大飞跃；意味着饱经风霜的中华民族迎来了伟大复兴的光明前景；意味着21世纪中国出现了科学社会主义。机遇与挑战并存，美好前景与艰难险阻同在。为了实现中华民族近代以来的伟大梦想，我们还要进行许多具有新的历史特点的伟大斗争，其中就包括了意识形态领域有神论与无神论的斗争。鉴于此，站在新的历史方位，认清天下大势、顺应时代潮流、把握未来方向，必须以当代中国为研究背景，做好新时代马克思主义无神论宣传教育必须以当代中国为研究背景。新时代为马克思主义无神论宣传教育带来了新的机遇，也带来了新的挑战，以这一段时期为研究对象，对当前我国的无神论宣传教育工作也有着较强的现实意义。

（二）无神论

"神"是不存在的，但是"神"的观念和信神的现象却是现实地存在着的，因此，无神论的研究对象不是"神"，而是"神"的观念。以"神"的观念为核心的种种意识形态，诸如鬼神迷信、膜拜团体、神秘主义、超自然力量崇拜和宗教，都属于无神论的研究范畴。不仅如此，作为一门以"无"来命名的学科，无神论围绕着"神"的观念而展开的研究所得出的结论和事实，就是"无神"。综上所述，无神论是对"神"的观念的批判与否定，它以"神"的观念为研究对象，通过否定式、归谬式的研究方法，讲清"世上无神"的基本事实。一切从实际出发，认为世界上没有神、鬼、天堂、地狱以及其他任何超自然力量的实际存在，人的命运掌握在人自身手里的理论都可以被纳入无神论范畴。

无神论是人类社会文明的结晶，其产生和发展与人类社会的历史进程紧密相连，其形式随着"神"的观念的演变而不断变化。历史研究和考古发掘表明，在人类早期，"神"的观念尚未产生，更遑论有神论和无神论了，因而最早的人类可以被认为是"自然且自发的无神论者"。在智人阶段以后，通过劳动，人类感受到了人与自然的对立统一关系，产生了"神"的观念，自觉的无神论也随着"神"的观念的产生而产生。在与有神论的共存和斗争中，无神论演化出诸多流派，如德谟克利特的"原子论"，儒家的"远神论"，道家的"泛神论"，这些都归属于古代朴素无神论范畴。

近代以来，随着科学技术的迅猛发展，人类认识能力逐步提高，西方兴起了无神论思潮。近代西方的无神论思潮一方面因为坚持了科学精神和科学方法，并且充分运用现代自然科学的优秀成果来批判和否定神学，被称为"科学无神论"；另一方面，因为立场鲜明地反对封建主义并且坚决地批判神学，又被称为"战斗无神论"，其主要形式有17世纪和18世纪英国和法国的唯物主义，19世纪德国的费尔巴哈人本主义无神论。到了20世纪，西方无神论的主要形式表现为"人本主义"，如实用主义和世俗人文主义。

进入21世纪之后，随着全球宗教极端主义和新基要主义的复兴，当代西方的无神论和世俗人文主义思潮再次活跃。这股无神论思潮，较之传统西方无神论有着诸多不同，被称为"当代西方新无神论"。一方面，当代西方新无神论充分汲取了当代科技发展的最新成果，因而更加无情地批判宗教和神学，坚持更为彻底的无神论立场，如反对智能设计论，积极解构神秘主义；另一方面，当代西方新无神论支持并倡导世俗和人文的生活方式，因而更为坚定地主张政教分离、教育与宗教相分离的理念。

（三）马克思主义无神论

马克思主义无神论，指的是马克思主义的无神论思想。法国启蒙运动与英国经验论思潮，特别是德国古典哲学是马克思主义无神论赖以产生的思想渊源，文艺复兴以来的近代自然科学的发展则为马克思主义无神论的产生提供了必要的技术手段与实证支持。在此基础上，马克思主义无神论运用辩证唯物主义和历史唯物主义的世界观和方法论，科学地揭示了宗教的本质及其产生、发展和消亡的客观规律，深刻地阐明了"世上无神"的基本事实。面对有神论，马克思主义无神论虽然彻底否定了上帝、佛陀等一切"超人间力量"的存在，但并未"简单地说它是骗子凑集而成的无稽之谈"[①]，而是从历史发展的角度客观

---

① 《马克思恩格斯文集》第3卷，人民出版社2009年版，第592页。

辩证地分析宗教有神论,指出"神"的观念的产生是人类思维能力和实践能力发展的结果,是人类社会的进步;然后全面分析了"神"的观念存在和发展的自然根源、社会根源和认识根源,并将这种现象视为人类社会发展到一定阶段的必然结果;最后,揭示了宗教存在的长期性和消亡的必然性,阐明了无产阶级政党对待宗教问题的科学态度。

正如辩证唯物主义是对一切旧唯物主义的超越一样,马克思主义无神论是对历史上各种无神论的超越,是无神论发展的高级形态,是真正科学、彻底的无神论,为人们科学认识和处理宗教问题提供了重要的思想武器。

(四) 宣传教育

宣传,意指"宣扬传播",是为特定主题而设计的一种信息表达形式,在新闻传播学中,"宣传"指的是运用各种有意义的符号传播一定的观念,借以影响人们的思想,引导人们的行动的一种社会行为。在西方,宣传的原意是传播哲学论据或见解,但现在常被用于政治语境中,尤其是政府或政治团体支持的行动。宣传内容,按照内容可分为政治宣传、宗教宣传、军事宣传、商业宣传和科技宣传。宣传有多种手段,如面对面宣传,使用语言、姿势、表情等进行的宣传,通过报纸、杂志、图书等纸质传媒向大众宣传,通过广播、电视、电影等电子媒体向大众宣传。宣传的载体包括文艺演出、理论文章、新闻报道、旗帜、徽章、制服、博物馆等。宣传手段有灌输、教育、劝说、引导、批评等。

教育,狭义上指的是专门的学校教育,广义上泛指能够影响人民身心的一切社会实践活动。其中,学校教育既包括全日制学校教育,也包括半天制、业余学校教育、函授教育、广播学校和电视学校教育。它立足于一定社会的现实和未来的需要,遵循青年一代身心发展的规律,有目的、有系统地引导受教育者获得知识和技能,培养思想品德,发展智力和体力,是指把受教育者培养成适应社会需要、促进社会发展的人的活动。

"宣传教育"兼有"宣传"和"教育"的含义，泛指运用思想政治工作的方式，使宣传教育对象得到进一步提高和发展的措施与方法，是提高人的认识，实现组织目标的重要途径，其方法根据不同情况和特点因人而异。运用宣传教育手段，要坚持理论联系实际原则、民主原则，以表扬为主、表扬与批评相结合的原则，提高思想认识与关心群众物质利益相结合的原则，身教与言教结合、身教重于言教的原则，宣传教育手段与经济手段相结合的原则等。它在不同的领域所采用的方式、方法不同，在意识形态领域里，多采用思想政治教育的工作方式。就本书来说，宣传教育途径有基本手段、学校教育和社会宣传。

在本书中，"马克思主义无神论宣传教育"意指对"马克思主义无神论"的"宣传教育"，即通过辩证唯物主义和历史唯物主义的世界观和方法论来剖析宗教的本质及其产生、发展、消亡的客观规律，以此揭示"神"的观念的虚幻性，通过生动的例子、细致的讲解、归谬的论证来揭示"有神"观念的荒谬性，从而讲清"世上无神"的基本事实。

第四节 研究思路与方法

一 研究思路

本书研究的是当代中国马克思主义无神论宣传教育，研究思路和方法如下。

从本书研究内容而言，首先，需要从理论上解析马克思主义无神论的理论蕴含和实践指向，进而从本体论上论证世界上从来没有神，从认识论上澄清人为什么会信神，从方法论上回答人应该怎么对待本无的神和信神的人。其次，需要在现实中把握当代中国意识形态领域有神论与无神论矛盾运动的新动向，分析当前我国马克思主义无神论宣传教育的现实状况，继而就马克思主义无神论宣传教育的生成逻辑、核心内容、主要对象、具体途径和组织保障进行深入细致的研究，最后将这些成果付诸实践并接受检验，以推动马克思主义无神论宣传教育工作落到实处、取得实效。

在研究中还存在诸多难点。首先是文献积累难度较大。充足的文献积累是研究的基础，然而，关于马克思主义无神论宣传教育属于"冷门绝学"，对其研究的文献量稀少，文献积累难度较大。其次是展开调查研究的难度较大。思想倾向涉及个人隐私，宗教信仰更是公民"个人的私事"，以访谈形式收集资料的难度较大，而且要搜集到相对科学、客观的资料的难度更大。

对马克思主义无神论宣传教育的研究也具有一定的创新性。首先，马克思主义无神论宣传教育本身就是具有重大理论和现实意义的创新选题，本书立足于当代中国的时代背景，通过对已有研究成果的总结，对已有实践经验的提炼，以期对当前以及今后一个时期里马克思主义无神论宣传教育工作有所裨益。其次，我们党历来高度重视马克思主义无神论的研究和宣传教育工作，党的十八大尤其是2016年全国宗教工作会议以来，更是进入了一个新局面，本书将其纳入思想政治教育学范畴进行研究，亦具有一定的新意。

二 研究方法

本书主要采取以下研究方法。

（一）文献研究法

马克思主义无神论宣传教育的文献较为稀少，搜集难度较大。但是在本书的研究中，充足的文献积累是研究的基础。为此，应当系统查阅经典作家关于宗教和无神论的相关论述，查找新中国宗教工作和无神论宣传教育的文献资料，搜集国内民间信仰、宗教信仰的种类和境外宗教渗透方式等相关研究，在此基础上进行文献研究。

（二）调查研究法

宗教信仰属于"公民个人的私事"，调查难度较大。为了取得较为科学的资料，本书在研究过程中要深入调查当代中国宗教传播的途径和载体，境外宗教渗透的组织体系、方式方法和重点对象，重点人群对信仰宗教现象以及对宗教信仰和民间信仰现象的认识，无神论宣传教育工作中有效的方式方法，然后在此基础上进行分析研究。

(三) 比较研究法

比较研究方法指对事物与事物、人与人之间的相似性或相异性进行研究和判断的方法。比较研究可以被理解为按照一定的标准考察两个或两个以上相关事物，寻找异同点，探索一般规律和特殊规律的方法。根据不同的标准，比较研究方法可分为单项比较与综合比较、横向比较与纵向比较、定性比较与定量比较、宏观比较与微观比较等具体方法。该方法也是本书研究的重要方法。

(四) 历史研究法

历史研究方法是指运用历史资料，按照历史发展的顺序，对历史事件进行研究的方法，又称纵向研究法，这是本书研究所涉及的重要研究方法。马克思主义无神论对各种形式有神论的考察，从本质上讲需要深入这种观念形成和发展的社会历史条件中，因而不可避免地要运用历史研究法。历史研究法主要被用于研究有神论的发展演变历史，从特定的社会历史背景，从各种事件的关系中探寻因果线索，演绎发展变化的动因，分析现状的由来，推测未来可能的变化。

(五) 跨学科研究法

跨学科研究是对单一学科研究的挑战和革命，也是本书研究的重要方法。跨学科研究法综合运用多种学科的理论和方法来研究特定的课题，也被叫作交叉研究法。对当代中国马克思主义无神论宣传教育的研究，不应囿于马克思主义哲学、思想政治教育学等马克思主义理论学科，还要进一步超越这些学科的研究范畴，汲取其他领域、其他学科，如宗教学、人类学、社会学、传播学的理论与方法，医学、理学、工学的成果和知识，对中华优秀传统文化的深厚积淀，乃至宗教哲学、宗教神学的研究方法、研究理论也应有针对性地加以剖析，在此基础上，结合当代中国马克思主义无神论宣传教育的理论和实践，对下一步如何改进和加强当代中国马克思主义无神论宣传教育进行研究。

第二章 当代中国马克思主义无神论宣传教育的生成逻辑

在当代中国，马克思主义无神论有其独特的理论地位、现实作用和历史特点，这也是马克思主义无神论宣传教育生成的内在逻辑。从理论上看，马克思主义是我们立党立国的根本指导思想，无神论思想是马克思主义的基础和前提，坚持马克思主义无神论就成为我们推进各项工作的"大原则"[①]。从实践上看，我国是共产党领导的社会主义国家，为了维护当代中国的意识形态安全，我们理应坚持马克思主义无神论作为主流意识形态在人民群众思想中的主导地位。从历史上看，马克思主义无神论的理论特点与中华优秀传统文化中的人文精神颇有契合之处，宣传马克思主义无神论有助于中华优秀传统文化的创造性转化和创新性发展。

第一节 理论逻辑：坚持马克思主义无神论是"大原则"

正确的行动源于正确的思想，科学的实践源于科学理论的指导。马克思主义是揭示人类社会发展规律的科学理论，是我们立党立国的根本指导思想，必须毫不动摇地坚持。在马克思主义的科学思想体系中，无神论思想是最为基础的思想之一，是其他理论的一个前提，理应成

---

① 参见王伟光《坚持马克思主义无神论是大原则》，《科学与无神论》2017年第6期。

为我国立法、行政、司法以及经济、政治、社会、文化、生态等方方面面工作所坚持的"大原则"。然而，近年来，随着境外宗教渗透的加剧和信仰选择的多元化，有神论者试图否认无神论思想在马克思主义理论中的重要地位，意图把无神论从马克思主义中阉割出去。事实上，无神论学科虽然话语权微弱，无神论话题也较少被提及，但它在整个马克思主义理论中的基础地位并未受到削弱，倘若贸然抽掉，势必会动摇整个马克思主义理论大厦的根基。鉴于此，廓清无神论思想在马克思主义理论大厦中的重要地位，明确马克思主义无神论宣传教育的不可替代性，有着重要的理论意义。

一　马克思主义是我们立党立国的根本指导思想

毛泽东指出："人们要想得到工作的胜利即得到预想的结果，一定要使自己的思想合于客观外界的规律性，如果不合，就会在实践中失败。"[①] 一个人如此，一个政党如此，一个国家也是如此。无产阶级政党想要领导人民赢得革命、建设和改革的伟大胜利，就必须坚持科学的指导思想。指导思想是一个政党的精神旗帜和行动指南，是指导一个政党全部活动的理论体系，对中国共产党和中华人民共和国来说，这个根本指导思想就是马克思主义。

马克思主义成为立党立国根本指导思想是由其科学性决定的。马克思主义是马克思和恩格斯在170多年前创立的科学理论体系。马克思主义理论体系博大精深，包括马克思主义哲学、马克思主义政治经济学和科学社会主义三个基本组成部分，此外，还包括其他诸多知识领域的丰富内容。其中，马克思主义哲学是整个理论体系的基础，它揭示了自然、社会和人类思维发展的一般规律，为人们提供了科学的世界观和方法论，提供了认识和处理问题的立场、观点和方法。

马克思主义成为立党立国根本指导思想是由其人民性决定的。马克思主义理论不仅是科学的理论，而且更重要的是为人民谋解放的理论。

---

① 《毛泽东选集》第1卷，人民出版社1991年版，第284页。

马克思主义把唯物论和辩证法结合起来，将其彻底运用到社会历史领域，创立了历史唯物主义，提出历史是人民的历史，人类社会发展规律是人民活动的规律。随后，马克思运用辩证唯物主义和历史唯物主义考察资本主义社会，创立了剩余价值理论，揭示了资本主义社会的矛盾运动规律，提出了资本主义必然灭亡、社会主义必然胜利的科学结论，为人民探求自身解放，最终建立一个没有压迫、没有剥削、人人平等、人人自由的共产主义社会指明了方向。

马克思主义成为立党立国根本指导思想是由其实践性决定的。实践的观点是马克思主义首要、基本的观点，实践性是马克思主义理论区别于其他理论的显著特征。马克思主义政党想要检验自身理论的科学性，领导人民实现自身的解放，就必须坚持一切从实际出发，理论结合实际，"人应该在实践中证明自己思维的真理性，即自己思维的现实性和力量，自己思维的此岸性"①。马克思主义诞生170年来各国马克思主义政党的奋斗史，尤其是中国共产党将马克思主义基本原理同中国具体实际相结合，领导中国革命、建设和改革取得伟大胜利的历史，一而再、再而三地证明了实践是检验真理的唯一标准。

马克思主义成为立党立国根本指导思想是由其开放性决定的。时至今日，马克思主义依然保持其生机活力的奥妙就在于其开放性，它始终面向时代开放，将人类的新实践与新知识纳入进来，不断应对所面临的新挑战，因此成为能够顺应时代发展、回答时代课题的与时俱进的科学理论。自21世纪，尤其是党的十八大以来，中国共产党人把马克思主义基本原理同中国具体实际相结合，同中华优秀传统文化相结合，团结带领人民进行伟大斗争、建设伟大工程、推进伟大事业、实现伟大梦想，推动党和国家事业取得了全方位、开创性历史成就，发生深层次、根本性历史变革，中华民族迎来了从富起来到强起来的伟大飞跃。

历史和实践一再表明，马克思主义是科学的理论、人民的理论、实

---

① 《马克思恩格斯选集》第1卷，人民出版社2012年版，第138页。

践的理论、开放的理论，始终占据着真理和道义的制高点。我们党在一百多年奋斗前行的历史进程中能够领导中国人民实现国家独立、民族解放、人民幸福，靠的就是马克思主义。马克思主义的地位和作用，正如习近平总书记在庆祝中国共产党成立95周年大会上所指出的那般："马克思主义是我们立党立国的根本指导思想。背离或放弃马克思主义，我们党就会失去灵魂、迷失方向。"①

二 无神论是马克思主义的基础和前提

马克思主义是我们立党立国的指导思想，习近平总书记在庆祝中国共产党成立95周年大会上指出："在坚持马克思主义指导地位这一根本问题上，我们必须坚定不移，任何时候任何情况下都不能有丝毫动摇。"② 而要坚持马克思主义，就必须坚持作为其基础和前提的无神论思想。

无神论是马克思主义的基础和前提。从理论上讲，"无神"是马克思主义其他一切理论的一个前提。对哲学基本问题的回答是解决其他一切问题的基础和前提，而"无神"就是马克思主义对近代哲学重大基本问题的回答。"全部哲学，特别是近代哲学的重大的基本问题，是思维和存在的关系问题。"③ 正是因为坚持了存在第一性思维第二性、物质决定意识，即坚持自然界是本原的、否定世界是"神"创造的，马克思和恩格斯才确立了辩证唯物主义和历史唯物主义的世界观。这一世界观把整个世界看作按照其自身规律运动和变化的物质世界，在这个物质世界中，除了永恒变化着的、永恒运动着的物质及其运动和变化规律以外，再没有什么永恒的东西了，这就排除了任何诸如上帝之类造物主存在的可能性，因而是"无神"的。随后，马克思"把这

---

① 《习近平谈治国理政》第2卷，外文出版社2017年版，第33页。
② 习近平：《在庆祝中国共产党成立95周年大会上的讲话》，《人民日报》2016年7月2日。
③ 《马克思恩格斯选集》第4卷，人民出版社2012年版，第229页。

个世界观彻底地（至少在主要方面）运用到所研究的一切知识领域里去了"①，演绎出了马克思主义其他更为宏大的理论。

从这个角度来看，"无神"之于马克思主义的关系是"理论前提"之于"理论"的关系，这种关系类似于数学中的"已知条件"与"函数方程"，只有从"已知条件"出发才能解出"函数方程"，也只有承认"无神"才能演绎出马克思主义其他更为宏大的理论。

但"无神"只是立场，想要成其为"无神论"就需要搭建起宗教批判的理论，而马克思主义就是始于宗教批判的。《〈黑格尔法哲学批判〉导言》是马克思思想史上的第一部由唯心到唯物、由革命主义到共产主义转变的重要著作。在这篇经典著作的开篇，马克思写道："就德国来说，对宗教的批判基本上已经结束；而对宗教的批判是其他一切批判的前提。"② 在完成了宗教批判的基础上，马克思主义经历了"政治批判""社会批判"，走入了社会实践的过程，"真理的彼岸世界消逝以后，历史的任务就是确立此岸世界的真理。人的自我异化的神圣形象被揭穿以后，揭露具有非神圣形象的自我异化，就成了为历史服务的哲学的迫切任务。于是，对天国的批判变成对尘世的批判，对宗教的批判变成对法的批判，对神学的批判变成对政治的批判"③。从这里我们可以看出，马克思进行"宗教批判"，是为了其后的"政治批判"和"社会批判"，也只有在完成了"宗教批判"的基础上，才能进行"政治批判"和"社会批判"："反宗教的斗争间接地就是反对以宗教为精神抚慰的那个世界的斗争。……废除作为人民的虚幻幸福的宗教，就是要求人民的现实幸福。……因此，对宗教的批判就是对苦难尘世——宗教是它的神圣光环——的批判的胚芽。"④ 这一逻辑正如马克思所指出的那般：

---

① 《马克思恩格斯选集》第4卷，人民出版社2012年版，第249页。
② 《马克思恩格斯选集》第1卷，人民出版社2012年版，第1页。
③ 《马克思恩格斯选集》第1卷，人民出版社2012年版，第2页。
④ 《马克思恩格斯选集》第1卷，人民出版社2012年版，第2页。

> 这种批判撕碎锁链上那些虚幻的花朵,不是要人依旧戴上没有幻想没有慰藉的锁链,而是要人扔掉它,采摘新鲜的花朵。对宗教的批判使人不抱幻想,使人能够作为不抱幻想而具有理智的人来思考,来行动,来建立自己的现实;使他能够围绕着自身和自己现实的太阳转动。宗教只是虚幻的太阳,当人没有围绕自身转动的时候,它总是围绕着人转动。①

可以看出,马克思希望通过宗教批判来撕碎麻醉人民精神的"罂粟花",但撕碎之后并不是要人民继续戴回象征着阶级压迫的"锁链",而是要人民挣脱它,采摘象征着现实世界幸福的"新鲜的花朵",这是马克思主义的无神论与之前一切其他无神论思想最本质的区别。马克思主义无神论追求的是人民的现实的幸福和解放,它寄希望于自我解放的人民通过自己的双手建立一个没有剥削、没有压迫的社会,这个社会就是社会主义社会、共产主义社会,所以"共产主义者则被称为实践的无神论者"②。只有接受了马克思主义无神论的人才能彻底挣脱神学的束缚和资产阶级的压迫来追求社会主义社会的现实幸福,也正因如此,马克思主义的无神论思想才能够成为马克思主义科学思想体系的基础,才能够成为马克思主义理论体系中不可或缺的组成部分。

但值得注意的是,虽然无神论是马克思主义的前提和基础,但并不是所有的无神论都导向马克思主义。作为对"神"的观念的否定,无神论始终伴随着有神论的变化而发展。有神论在不同的历史阶段、不同的民族地区发展衍生出了不同的形态,如原始宗教、国家宗教、世界宗教,如摩尼教、印度教、基督教等,相应地,无神论也伴随着有神论的演变而被冠上了不同的定语。在19世纪40年代马克思主义产生之前,无神论已经经历了古代朴素的无神论、近代战斗无神论和唯物主

---

① 《马克思恩格斯选集》第1卷,人民出版社2012年版,第2页。
② 《马克思恩格斯全集》第1卷,人民出版社1956年版,第567页。

义无神论等科学无神论的发展阶段,而马克思主义无神论则是科学无神论发展的高级阶段。

马克思主义无神论是真正科学、彻底的无神论,它彻底否定了鬼、神、地狱、天堂等一切超自然力量的存在,表现出了鲜明的批判神学的立场,"马克思主义是唯物主义。正因为如此,它同18世纪百科全书派的唯物主义或费尔巴哈的唯物主义一样,也毫不留情地反对宗教。这是没有疑问的"[①],但它并未止步于单纯的无神论证,而是在此基础上进一步科学地揭示了宗教的本质及其产生、发展和消亡的客观规律,为社会主义国家认识和处理宗教问题提供了科学的方法。所以说,坚持无神论的不一定是马克思主义者,比如蒲鲁东等人虽然是无神论者,却创造了各种误导工人运动的社会主义理论,但不坚持无神论的一定不是马克思主义者。虽然无神论不是马克思主义最重要的思想,因为马克思主义的其他思想都已大大地超越它而向前进了,但无神论是马克思主义最基础的思想之一,正是在这个基础上,才树立起了马克思主义的整个思想体系和科学社会主义的实践。

三 坚持马克思主义不但要坚持无神论而且要宣传无神论

无神论思想是马克思主义的前提和基础,所以坚持马克思主义必须坚持无神论,但仅仅坚持是不够的,我们还要积极宣传无神论。从理论上看,马克思主义无神论是通过对宗教"虚幻幸福"的批判,引导人们自觉放弃彼岸世界"虚幻的花朵",去追求现实世界"新鲜的花朵",想要实现这一目的就需要将马克思主义无神论普及开来,这就需要进行马克思主义无神论宣传教育。

马克思主义无神论宣传教育是党的宣传思想工作中的一项重要任务,习近平总书记指出:"宣传思想工作就是要巩固马克思主义在意识

---

① 《列宁选集》第2卷,人民出版社2012年版,第250页。

形态领域的指导地位"①，对马克思主义的前提和基础——无神论的宣传教育，亦是宣传思想工作的题中应有之义。然而，学界有观点却认为，无神论的宣传教育没那么重要，因为自然科学基本常识普及和马克思主义理论教育已经包含了无神论宣传教育，不用再进行专门的无神论宣传教育。这些知识的教育的确与无神论宣传教育有所重叠，但并不能完全替代它。

第一，一般的自然科学基本常识普及不能取代马克思主义无神论宣传教育。宣传思想工作是做人的思想工作，理应引导人们树立起科学的世界观和方法论，树立起正确的人生观和价值观。从世界观和方法论角度来看，无神论宣传教育能够帮助人们树立起科学的世界观和方法论，理应受到重视。从人生观和价值观角度来看，马克思主义无神论可以帮助人们更加透彻地思考人生的意义、价值，这些作用不是一般的自然科学知识普及所能完全取代的。

一方面，自然科学基本常识普及不能取代马克思主义无神论宣传教育的科学世界观和方法论教育。自然科学基本常识普及是借助各种传媒向大众传播浅显易懂的科学常识，其内容不包括科学方法论教育，也不必然导向科学的世界观，甚至不少自然科学家本身就是虔诚的信徒②，而马克思主义无神论宣传教育旨在帮助人们掌握认识世界、改造世界的方法。

近代以来，随着自然科学的发展，宗教的影响力不断减弱，但自然科学是实证理性的，它可以对已知的自然现象给予合理解释却不能对尚未涉足的未知领域予以解答，这就给了神学家以可乘之机。有神学家认为，未知领域就是神学中的"无限"，上帝是"无限"的体现，人类只能在"有限"的已知领域彷徨，所以自然科学再怎么发展也只不过为上帝的至高无上提供理性的证明而已。这种情况恰如美国太空署署长罗伯特·加斯特罗所说："对于靠着对理性之能力的信仰而活的

---

① 习近平：《论坚持党对一切工作的领导》，人民出版社 2019 年版，第 23 页。
② 比如牛顿晚年曾信仰基督教，并且花费了大量时间研究《圣经》。

科学家而言,这故事的结局好像一场噩梦。为了征服那最高的巅峰,他攀上了名为'无知'的高山。当他竭力爬上那最后一块岩石的时候,却受到一群神学家的欢迎;这群神学家早已在此安坐了许多个世纪!"[①]

这套理论曾经很有市场,人们在日常生活中难免会遇到自然科学无法解答的问题,这种对未知的疑惑或恐惧就可能成为促使人们去宗教中寻找合理解答的自然根源,"智能设计论"的出现就是这种根源的反映。但在马克思主义看来,这套理论并不科学,无论是"有限""无限"还是"已知""未知"都统一于物质世界,"有限"包含于"无限","已知"是对"未知"的征服。正是考虑到现阶段的自然科学还不能解释所有的自然现象,才更应该加强马克思主义无神论宣传教育,帮助人们掌握科学的世界观和方法论,引导人们划清唯物论和唯心论、无神论和有神论、科学和迷信、文明和愚昧的界限,进而有效提高全国人民的科学文化素养。

另一方面,自然科学基本常识普及不能取代马克思主义无神论宣传教育的正确人生观和价值观引导。人们喜欢给自己的人生赋予定义,并努力实现其中的价值。或追求美好姻缘,或梦想考入名校,或期望职位升迁,但目标的实现需要长期艰苦的奋斗,在这个过程中,一旦遭遇困境,如恋爱突逢挫折、学业不得寸进、事业遭逢失败,人们就容易灰心丧气、惊慌失措、病急乱投医。倘若已有的经验手段无助于摆脱困境,个人的意志和精神也不够强大的话,人们就可能走入消沉、颓废,甚至否定人生、否定社会。在这种情况下,非常具有诱惑力的有神论思想可以给人生挫折一个非常合理的解释,提出"超人间力量拯救"的途径。于是,受挫的人或求助于运势占卜,去星座中寻找引路的星光,或求神拜佛,祈祷诸天神佛的护佑,乃至皈依宗教,抛却现实的苦难转求彼岸的幸福。

在这种情况下,仅靠自然科学常识普及是无法帮助人们认清"超

[①] [美]罗伯特 加斯特罗:《上帝与天文学家》,唐兴礼译,宁夏人民出版社2008年版,第94页。

人间力量"的虚幻，指出实现人生意义和人生价值的现实路径的。这时候，我们需要无神论宣传教育来帮助人们树立起积极的人生观，引导人们意识到人不是造物主的创造，而是一切社会关系的总和，人也不应该把困难的摆脱和苦难的逃脱寄托在神灵拯救上，而是应该通过自己的双手和辛勤的劳动建立现世的幸福生活。不仅如此，作为辩证唯物主义和历史唯物主义世界观的重要组成部分，马克思主义无神论导向的是社会主义的意识形态。加强马克思主义无神论宣传教育不但可以引导人们自力更生、艰苦创业，还可以帮助人们自觉地将自己的人生理想同中国特色社会主义共同理想统一起来，进而在中国特色社会主义事业的伟大实践中实现自己的人生价值。

第二，马克思主义理论教育不能忽视更为专业化、精细化的无神论宣传教育。科学的发展总是倾向于专业化、精细化，马克思主义作为一门科学也不例外。马克思主义无神论就是专门以"有神"观念为研究对象的精细化的马克思主义理论学科，它通过辩证唯物主义和历史唯物主义的世界观和方法论来剖析宗教的本质及其产生、发展、消亡的客观规律以揭示宗教的虚幻性，通过生动的例子、细致的讲解、归谬的论证来揭示"有神"观念的荒谬性，进而得出"世上无神"的基本事实。这种专业化、精细化的宣传教育不是一般的马克思主义理论教育所能忽视的。

无神论是伴随着有神论的发展而不断完善自身的，有神论经过了长时期的发展，已经发展出复杂完备的理论体系，演化出了精致有效的传教策略，拥有了遍布全世界的广大信徒。有神论有多复杂深奥，那么作为对其否定的无神论就有多深奥，因此，仅靠一般马克思主义理论教育中一句"世上无神"的简单说教，是无法引导人们自觉抵制有神论的诱惑的，还应当对有神论的本质进行更深入的剖析解读。这种观点正如列宁所指出的那般：

> 一个马克思主义者如果以为……亿万人民群众（特别是农民

和手工业者）只有通过纯粹马克思主义教育这条直路，才能摆脱愚昧状态，那就是最大的而且是最坏的错误。应该向他们提供各种无神论的宣传材料，告诉他们实际生活各个方面的事实，用各种办法接近他们，以引起他们的兴趣，唤醒他们的宗教迷梦，用种种方法从各方面使他们振作起来。①

倘若忽视了更为专业化、精细化的无神论宣传教育，一般的马克思主义理论教育也是不扎实、不牢靠的。无神论和有神论也有意识形态领域的较量，是某种形式的争夺人心。在我国不断深化马克思主义理论研究和建设，不断推进马克思主义中国化、时代化、大众化的同时，境外敌对势力也加紧利用宗教对我国进行政治和思想文化渗透。面对形式不断更新、体系不断完善的渗透策略和渗透载体，尚未接受过专业化、精细化无神论教育的广大群众往往难以抵御宗教的精神诱惑，个别人甚至放弃了一直以来坚持的科学世界观和马克思主义信仰。各级党校（行政学院）虽然经常性地组织党员干部进行辩证唯物主义和历史唯物主义教育，但依然有个别人弃守共产党人应有的底线，不信马列信鬼神，不问苍生问"大师"；我国国民教育虽然普遍开设马克思主义理论课，相关法律也明确规定"国家实行教育与宗教相分离"，但个别学校依然存在学生被传教势力拉拢并信教的现象。究其实质，这些都是敌我之间的较量，如果把握不好、处理不当，必将危及国家安全和政权巩固。鉴于此，在一般的马克思主义理论教育中，不但不能忽视反而应该更加重视马克思主义无神论宣传教育，使两者紧密结合、相互促进，能够更加有效地帮助人们树立起马克思主义的科学世界观。

第二节 实践逻辑：维护当代中国意识形态安全

21世纪以来，境外敌对势力利用宗教对我国进行的"西化""分

---

① 《列宁选集》第4卷，人民出版社2012年版，第648—649页。

化"策略呈现出了新动向,无神论与有神论在意识形态领域的矛盾运动发生了新变化。面对这些新动向、新变化,我们必须予以回应。我国是社会主义国家,理应坚持马克思主义在意识形态领域的指导地位,加强马克思主义无神论宣传教育,建设具有强大凝聚力和引领力的社会主义意识形态,进而有效维护我国的国家意识形态安全。

一 防范和抵御境外宗教渗透

作为一种特殊的意识形态和组织严密的社会实体,宗教不仅可以影响到个人的思想观念和价值取向,还可以影响到群体的思维方式和实际行动。这些特性使得宗教常常被某些国际政治力量所利用,成为渗透、破坏乃至颠覆他国的重要载体。具有此类性质的宗教活动就是宗教渗透。宗教渗透活动"是指以颠覆中华人民共和国政权和社会主义制度、破坏祖国统一为目的的反动政治活动和宣传,以控制我国宗教团体和宗教事务为目的的活动和宣传,以及在我国境内非法建立和发展宗教组织和活动据点,而不是指宗教方面的友好往来"[1]。从这个定义中我们可以看出,宗教渗透不同于国际上的宗教对外交流,我国鼓励和支持宗教界在独立自主、平等尊重的基础上开展对外交流,但境外宗教渗透活动却怀有不可告人的政治意图;宗教渗透也不同于合法的宗教活动,我国保护公民合法的宗教信仰自由,但警惕非法的宗教渗透活动。然而,某些国际政治势力却一直将宗教渗透视为对其他国家思想文化渗透的重要工具,这些国际政治势力尤以美国为甚。

美国是一个宗教氛围十分浓厚的国家。在首批乘坐"五月花号"移居北美大陆的移民中,有三分之一以上的清教徒。在清教徒看来,上帝、教徒、教会、政府之间存在着盟约关系[2],这种关系成为《五月花号公约》中"在上帝面前共同庄严立誓签约,自愿结成民众自治团体"[3] 的

---

[1] 《新时期宗教工作文献选编》,宗教文化出版社1995年版,第194—195页。
[2] 即"盟约神学"(Covenant Theology)。
[3] [美]丹尼尔·布尔斯廷:《美国人——建国历程》,中国对外翻译出版公司译,上海三联书店1993年版,第76页。

源头，并由此内化为北美建国的重要思想。"神圣"的建国历程使得美国新教阐发了"上帝选民"的思想，他们认为，美国人有在全世界播撒福音，拯救世界，建立基督王国的神圣使命，北美大陆就是"上帝挑选的实现这一理想的地方"，"它受托把自由和宗教之光带给整个地球，促使伟大的千年至福日的到来，那时战争将停止，摆脱罪恶束缚的整个世界将为沐浴在上帝的光芒之中而欢欣鼓舞"。[1]

在这种思想的熏陶下，美国的建国先驱们普遍认为，美国是"全世界政治再生"的天然代理人[2]，负有统治世界、传播上帝福音的天然使命，这种认识深刻地影响了美国的意识形态和政治精英。美国前总统尼克松（Richard Milhous Nixon）就认为：

> 美国人不知道如何处于第二的位置上，或者在同等者中处于领先的位置上。他们只知道如何成为最好的。第二次世界大战结束后，美国被拥戴为自由世界的领袖。其他选择根本不可想象。我们现在当然应该拒绝扮演第二的角色。但是，美国仍打算继续领导世界，它就必须下决心这样做，并采取必要的措施，使这种决心成为行动。
>
> 政府不可能深入人心，宗教却可以做到这一点。[3]

这种"措施""决心"所付诸的"行动"就是宗教渗透。

一段时间以来，为实现自己的政治意图，美国肆无忌惮地利用宗教的组织力和影响力，在他国导演"街头政治"和"颜色革命"的"桥段"，并在东欧剧变中取得了显著的效果。20世纪80年代，美国制定了通过天主教会向社会主义波兰渗透，推翻波兰共产党的行动计划。按照计划，美国中情局通过劳联—产联（美国劳工联合会—产业工人

---

[1] Sacvan Bercovitch, *The Puritan Origins of the American Self*, New Haven, 1975, pp. 877–878.
[2] Michael H. Hunt, *Ideology and U. S. Foreign Policy*, New Haven and London: Yale University Press, 1987, p. 35.
[3] [美] 理查德·尼克松：《超越和平》，范建民译，世界知识出版社1995年版，第208页。

联合会)、法国情报机构、"美国之音"和罗马教皇,向波兰境内的天主教会和团结工会输送物资和资金,仅在第一年就输送了大约 20 万美元的资金①,并最终指导他们通过各种各样的政治运动推翻了波兰共产党,颠覆了波兰的社会主义制度。与此同时,同样的"剧情"在苏联和东欧国家不断上演,南斯拉夫一分为五、捷克斯洛伐克一分为二。在苏联解体和东欧剧变之后,颠覆社会主义中国,就成为境外敌对势力利用宗教进行渗透的重点任务。

21 世纪之初,美国基督教新基要主义急剧扩张,外交政策由一些宗教极端主义者把持,作为虔诚基督徒的小布什总统②,以及他背后的美国基督教新基要派越来越不能容忍一个共产党领导的社会主义中国了。在他们看来,中国是一个世俗主义、唯物主义、无神论的国家,是一个仅次于伊斯兰世界的准敌对势力,一个潜在的威胁基督教文明的力量,时任美国国防部部长拉姆斯菲尔德甚至公开声称:"祈祷中国早日成为文明国家。"③为此,他们联合盟友,加紧利用宗教对我国进行渗透破坏活动,肆无忌惮地利用宗教对我国进行"西化""分化",呈现出组织化、系统化、精细化的趋势。

这些西方国家打着"普世价值""宗教自由"的旗号,公开干涉其他国家的内政,美国一些政客更是将其本国的《国际宗教自由法案》视为宗教渗透的"指导性纲领",坚持"宗教自由始终是我们全球外交关系中不可分割的一部分"④,不遗余力地利用宗教对我国进行渗透。他们一方面无端公开指责我国"控制和迫害宗教",编造"宗教迫害"事件;另一方面又暗中资助、帮助达赖集团和"三股势力",破坏民族团结、制造民族分裂。更为隐秘的是,他们还暗中资助、帮助一些境外

---

① 参见 Jonathan Kwitney, *Man of the Century*, New York: Holt, 1997, p.378.
② 被问到基督信仰时,布什明确回答说:"基督,因为他改变了我的心……当你将心和生命交给基督,承认基督是你的救星时,那就会改变你的心,改变你的一生。"(参见[美]塞缪尔·亨廷顿:《文明的冲突与世界秩序的重建》,周琪等译,新华出版社 2015 年版,第 259 页。)
③ 于歌:《美国的本质:基督新教支配的国家和外交》,当代中国出版社 2015 年版,第 178 页。
④ 《克里国务卿就发布〈国际宗教自由报告〉发表讲话》(http://iipdigital.usembassy.gov/st/chinese/text-trans/2013/05/20130521147743.html)。

基督教组织和非政府组织"向13亿中国人传福音",妄图"用基督的羊驯服中国的龙"。

这些受资助的宗教组织和非政府组织热衷于向中国留学生传教,鼓励他们和本国宗教人士积极进行"校园传教",鼓动所谓"异见人士"信仰和传播宗教,资助宗教文化领域的学术研究、书籍出版和知识普及,以基金形式扶植"科学与宗教"关系上的研究,以确立科学源于西方基督教文化的理念,积极拓展网络传教渠道,大肆推动"汉语基督教神学运动"……凡此种种,不一而足。这些行动正如美国国务院在《美国支持宗教自由的政策:以基督教为重点》中所公开声称的那般:"我们对宗教自由的支持是我们在这个世界上力量的主要源泉,没有它,我们简直无法领导。""我们利用一切可以利用的工具,努力实现世界各地社会和它们的当局改变。"① 这些行动虽然有了一些效果,但始终未能成功。② 然而,美国的一些政客不会就此罢手,宗教渗透也不会从此偃旗息鼓,比如,在中国香港特区的"修例风波"中,我们看到了基督教会和"法轮功"分子从若隐若现到大张旗鼓的"背影"③,

---

① 金鑫:《中国问题报告:新世纪中国面临的严峻挑战》,中国社会科学出版社2000年版,第52页。

② 美国时任副总统彭斯也承认了这一点,他认为:"美国前几届政府做出这样的选择是希望中国能够在各个领域中扩大自由……对传统自由主义原则、私有财产、宗教自由以及所有各项人权都表现出新的尊重……但是这一希望未能实现。"(参见美国驻华大使馆和领事馆网站发表的《副总统迈克·彭斯就本届政府对中国的政策发表讲话》,https://chinausembassy—chinaorgcn/zh/)

③ 在2019年6月以来的中国香港特区"修例风波"中,就可以看到有关基督教会和教会学校的身影。它们利用无须获批便可举行宗教集会的权利,公然恶护庇护暴徒乱港,它们的所作所为早已背离了"政教分离、传播福音、服务社会"的原则,成为借宗教之名行乱港之实的群体,其道德标准早已脱去"神圣"的外衣,成为借宗教集会、为暴徒开路的"颜色革命"工具。遍布全港的各区教堂,每个周末,教徒们都会聚会做礼拜,其中的一些牧师等神职人员和部分信众利用此契机,公然煽动非法示威,为暴徒粉饰正名。这些教会一直热衷于参与政治,有些牧师甚至是"逢中必反",在香港特区的历次激进示威活动中,几乎都能看到他们的身影,其真正的幕后操手,是被称为"大炮枢机""风流教主"的原天主教香港教区主教陈日君。一份泄露的账单显示,陈日君在2006年至2010年收受政治献金高达2000万元港币。2014年8月,陈日君又被曝光分别在2012年10月和2013年12月收受300万元港币的"捐款",这些捐款都来自黎智英,而黎智英的背后则是美国反华势力。除此之外,"法轮功"分子和《大纪元报》人员也多次装扮成记者和暴徒混于其中。

他们上演的"桥段"①殊无新意,与20世纪末波兰天主教会和"团结工会",与苏东剧变中东欧各国"部分宗教组织"的行为方式并无二致。

境外敌对势力这种"福音化中国"的执念,正如著名的中国"地下教会"代表余杰向美国总统进言时所说的那般:"里根总统因为埋葬了苏联东欧的共产制度而成为美国历史上最伟大的总统之一。帮助中国发生这种变化,也许是上帝给总统先生的历史使命……既符合上帝的公义,也符合美国的国家安全。"②可以看出,境外宗教渗透严重威胁我国的国家主权和意识形态安全,境外敌对势力将整个中华文化圈视为"上帝"尚未照耀到的"蛮荒之地",试图用"基督的羊"征服"中国的龙",用宗教有神论与我们党、与马克思主义争夺人心、争夺群众,其最终目的就是要占领我国意识形态阵地,控制我国的宗教团体和宗教事务,进而颠覆国家政权,实现"中华归主"的百年夙愿,这是上帝交给他的"选民"——美国人的世纪使命。

面对境外敌对势力利用宗教进行的渗透,以习近平同志为核心的党中央高瞻远瞩,提出了"要坚决抵御境外利用宗教进行渗透,防范宗教极端思想侵害"③的要求。但是,面对这些形式不断更新、体系不断

---

① 2019年数据显示,香港特区基督徒(包括天主教和新教)有88.9万人。这个数字已经超过人口比例的10%。各种基督教会小学、中学、大学在香港特区数量占比很大,香港特区现在有285所基督教和天主教小学、235所基督教和天主教中学,占香港中小学总数的50%以上。相当一部分教会学校竭力对中小学生进行洗脑,通过学校教育灌输分裂国家、仇视内地的思想,使这些被蛊惑的"黄皮白心人"成为反华势力的炮灰。其中,循道卫理联合教会有26座下辖礼拜堂,32所学校(涉及幼儿园、小学及中学)、5个社会服务机构以及1个卫理园,它们在"修例风波"中尤为活跃,以各种形式支持暴徒,成为十足的罪恶"包庇所",伞城网上教会也在本次"修例风波"中"上蹿下跳"。这个乱港组织还参与了2014年的非法活动。

② 文丁:《试看〈1998年国际宗教自由法案〉中的"宗教自由"》,《科学与无神论》2010年第6期。

③ 《习近平在全国宗教工作会议上强调:发展中国特色社会主义宗教理论 全面提高新形势下宗教工作水平》,《人民日报》2016年4月24日。

完善的宗教渗透①，尚未接受过马克思主义无神论宣传教育的群众往往难以抵御其精神诱惑，为此，我们必须推进马克思主义无神论宣传教育以构筑抵御境外宗教渗透的基础性工作。

敌对势力是打着宗教的旗号来实现其政治企图的，但无论是新教、天主教还是其他复杂精致的宗教，都是构建于有神论基础上的特殊的意识形态，而马克思主义无神论恰好是否定和批判"有神"观念的精细化的马克思主义理论学科。它通过辩证唯物主义和历史唯物主义的世界观和方法论来剖析宗教的本质及其产生、发展、消亡的客观规律，来揭示宗教的虚幻性，通过生动的例子、细致的讲解、归谬的论证来揭示"有神"观念的荒谬性，由此讲清"世上无神"的基本事实。这种专业化精细化的宣传教育之所以能成为抵御境内外宗教渗透的基础性工程，是因为它能够有效增强人们抵御宗教精神诱惑和思想渗透的能力，其作用不是其他的方式方法所能随意取代的。倘若忽略了这种基础性的工程，寄希望于只通过法律法规或行政命令就能抵御境内外宗教渗透的想法往往会偏离初衷。在实践中我们可以看到，尽管我们党明确要求党员不准信仰宗教，但依然有个别党员干部"不信马列信鬼神，从封建迷信中寻找精神寄托，热衷于算命看相、烧香拜佛，遇事'问计于神'"②；尽管《中华人民共和国教育法》第八条第二款也明确规定了"国家实行教育与宗教相分离。任何组织和个人不得利用宗教进行妨碍国家教育制度的活动"，但"基督教（尤其是地下基督教）在

---

① 近年来，境外宗教渗透呈现出多个新变种和新形式。《人民日报》报道，近年来出现了 InterCP 渗透，这是 H 国于 1983 年成立的一个基督教跨宗派宣教机构，执着于传播反华宗教思想，建立秘密地下教会据点，煽动国内信徒赴中东国家宣教，利用宗教从事危害国家安全的非法活动，对我国公民的生命安全造成了较大威胁。2000 年以来，InterCP 持续不断地对我国进行非法渗透活动，向我国派遣职业传教士数百名，遍布宁夏、青海、新疆、四川、甘肃等十余个省区，这些人员多以经商、旅行、留学进修为掩护，重点针对西部少数民族、高校师生进行渗透。此外，"法轮功"渗透也转换了形式，他们利用手机 Wi-fi 抹黑破坏党和政府的形象。2018 年 12 月，江西省国家安全厅协同公安机关发现有"法轮功"分子在江西南昌汽车客运站内设置名为"10086"的无线网络热点，一旦连接成功就会盗取用户隐私，进而锁定用户手机，使其自动弹出反华宣传网站，同时绕过用户强行在手机上下载"翻墙"软件和反华视频图片（参见《人民日报》2019 年 4 月 19 日第 6 版《国家安全机关公布三起危害政治安全案件》）。

② 《习近平谈治国理政》第 1 卷，外文出版社 2018 年版，第 414 页。

大学生群体中发展尤其迅猛,一些宗教在大学生信教者中趋向严密化、组织化、网络化,具有极强的组织动员能力"①;尽管我国农村基层组织严厉打击邪教、宗教极端主义和宗教渗透活动,但依然在个别农村地区非法宗教活动和境外渗透活动猖獗。对这些问题如果把握不好、处理不当,势必危及我国的国家意识形态安全。鉴于此,加强马克思主义无神论宣传教育,增强人民群众抵御宗教精神诱惑和思想渗透的能力,就成为构筑抵御境外宗教渗透的基础性工程。

二 巩固和增强党执政的思想基础

外因通过内因起作用。一段时间以来,境外宗教渗透严重威胁着我国的意识形态安全,然而,近年来宗教发展的内生性因素逐渐显示出比外源性因素更大的风险。

近四十年来,随着宗教组织的逐步恢复和快速发展,我国的信教人口和宗教影响力也迅速扩大,宗教信仰成为越来越多的人的精神寄托选项。但宗教信仰是基于有神论的,它与无神论的马克思主义科学世界观有着本质的不同,倘若任由其介入社会生活的方方面面,势必会对国家主流意识形态安全形成挑战。习近平总书记指出:"经济建设是党的中心工作,意识形态工作是党的一项极端重要的工作。"②对我国来说,我国是共产党领导的社会主义国家,既不能用封建主义、资本主义思想意识和价值观念作为全社会的精神支柱,也不能用宗教作为全社会的精神支柱,而是应该始终坚持马克思主义无神论作为主流意识形态在人民群众思想中的主导地位。鉴于此,为了始终保持马克思主义无神论的主流主导地位,巩固党执政的思想基础,切实维护意识形态安全,我们不仅要坚持马克思主义无神论,而且要积极宣传马克思主义无神论。

无神论与有神论话语权的此消彼长影响到了党执政的思想基础。就

---

① 吴理财:《当前大学生信教趋势透视》,《人民论坛》2011年第12期。
② 《习近平关于社会主义文化建设论述摘编》,中央文献出版社2017年版,第33—34页。

人口规模来说，我国多数人口不信教。根据《中国保障宗教信仰自由的政策和实践》，我国信教公民近 2 亿[1]，占总人口比例的 15%，不信教公民近 12 亿人，占总人口比例的 85%。在这 85% 的不信教公民中，虽然有不少人秉持种种民间信仰、鬼神迷信，有不少人相信星座占卜等神秘主义思潮，但主流还是坚持无神论的。从意识形态角度来看，无神论居于主导地位。根据盖洛普国际调查联盟 2014 年度"全球宗教信仰和无神论指数"调查报告，中国大陆有 61% 的人自称是坚定的无神论者。[2]

然而，近年来，随着全球范围内宗教保守主义的复兴和境外加紧利用宗教对我国的思想文化渗透，无神论的研究和宣传教育不断被边缘化，有神论话语权不断增强，政界和学界也出现了"亲教信教"的倾向，具体表现为：

其学术导向上，对宗教保持"中立"立场，采取"信与不信之间"的态度，推崇"同情之默应，心性之体会"，成为相当广泛的共识。顺着这样的导向，对宗教不切实际的溢美和"理想化"渲染不断抬升，不惜夸大宗教的社会作用，赋予宗教自身并没有的功能；有的论调几乎等同于对特定宗教信仰本身之"高贵性"的赞颂，并经由新闻出版、影视文艺、国民教育等通道向全社会范围传销。"过犹不及"。在对于宗教"积极作用"超泛化的片面宣扬之下，许多失去了意识形态主心骨的"体制内"宗教学者糊里糊涂或自甘自愿地与一部分"统战对象"转换了位置关系，由研究宗教到"钟爱宗教"、皈依宗教的学者大有人在。他们与某些宗教人士和党政部门、文教机构中在同样社会条件、舆论环境下同步产生的同类型人员默契呼应，心照不宣，一个"价值认同""利益均沾"的思想异化联盟借助"体制内路径"隐然成形。被抽去了意

---

[1] 参见《中国保障宗教信仰自由的政策和实践》，《人民日报》2018 年 4 月 4 日。
[2] 参见加润国《全球信教人口有多少》，《中国民族报》2015 年 5 月 26 日。

识形态内核的所谓"团结需要""统战理由",成为一些人掩饰自己宗教或亲宗教倾向的"政治正确"托词。①

这种情况带来的可能后果就是有神论的不断升温和无神论话语权的不断式微,长此以往势必会冲击马克思主义无神论的主流主导地位,进而影响党执政的思想基础。

无神论宣传教育是保持马克思主义无神论的主流主导地位的有效手段。巩固党执政的思想基础需要始终保持马克思主义无神论作为主流意识形态在人民群众思想中的主导地位,但地位的保持不能采用行政命令的手段,而是应该坚持马克思主义无神论宣传教育。"宗教是人类社会的客观存在,不仅过去长期存在,将来也还会长期存在,不可能强制地加以消灭",但"随着社会生产力的发展、文明的进步和人们思想觉悟的提高,宗教存在的基础和条件将逐渐减少,最终是要消亡的"②。正是考虑到宗教存在的长期性和消亡的必然性,社会主义国家既不能用行政的力量去禁止某种宗教,也不能用行政的力量去推行某种宗教。

> 企图用行政命令的方法,用强制的方法解决思想问题,是非问题,不但没有效力,而且是有害的。我们不能用行政命令去消灭宗教,不能强制人们不信教。不能强制人们放弃唯心主义,也不能强制人们相信马克思主义。凡属于思想性质的问题,凡属于人民内部的争论问题,只能用民主的方法去解决,只能用讨论的方法、批评的方法、说服教育的方法去解决,而不能用强制的、压服的方法去解决。③

对社会主义国家来说,只能"用纯粹的思想武器,而且仅仅是思

---

① 张新鹰:《加强宗教工作领域的意识形态阵地建设》,《科学与无神论》2019年第5期。
② 《江泽民文选》第3卷,人民出版社2006年版,第375、374页。
③ 《毛泽东文集》第7卷,人民出版社1999年版,第209页。

想武器，用我们的书刊、我们的言论来跟宗教迷雾进行斗争"①，这种思想武器就是马克思主义无神论宣传教育，也正因如此，马克思主义无神论宣传教育就成为保持马克思主义无神论的主流主导地位，巩固党的群众基础和执政基础的有效手段。

三 为中国特色社会主义建设凝神聚气

习近平总书记指出："一个民族的复兴需要强大的物质力量，也需要强大的精神力量。"② 马克思主义无神论宣传教育导向社会主义先进文化，能够有效地夯实全党全国人民团结奋斗的思想基础，增强全党全国人民的精神力量，为中国特色社会主义建设凝神聚气。

首先，马克思主义无神论为人们认识世界和改造世界奠定了重要的思想基础。"批判的武器当然不能代替武器的批判，物质力量只能用物质力量来摧毁；但是理论一经掌握群众，也会变成物质力量。"③ 科学的理论，是武装头脑的利器，是指导实践的基础，是团结奋斗的精神力量。

一个理论科学与否，并不取决于个人的主观臆断，而在于是否符合客观事实及其规律。对宗教和马克思主义无神论来说，两者都是"更高地悬浮于空中的意识形态"④，都是"离开物质生活最远"⑤ 的意识形态，因而指导的也都是人们在物质生活中所遇到的最为抽象也最难解答的世界观问题，如世界本原是什么？人生的意义和归宿是什么？社会发展的动力是什么？对这些问题，马克思主义无神论认为，世界的本原是物质，人生的意义和归宿应立足于现实世界，人民群众是历史的创造者；宗教则认为，世界的本原是精神，人生的意义和归宿应依赖彼岸世界，"神"是历史的创造者。可以看出，两者对这些最为抽象的世

---

① 《列宁专题文集·论辩证唯物主义和历史唯物主义》，人民出版社 2009 年版，第 221 页。
② 《十八大以来重要文献选编》（中），中央文献出版社 2016 年版，第 121 页。
③ 《马克思恩格斯选集》第 1 卷，人民出版社 2012 年版，第 9 页。
④ 《马克思恩格斯选集》第 4 卷，人民出版社 2012 年版，第 611 页。
⑤ 《马克思恩格斯选集》第 4 卷，人民出版社 2012 年版，第 260 页。

界观问题的回答是相互对立的,因而对人们认识世界和改造世界的指导也是迥然相异的。宗教有神论从唯心主义世界观出发,追求彼岸世界的幸福,指导人们实践的准则是"宗教信仰"和"荣耀神灵",马克思主义无神论从唯物主义世界观出发,立足于客观世界的物质实践,按照客观世界的规律办事。马克思主义无神论宣传教育劝说人们不要信鬼神,不要依赖"超人间力量"的拯救,并不是要寻求在政治上同宗教"战斗",因为"宗教本身是没有内容的,它的根源不是在天上,而是在人间"①,它旨在帮助人们掌握认识世界和改造世界的方法,引导人们相信自己的力量可以创造现实世界的幸福生活,进而激发人们为了社会主义事业奋斗终身的精神力量。这种宣传教育对当代中国来说,符合社会主义核心价值观,符合党和人民的利益,是科学社会主义实践的重要思想基础,也理所应当成为党团结带领人民建设中国特色社会主义伟大事业,实现中华民族伟大复兴的思想武器。

其次,以人民为中心的发展思想需要坚持马克思主义无神论。"无神论是对神的否定,并且正是通过这种否定而设定人的存在"②,对马克思主义来说,从批判宗教、揭示"无神",到明确发展的目的是人,再到肯定人的理性,强调发展靠人,呼吁人的自由全面发展成为马克思主义无神论的时代使命。在新时代,习近平总书记提出的"以人民为中心"的发展思想,正是以人文关怀之光,为每个人安身立命、追求梦想提供强大的思想保障。

马克思主义把科学无神论发展到了更高的阶段,不是为了消灭宗教,而是为了消灭产生"神"的社会根源,不寻求在政治上同宗教"战斗",而是要树立以人民为中心的发展思想。马克思主义认为,人民群众对美好生活的向往,不可能通过对彼岸世界的幻想来实现,而是要通过不断改善人民群众的生活条件来实现,这就要求人民首先要解除束缚自己思想的神灵崇拜,然后脚踏实地地建设自己的幸福生活,

---

① 《马克思恩格斯全集》第27卷,人民出版社1972年版,第436页。
② 《马克思恩格斯文集》第1卷,人民出版社2009年版,第197页。

而宗教批判是其先决条件。马克思通过对"彼岸世界"的否定来肯定现实生活,通过对"神"虚幻本质的揭示来肯定现实奋斗,通过对宗教的批判来树立人民群众的主体地位。这样,"真理的彼岸世界消逝以后,历史的任务就是确立此岸世界的真理";"废除作为人民的虚幻幸福的宗教,就是要求人民的现实幸福"。[1] 以马克思主义为指导的中国共产党人,无论是在领导革命、建设还是改革的历程中,都将马克思主义无神论宣传教育视为重要工作。马克思主义无神论宣传教育,对于动员群众积极参加革命,进行社会主义建设都起到了重要的思想保证作用。通过马克思主义无神论宣传教育,人们放弃了对彼岸世界的虚幻追求而转向追求现实世界的幸福,放弃了上帝救赎的幻想转而追求现实世界的理想,进而将自己的个人理想与中国特色社会主义共同理想统一起来,在中国特色社会主义伟大事业的实践中实现自己绚烂的人生。

最后,加快建设创新型国家需要坚持马克思主义无神论。党的十九大提出了建设科技强国的目标,明确要在2035年跻身创新型国家前列的任务,为实现这一目标,我们应当加强马克思主义无神论宣传教育。

历史是由人民而不是神灵创造的,科技进步应当依赖人民群众的聪明才智而不是祈祷神灵启示。创新型国家是人民在不断地发现问题、提出问题、解决问题的过程中逐渐实现的。倘若哥白尼、伽利略盲目信奉经院哲学,那么他们就不会提出"日心说""自由落体定律";倘若近代欧洲不突破中世纪神学的禁锢,那么欧洲就不会产生"文艺复兴"和"工业革命"。从这个角度来看,加强马克思主义无神论宣传教育是激发人民首创精神,推动国家科技进步的必经之路。作为科学无神论发展的高级形态,马克思主义无神论是随着近代以来科技的进步而逐步产生发展起来的,它以科学精神和科学方法为武器,充分利用时下最新的科技成果来揭露有神论思潮的荒谬性,并在这一过程中推动了科学技术的发展。正是考虑到马克思主义无神论宣传教育对推动科技

---

[1] 《马克思恩格斯选集》第1卷,人民出版社2012年版,第2页。

创新的巨大作用，我们党强调"马克思主义无神论研究和宣传教育工作，要以普及唯物论的基本观点和自然科学基本常识为重点，以破除愚昧迷信为着眼点，围绕宣传科学思想、弘扬科学精神、普及科学知识、传播科学方法的主题来进行"①。可以看出，马克思主义无神论一方面激发了人们对自己理性和智慧的自信和自觉，另一方面传播了科学知识和科学方法，也正因如此，我们才更应该在建设创新型国家的战略中宣传马克思主义无神论。

总的来说，作为一门实践的理论，我们不应将马克思主义无神论藏于书斋、束之高阁，而是应该将它广泛地传播出去，使它成为人们认识世界、改造世界的强大精神力量，使它在人们自我解放的实践中获得丰富和发展。也正因如此，在中国特色社会主义发展的新时代，我们应当积极地宣传马克思主义无神论，引导人们相信自己、相信努力、相信科学，依靠自己的艰苦奋斗实现中华民族的伟大复兴。

第三节 历史逻辑：传承中华优秀传统文化中的人文精神

"观乎天文以察时变，观乎人文以化成天下。"（《周易·贲卦》）人文精神是人类文化中先进科学的一部分，是人类在认识世界和改造世界的过程中孕育出的精华。人文精神所倡导的价值理念与神本主义②格格不入，反倒与无神论如出一辙，它坚持以人的价值、人的福祉、人的理性为尺度，以人来对抗神，对抗任何试图凌驾于人之上的教义、理论、观念。事实上，近代西方的世俗人文主义运动也常常被归类为宗教批判运动和无神论思潮。

人文精神彰显了一个民族的文明程度，中华优秀传统文化中的人文

---

① 《关于进一步加强马克思主义无神论研究和宣传教育工作的通知》，载《中国精神文明建设年鉴（2005）》，学习出版社2007年版，第107页。
② "神本主义"，即以"神"为本位，坚持对"神"的信仰为万物的尺度，虔诚地信"神"为人生的终极追求。"神本主义"是一些宗教国家的精神信条。

精神，如"人定胜天"的奋斗精神、"重人轻神"的民本理念、"制天用之"的理性传统，不但为中国人民在协调人与"神"、人与人、人与社会、人与自然之间的矛盾关系时提供了解决问题的方案，也为中华民族的理想人生、理想人格、理想社会和理想世界追求提供了丰厚的精神滋养，理应得到传承和发扬。①

但传承和发扬并不是一股脑儿地照套照用。中华人文精神在形成发展的过程中，受历史背景的影响，有其历史局限性，我们在传承发扬时也应结合当代中国的时代背景，对其进行创造性转化和创新性发展，使之与社会主义先进文化相融相通。马克思主义无神论是社会主义先进文化的重要组成部分，它契合了新时代中国特色社会主义的政治经济发展需要，满足了人民日益增长的精神文化需求，更是历史地与中华优秀传统文化的人文精神相融相通。站在新的历史方位上，加强马克思主义无神论宣传教育就成为传承中华优秀传统文化的人文精神的历史逻辑。

一 创造性转化"人定胜天"的奋斗精神

马克思主义无神论宣传教育是对"人定胜天"奋斗精神的创造性转化：这是对劳动奋斗而不是神灵拯救的肯定。无神论是劳动和人性自觉的产物，马克思主义认为，物质生产活动及其生产方式是人类社会赖以存在和发展的基础，而华夏文明在其诞生之初就从劳动实践中意识到"人定胜天"的奋斗精神对文明的延续和发展所起到的巨大作用。

"人定胜天"的奋斗精神发源于中华文明的早期。自从脱离动物

---

① 中华优秀传统中的人文精神，是中华民族在五千年的奋斗史中积累起来的思想精华，凝聚了中华文化的思想特质，彰显了中华文明的精神禀赋，体现了中国人民日用而不察的价值观念。这种人文精神正如网友在知乎上所总结的那般："一个民族总有些东西是不能亵渎的。天破了，自己炼石来补；洪水来了，不问先知，自己挖河渠疏通；疾病流行，不求神迹，自己试药自己治；在东海淹死了就把东海填平，被太阳暴晒了就把太阳射下来；谁愿意做拣选的石子就让他去吧，谁愿意做俯伏的羔羊也让他去吧；谁意跪天子跪权臣就让他去吧，谁想不问苍生问鬼神也让他去吧；斧头劈开的天地之间，到处都是不愿做奴隶的人。这就是这个民族不可亵渎的东西。"

界，进入人类社会，人类所关心的重大而根本的问题就是如何把握来自外部的异己力量，以便指导自身的生存与发展。但受限于较低的生产力水平和认识能力，早期人类无法认识也无法把握来自外部的异己力量，只得将其归因于"超自然力量"，因而几乎所有的文明都是信神的，古希腊人信仰众神之祖宙斯，古埃及人信仰太阳神"拉"，而古中国人则信仰"天"①。"天"是古中国人创造并且信仰的神祇，但"天"却与其他文明的早期神祇崇拜迥然不同。在古希腊神话中，至上神宙斯喜怒无常，残忍狡诈，时而怜悯人类，时而暴虐人类；在古埃及人眼中，最高神拉②是所有生命的创造者，他在创造了"降雨女神"忒弗努特福佑人类的同时，也创造了"屠杀夫人"塞赫麦特惩罚人类，但古中国的"天"始终是一位"慈祥""爱人"的神祇。

"皇矣上帝，临下有赫，监观四方，求民之莫"，在周部族的开国史诗《诗经·大雅·皇矣》中，周人先祖将"天"形容为"皇矣上帝"③，他温暖而慈祥，能够随时满足人们的愿望，这种慈祥护佑的形象与华夏先民的生活环境有关。夏商之际，河洛地区风调雨顺、土地肥沃、四季分明，地理气候条件适宜耕种。④ 通过农业生产，华夏先民发现只要自己顺应天时、辛勤劳动就可以从土地上获得维持生存的食物，而不必祈祷神灵赐予；只要团结起来、互帮互助就能够抵抗并不太频繁发生的天灾兽灾，而不必祈祷神灵拯救；只要坚持不懈、持之以恒就可以修建起农业生产所需的水利设施和遮蔽容身的房屋，而不必祈祷

---

① 此处"天"指的是带有至高神之位的昊天上帝、皇天上帝。初期常常被称为"天帝""上帝"，经过长时期的发展演化，于唐代中期抽象成为儒家思想体系中的至上神，简称"天"。《通典·礼典》记载："所谓昊天上帝者，盖元气广大则称昊天，远视苍苍即称苍天，人之所尊，莫过于帝，托之于天，故称上帝。"

② "拉"是古埃及人最早创造的太阳神，后与阿蒙神合并成为阿蒙·拉（Amun 和 Amun-Ra），奉为最高神。

③ "皇矣上帝"，即光辉伟大的上帝。

④ 关于中华文明的起源时间，学界众说纷纭。一般认为，中华文明诞生于第四纪冰期结束后的黄河和长江流域。在第四纪冰期结束后，中原地区步入了高温、冰雪融化的间冰期。此时的北半球气温陡升，冰川融化，黄河和长江流域水量充足，中原地区风调雨顺、河洛之交土地肥沃、黄土平原四季分明，地理气候条件适宜耕种，于是诞生了中华民族早期的农耕文明。

神灵启示。所以在华夏先民的认识中，人要想过好日子，更多地应当依靠自己的勤劳奋斗，而不必事事依赖、求助于"天"。这种认识集中体现在上古神话中，比如，造人者不是"神"，而是华夏族母系氏族先祖女娲氏；火不是从天上盗来的，而是祖先燧人氏发明的；大洪水不是神的惩罚也无须神拯救，而是先祖大禹三过家门而不入治理好的。① 华夏先民虽然视"天"为至上神，却不盲目匍匐依赖于"天"，而是更多地强调人的力量能够克服天威，创造属于自己的幸福生活，这种奋斗精神就是"人定胜天"。

"人定胜天"的奋斗精神集中体现为先秦诸子积极有为的天命观。"怨人者穷，怨天者无志。"（《荀子·荣辱》）荀子认为，人不能消极地看待人生，屈从于所谓的天命，而是应当努力奋斗，积极争取属于自己的幸福，只有在人的主观努力全部尽到仍不如愿时才会迫不得已将其归于"命"，"孔子进以礼，退以义，得之不得曰'有命'"（《孟子·公孙丑上》）。这是先秦儒家看待人事与天命的态度，这种天命观的出现体现了华夏先民力求将自己从神灵崇拜的窠臼中解放出来的自觉和实践认识。也正是有了这种实践认识，华夏先民才在推崇勤劳奋斗的同时，刻意淡化"天"的神性，体现出自强不息的斗志。

可以看出"人定胜天"的奋斗精神，强调的是人的主观能动性，重视的是人作为"万物之灵长"的尊严。"人定胜天"的奋斗精神随着历史的发展烙印在了民族血脉之中，在它的激励下，一代又一代的中华儿女不屈从于命运，不畏惧困难，自强不息、自力更生、艰苦创业，共同铸就了五千年辉煌灿烂的中华文明史，共同创造了举世瞩目的"中国奇迹"，共同赢得了来之不易的幸福生活。但与此同时，我们也应清醒地认识到，受限于生产力和科技发展水平，"人定胜天"保留了浓重的神秘主义色彩，古人因不理解种种自然现象的奥秘而将其归因于"超人间的力量"的"天"，"人定胜天"也保留了浓重的人类中心

---

① 由于气温陡升，冰川融化，海平面也持续上升，环境考古学称曾经的高水位时期为海侵期。这一现象是世界性的，但中华文明却流传下"大禹治水"的传说。

主义思想，古人因为在"天威"之下的过度渺小而没有意识到过度开发自然所带来的后果。时至今日，站在历史发展的新方位，应当对"人定胜天"的奋斗精神进行创造性转化。

马克思指出："只有当实际日常生活的关系，在人们面前表现为人与人之间和人与自然之间极明白而合理的关系的时候，现实世界的宗教反映才会消失"[①]，这是人类应对自然异己力量，处理人与自然之间关系的科学方式。"人与自然之间极明白而合理的关系"不仅仅包括人类通过自身的主观能动性开发自然、利用自然的能力，也包括从可持续发展的角度合理开发利用、保护自然环境的能力。习近平总书记多次指出，"人与自然是生命共同体"，"山水林田湖草是一个生命共同体"，"要像保护眼睛一样保护生态环境，像对待生命一样对待生态环境"，这些重要论断，是对"人定胜天"的创造性转化，也是对奋斗精神的提炼和升华。

正因如此，我们在宣传马克思主义无神论的同时，一方面要引导人们科学地看待"人事"和"天命"的关系，指出世界的统一性在于它的物质性，制约整个社会生活、政治生活和精神生活的是人类的物质生活实践，而不是神灵，人只有远离了神灵崇拜，放弃了对超自然力量拯救的期待，才能够在辛勤劳动和努力奋斗中实现自己的幸福、把握自己的命运，引导人们认识到"从来就没有什么救世主，也不靠神仙皇帝，要创造人类的幸福，全靠我们自己"；另一方面也要辩证地看待人类对自然异己力量的支配，指出人类对自然的开发与利用应当合理有度，应当立足于人类的前途命运和可持续发展，立足于人类命运共同体，爱护、保护、维护我们共同生活的家园。

二 创新性发展"重人轻神"的民本理念

马克思主义无神论宣传教育蕴含着对"重人轻神"民本理念的创新性发展。从"民之所欲，天必从之"到"务民之义，敬鬼神而远

[①] 《马克思恩格斯文集》第5卷，人民出版社2009年版，第97页。

之",再到"民为贵,社稷次之,君为轻",强调民本、关注民生,是中华人文精神的思想传统;从打破有神论、批判宗教,明确历史是由人民创造的,到肯定人的理性,强调发展靠人,发展的目的是人,再到人的自由全面发展,弘扬人文精神,呼吁人文关怀成为马克思主义无神论的思想壮举。这样,创造性地发展"重人轻神"的民本理念就成为马克思主义无神论宣传教育的重要历史任务。

"重人轻神"的民本理念发源于殷商末期。在殷商末期,随着青铜器在农业耕作中的广泛采用,中原地区各部落的农业生产规模都迅速地扩大了,熟悉农业耕种的奴隶成为"紧俏资源",各个部落的统治者愈发意识到人在社会生产中的重要作用,知识精英开始呼吁各部落要站在人而不是"神"的立场上关心人、爱护人。但殷商统治者却拒绝亲近人民,为了维护自己的统治,他们用"天命玄鸟,降而生商"(《诗经·商颂·玄鸟》)来麻痹人民的思想,为巩固这一"天命观",殷商统治者"率民以事神,先鬼而后礼,先罚而后赏,尊而不亲",甚至使用人殉并浪费大量的生产资料来祭祀天神,这导致"其民之敝,荡而不静,胜而无耻"。

为了将大量奴隶从神本主义中解放出来,首先必须破除"天命在商"的宗教观。新兴部落"周"首先倡导了这场人文精神浓厚的"宗教改革"运动,周人公开反对商纣暴虐害民的行为,他们认为,"惟人万物之灵",即便是"天"也应服从民意,"天矜于民,民之所欲,天必从之"(《尚书·周书·泰誓上》)。周公更是提出"皇天无亲,惟德是辅"(《尚书·蔡仲之命》)的观点,他认为,能够代表"天"来护佑万民的是"人德",即重民生,修道德,然后天下归心,万民归附,倘若君主不恤百姓就会失去"天命""民心",人民可以起而攻之。武王最终"战一日而破纣之国","重人轻神"的民本理念开始出现在周朝的政治实践中。春秋时期出现了"夫民,神之主也"(《左传·桓公六年》),"国将兴,听于民;将亡,听于神"(《左传·庄公三十二年》)的口号,统治阶级越来越认识到"人事"才是国家兴亡的关键。

战国以降，铁器在生产领域的广泛采用和生产力的提高进一步凸显了人的价值，"神"的作用日益淡化。荀子在《天论》中提出了"治乱非天""治乱非时"的思想，他认为，社会兴衰治乱的规律只能从人类社会自身中寻找，而不是归咎于"天"。孔子更是提出了"务民之义，敬鬼神而远之，可谓知矣"（《论语·雍也》），"未能事人，焉能事鬼"（《论语·先进》）的思想。孔子认为，所谓智慧，就是倾听民意解民疾苦，对"怪力乱神"应敬而远之。在那个科技不发达、认识水平不高的年代，先秦诸子虽然无法对鬼神观念给出合理解释，却始终坚持以人为本的理念，并在随后的生产实践和政治实践中逐步内化为"以民为本"的政治传统。[1]

"重人轻神"的民本理念有力地推动了生产力的发展，这在先秦时期是有进步性的，但囿于历史，它还有着统治阶级用以维护自己剥削统治的一面，具有局限性。时至今日，马克思主义无神论已经可以科学地阐释这些理念。马克思主义认为，"神"的本质实际上是人的本质的异化，而人的本质在其现实性上，是一切社会关系的总和，所以是人"创造"了"神"而不是"神"创造了人，也正因如此，历史是由人民群众而不是由鬼神上帝创造的，人民群众是社会物质财富的创造者，是社会精神财富的创造者，是社会变革和历史发展的决定力量。站在新的历史方位上，中国共产党创新性地发展了中华优秀传统文化的民本理念，坚守了马克思主义关于人民立场的思想，坚持发展为了人民、

---

[1] 经历了夏商周三代的农耕实践和政治实践，统治阶级逐渐意识到，国家的治乱兴衰、国民的吃穿住用都是建立在农业生产之上的，而人民是农业生产的根本。与广大人民相较，统治阶级只不过是漂浮于汪洋大海中的一叶扁舟，人民可以拥戴君主也可以倾覆君主："君者，舟也；庶人者，水也。水则载舟，水则覆舟。"因此，人民群众的生命安全能否得到保障，生活需求能否得到满足，意见建议是否得到采纳关系到国家的治乱兴衰和统治者的生死存亡。"桀纣之失天下也，失其民也；失其民者，失其心也。得天下有道，得其民，斯得天下矣。得其民有道，得其心，斯得民矣。"正是基于这种生产和政治实践，孟子提出了"重民本，行仁政"的政治理念。这需要做到三点：第一，民贵君轻，统治者要爱民胜于爱己，关注人民的疾苦，重视人民的意见，"民为贵，社稷次之，君为轻"（《孟子·尽心上》）。第二，制民之产，统治者除不断提高人民生活水平外，还要利民、裕民、养民、惠民，"民之为道也，有恒产者有恒心，无恒产者无恒心"（《孟子·滕文公上》）。第三，人文化成，统治者必须重视人文教育，引导人们热爱集体、以天下为家，在此基础上实现百姓生活宽裕、民风淳朴的"小康社会"。

发展依靠人民、发展成果由人民共享，取得了一系列举世瞩目的伟大成就。也正因如此，为了决胜全面建成小康社会、夺取新时代中国特色社会主义伟大胜利、实现中华民族伟大复兴，我们不但应该继续坚持而且还要更加旗帜鲜明地宣传马克思主义无神论，坚持它尊重人民主体地位的立场，宣传人民为幸福而奋斗的根本使命，打牢全党全国人民共同奋斗的思想基础。

三 继承和升华"制天用之"的理性传统

在科技不发达、认识水平不高的春秋战国时期，先秦诸子虽无法对异己力量给出科学解释，却始终坚持用求真的眼光看待这些现象，用务实的态度指导社会实践，这是"制天用之"的理性传统。它认为，在天人关系上，与其"从天而颂之，孰与制天命而用之"（《荀子·天论》）。这种理念强调了人的作用，有力地否定了当时盛行的神本主义倾向，体现出了无神论的理性传统。

在先秦时期，"天"有自然之天、义理之天和主宰之天三种含义。随着人们把握异己力量的能力进一步增强，带有神灵意味的"主宰之天"逐渐淡化。战国以降，商周典籍中频繁出现的"上帝"一词也日渐稀少。谈及"天"，孔子一句"天何言哉？四时行焉，百物生焉，天何言哉？"（《论语·阳货》）基本上取消了"天"的人格神形象。至于种种无法解释的自然现象，孔子虽无法加以深入剖析，但不愿将其归因于"超人间的力量"，只言"子不语怪、力、乱、神"（《论语·述而》），采取敬而远之的理性态度。荀子更进了一步，他认为："列星随旋，日月递炤，四时代御，阴阳大化，风雨博施。万物各得其和以生，各得其养以成，不见其事而见其功，夫是之谓神。皆知其所以成，莫知其无形，夫是之谓天。"（《荀子·天论》）可以看出，在荀子眼中，"天"已经不是具有神性的超自然力量，而是"天行有常"的自然规律。

既然"天"不过是自然规律，那人类就能够研究规律为人所用，这就是"制天用之"的由来。"制天"，即参悟天道规律，"用之"，即应用于人类社会的生产实践，那么如何"用"就成了"天人之学"①的目的。道家从"自然之天"入手，提出了"道法自然"的思想，老子认为，人应该学习自然规律并将其应用于个人修养和生产实践中，即"人法地，地法天，天法道，道法自然"（《道德经·第二十五章》），而儒家则从"义理之天"入手，提出了"以德配天"的思想。先秦儒家认为，人应当学习"天"的优秀品格并将其应用于社会伦理和国家治理。为了"以德配天"，儒者必须"与天地合其德"，提高自己的道德修养以达到纯善的天地至性。可以看出，"制天用之"的理性传统已经渗透于中华文化之中，影响到了每个人的一言一行，正因如此，中国历史上从未发生过大的宗教战争，中国文明也从未走入神本主义的窠臼。时至今日，我国已经有能力对中华优秀传统文化中的理性传统加以进一步继承和升华。

"制天用之"的理性传统本质上是对客观规律的把握和运用，而承认事物发展的客观规律性与人的主观能动性的辩证统一是马克思主义无神论的重要观点。马克思主义认为，人能够依靠自身的主观能动性去认识和把握规律，并按照客观规律来认识和改造世界，以满足人类的需要，其中实践是两者统一的基础。在实践过程中，我们必须始终坚持从实际出发，充分把握反映客观规律的认识，才能正确地指导实践，我们党将这种观点总结为"实事求是"。实事求是是从马克思主义无神论中推导出来的科学思想路线，只有始终坚持实事求是的思想路线，才能做到一切从实际出发，理论联系实际，才能在纷繁复杂的历史和现实中把握社会发展的客观规律，采取科学的行动。"实事求是"是党团结带领人民建设中国特色社会主义伟大事业，实现中华民族伟大复兴的思想武器，也正因如此，坚持马克思主义无神论的研究和宣传教育成为新时代不能忽视的历史任务。

---

① 在古代，人们对宗教与哲学两门学问看不出有何区别，倘若将天人之学的"天"解释为有人格的神，那么它研究的是宗教问题；如果将天人之学的"天"解释为自然或自然规律，那么它研究的是哲学问题（参见任继愈《宗教学讲义》，国家图书馆出版社 2013 年版，第 64 页）。事实上，中国古代虽然没有"哲学"之名，但"天人之学"的确就是中国古代的哲学（参见李存山《中国传统哲学是"天人之学"》，《光明日报》2003 年 9 月 23 日）。

第三章　当代中国马克思主义无神论宣传教育的核心内容

教育内容是教育目标的具体化。马克思主义无神论宣传教育既然是为了引导人们认识到"世上无神"的基本事实，那么就应当从本质上对宗教有神论作出科学的阐述和深刻的揭示。宗教是一种特殊的意识形态，马克思揭示了其本质："一切宗教都不过是支配着人们日常生活的外部力量在人们头脑中的幻想的反映，在这种反映中，人间的力量采取了超人间的力量的形式。"[1] 可以看出，宗教有神论本质上是"幻想的反映"，但我们绝不能简单地将其看成"骗子凑集而成的无稽之谈"[2]。事实上，经过了长期的发展，宗教以"神"的观念为核心，搭建起了一套庞大而复杂的神学体系和组织架构，它对世界和人生的解答，经历了千百年锤炼与打磨，包装精致、语言神圣、逻辑自洽，它对信徒和人心的掌控，经历了千百年的实践与完善，组织严密、令行禁止、信仰坚定。既然有神论如此复杂强大，无神论就绝不能简单敷衍。马克思主义无神论宣传教育既然想揭示"神"的虚幻本质，就不能只是空洞重复"世上无神"的基本事实，也"应该既不在'人的本质'中，也不在上帝的宾词中去寻找这个本质，而只有到宗教的每个发展阶段的现成物质世界中去寻找这个本质"[3]，应当到"神"产生、发展

---

[1] 《马克思恩格斯选集》第3卷，人民出版社2012年版，第703页。
[2] 《马克思恩格斯文集》第3卷，人民出版社2009年版，第592页。
[3] 《马克思恩格斯全集》第3卷，人民出版社1960年版，第170页。

和消亡的各个历史时期,"根据宗教借以产生和取得统治地位的历史条件,去说明它的起源和发展,才能解决问题"①,在此基础上,引导人们认识到"神"的虚幻性和有神观念的荒谬性,得出"世上无神"的基本结论和事实。为此,可以运用辩证唯物主义和历史唯物主义的世界观和方法论,从本体论、认识论和方法论三个层面建构马克思主义无神论宣传教育的核心内容。

第一节 从本体论上回答:为什么世上无神

马克思主义无神论宣传教育内容的构建首先要从本体论上回答为什么世上无神。"世上无神"是客观世界的基本事实,是人类在长期的物质世界实践中得出的基本结论。与此同时,宗教有神论作为一种意识形态和社会实体也真实地存在于社会生活中,并持续地向人们传播有神观念,不少人因此而信神、信教。这样,想要引导人们认清"世上无神"的基本事实,就应当通过翔实的史实和鲜活的材料,从本质上阐述"神"是如何被人创造、被人崇拜,如何被人完善、被人推广,又如何一步步发展成为世界上三分之二的人信仰的世界宗教的历史过程。也只有这样才能引导人们认识到"神""不过是支配着人们日常生活的外部力量在人们头脑中的幻想的反映",进而得出"世上无神"的基本结论和事实,这就是马克思主义无神论宣传教育内容的首要任务。

"神"的观念产生于生产力水平极低的原始社会,并逐渐系统化、理论化为原始宗教,进而成为原始社会的主流意识形态甚至是唯一意识形态,影响和决定着这个时代人们的世界观、人生观、价值观。在进入阶级社会以后,宗教成为统治阶级维护统治秩序和统治阶级利益的重要工具,统治阶级利用宗教麻醉和控制人们的思想,使广大人民心甘情愿地忍受被剥削和被压迫的命运,但是随着资产阶级启蒙运动和现代科学技术的发展,"神"在人类实践的各个领域都遭到了无情的批

---

① 《马克思恩格斯文集》第 3 卷,人民出版社 2009 年版,第 592 页。

判，宗教的影响力受到了较大的打击。在社会主义社会建立以后，随着社会经济的发展和马克思主义无神论宣传教育的逐步推进，马克思主义无神论作为主流意识形态逐渐在人民群众的思想中占据着主导地位。

一　神的本质：异己力量在人们头脑中幻想的反映

"神"是人类在虽然有知，但知之不多的情况下自己创造出来的虚幻的观念。人类是天生的无神论者，早期并没有"神"的概念，"神"从其本质上说是人类大脑进化到一定程度，社会发展到一定阶段，但对自然力量无力把握的时候创造出来的一种自我意识，"人创造了宗教，而不是宗教创造人。就是说，宗教是还没有获得自身或已经再度丧失自身的人的自我意识和自我感觉"[①]。这意味着人类在没有创造出"神"之前，都是不信神的。

人类早期并不信神。达尔文认为，生物的进化是自然选择的结果，人类的大脑和自我意识也是在这一过程中逐渐进化的。生物通过遗传、变异和自然选择，从低级进化到高级，从简单进化到复杂。人类也不例外。[②] 在直立人这一阶段，为了更好地适应和改造自然环境，人类进化出了发达的大脑。考古学表明，从距今大约300万年前开始，直立人的大脑容量一直在增加，直到距今2万—3万年前，人类大脑容量达到了1500毫升的顶点。在这200多万年的进化过程中，人类大脑体积增加了三倍，负责计划和决策的大脑新皮层明显增加。发达的大脑使得人类意识的产生成为可能。从意识起源来看，意识也是自然界长期发展的产物，它由原初一切物质所具有的反应特性到低等生物的刺激感应性，再到高等动物的感觉和心理，最终发展为人类的意识。可以看出，

[①] 《马克思恩格斯选集》第1卷，人民出版社2012年版，第1页。
[②] 根据人类学家的研究，人类是从一种古猿进化而来的。古猿又分两种：一种是腊玛古猿，生活在距今1400万年到800万年之前；另一种是南方古猿，生活在距今500万年到100万年之前。在南方古猿还存在的时期，人类就产生了。最早的人类被称为"直立人"，早期直立人生活在距今300万年到150万年之前，晚期直立人生活在距今200万年或者150万年到30万年或者20万年之前，分布于亚洲、非洲广大地区。我国发现的元谋人属于早期直立人，北京猿人属于晚期直立人。

是否具有意识是人类与其他动物的根本区别。动物并没有意识，也就无法产生"神"的概念，更没有宗教，人类是由动物进化而来的，所以初期的人类没有"神"的概念，也没有宗教。

智人阶段的"万物有灵论"为"神"的产生奠定了理论基础。经过长期的自然选择，人类从直立人进化为智人，即"智慧的人"，也正是"智慧"使人类有别于其他物种，成为万物之灵长。此时的"智人"虽然有了"智慧"和意识，但由于生产力和科技的落后，人类尚不能正确地认识客观世界，其意识也就不能客观地反映外部世界，于是产生了"万物有灵论"。

"宗教是在最原始的时代从人们关于他们自身的自然和周围的外部自然的错误的、最原始的观念中产生的。"[①] 智人阶段的人类不了解自己的身体和梦的现象，就认为人的思维及感觉与身体的活动是分离的，人的思维及感觉就是人的灵魂，人的灵魂存在于人的身体之中，在人死亡之后就能够离开身体进行活动。他们以此为理论起点，思考灵魂和外部世界的关系问题："既然人有灵魂，那么兔、狗、猫、鼠、花、鸟、鱼、虫，山川、河流也都有灵魂。"——于是产生了"万物有灵论"。"既然万物都有灵魂，那么世界的本原就是精神（灵魂），大千世界的万物都是精神幻化出来的，人也一样。所以，人的肉体死亡之后，精神并不会消亡，而是换了一种形式，在另外一个世界继续存在着。"——于是产生了"灵魂不灭论"，这一点也为考古发现所证明。[②]

[①]《马克思恩格斯选集》第4卷，人民出版社2012年版，第260—261页。
[②] 考古发现，在早期智人"尼人"（属尼安德特人种）的墓葬中，死者整齐排列、方向一致，在山顶洞人和其他智人的墓葬中，发现死者身旁撒有红色粉末，这被认为是灵魂不灭论的表现。早期智人还留有较为浓重的原始人色彩，但到了旧石器时代晚期的智人阶段，人类产生了早期文明和原始社会。这一阶段为母系氏族社会阶段，我国历史上为人所熟知的仰韶文化即属于这一阶段。在仰韶文化遗址的公共墓地中，死者埋葬地点很集中，头多半向着同一个方向，随葬品有生活日用的陶器罐、盆，也有雕刻着动物的装饰品和食物，其中女性的殉葬物品往往比男子的丰富。这说明母系氏族社会的人相信人死后会到别的地方生活，否则也不会把这些日用品带在身边，这一阶段社会生产力极低，人类也不会轻易把难以获得的生产工具和食物随意陪葬，甚至单独为地位尊崇的女性随葬需要消耗大量劳动时间的精美饰品，这也从另一个侧面反映了此时的"灵魂不灭论"可能是社会主流的意识形态，甚至是唯一的意识形态。

但原始人对灵魂不灭的"臆想"不是出于心理慰藉的需要,"而是因为人们在普遍愚昧的情况下不知道对已经被认为存在的灵魂在肉体死后该怎么办"①。

"万物有灵论"虽然还不是"神",但随着人类与自然异己力量的斗争而抽象出了最初的"神"和原始宗教。"在历史的初期,首先是自然力量获得了这样的反映,而在进一步的发展中,在不同的民族那里又经历了极为不同和极为复杂的人格化。"② 原始人类为了生存必须适应自然,并从中获取必需的生存资料。在适应自然的过程中,原始人不得不与他们难以理解、难以把握而又变幻莫测的自然异己力量作斗争。风雨雷电、干旱酷热、地震火灾、洪涝山崩、毒蛇猛兽、虎豹熊罴③这些自然灾害严重威胁着人类的生存,人类对此无可奈何;太阳东升西落,月亮月满月亏,天空时而晴空万里时而电闪雷鸣,山川大地时而草丰林茂时而寸草不生,动物在它温顺的时候可以被驯服被圈养,在它不温顺的时候可以择人而噬,自然现象千变万化,人类对此百思而不得其解。面对这些"变幻莫测""喜怒无常"而又"无力支配"的自然异己力量,原始人从"万物有灵论"出发,认为它们背后都是具有人格意识的"灵魂",这些"灵魂"拥有着超越人间的强大力量。这样,"万物有灵论"进一步抽象化、人格化出最初的"神"④。原始人把能给人带来好处的自然现象或猛兽当作善意的神,把能带来灾祸的视为邪恶的神,然后借助各种方式,与神沟通,向善意的神祈福、向邪恶的神祈祷不要降祸,于是形成了原始宗教。

---

① 《马克思恩格斯选集》第 4 卷,人民出版社 2012 年版,第 230 页。
② 《马克思恩格斯选集》第 3 卷,人民出版社 2012 年版,第 703 页。
③ 罴(pí),熊的一种,也叫棕熊、马熊或人熊。古称罴,在先秦时期较为常见,但由于人类的活动,现已濒危,被我国列为国家二级保护动物。
④ "神"的观念的起源太过久远,难寻文字记载,但也可以从汉字中发现一些蛛丝马迹。学者们认为,汉字起源于公元前 16 世纪的商朝,恰好处于人类的原始社会,汉字中的"神"是会意字,从示从申,"示"为启示,"申"是天空中闪电形,这就从文化的源头揭示了"神"的形成确实与种种自然现象有关。

二 神的发展：从原始宗教到世界宗教

"神"的观念和原始宗教的出现是人类的进步，它们将人们凝聚在一起，共同抵御天灾，共同劳动生产，有力地推动了生产力的发展和社会的进步，人类由此从原始社会进入阶级社会。在进入阶级社会以后，异己的社会力量也参与进来，有力地推动了"神"和原始宗教的发展，这种推动既有劳苦民众受到压迫与剥削，无力摆脱现世苦难而到宗教中寻求精神寄托的一面，也有专职的神职集团卖力地钻研宗教的一面，而更多的是统治阶级利用宗教来加强自己统治的一面。"神"的观念"最初仅仅反映自然界的神秘力量的幻想的形象，现在又获得了社会的属性，成为历史力量的代表者"[①]。

原始宗教在社会异己力量的推动下逐渐发展为民族宗教。在原始社会里，支配人们日常生活的异己力量主要是自然异己力量，原始宗教也多围绕着自然崇拜和图腾崇拜展开，氏族部落依靠着原始宗教和血缘关系维持着团结协作。随着生产力的发展、剩余产品的增多和交换的普及，氏族部落内部开始出现了财产私有化和阶级分化，氏族贵族越来越多地占有生产和生活资料，一些普通氏族成员逐渐贫困，沦为氏族贵族的奴隶，同时，氏族贵族也利用自己分配物资的权利，将战争中的俘虏和战利品划为自己的奴隶和私有财产，奴隶主阶层产生了。奴隶主在掌握经济、政治统治权的同时，也希望利用宗教来麻醉奴隶以避免反抗并巩固自己的统治，于是开始谋求意识形态的主导权，即神权，原始宗教由此逐渐失去了集体性和全民性，变成了为奴隶主阶级服务的宗教。

在阶级和私有制出现之后，随着部落人口的增加和部族成员生产活动区域的变大，氏族部落外部也开始出现大大小小的纷争。氏族部落之间开始了争夺土地、财富和人口的战争，战争的结果就是以地域关系为基础的部落联盟的出现，部落联盟的进一步兼并或者联合，演化

---

① 《马克思恩格斯选集》第 3 卷，人民出版社 2012 年版，第 704 页。

为民族。民族的形成造成了原来社会权力机构蜕变为以君主为首领、贵族占主导地位的国家机器。国家的出现为整个民族信仰的统一提供了社会基础，社会基础的改变也在客观上要求原始宗教必须适应社会的发展变化，变革自己的理论体系。

一个民族往往是由多个氏族部落融合兼并演化而来的，一个部落有其崇拜的图腾"神"，但一个统一的民族不能崇拜多个"神"，这就要求原始宗教首先要变革其崇拜对象。据《左传》记载，少皓氏下面的氏族部落共信仰24种鸟类图腾，这种五花八门的图腾信仰在民族产生之前还是可行的，但在民族产生之后就会因为不适应社会发展的需要而必须作出改变。① 享受到神权好处的奴隶主们都不肯抛弃自己部落的"神"，于是创造出融合了多个部落图腾的融合动物神。这些融合动物神都是取自组成部落图腾身上最有用、最有力的"部位"，原始人认为，把这些"部位"组合起来而成的新"神"，如九头的鸟、带翅的虎，比旧"神"，即原型动物神更具能力，也更能有效地整合民族内各个氏族部落的信仰。② 此时，民族内所信仰的"神"已经脱离了原型动物的形象，被创造发展成了所谓的"兽神""神兽"或"魔神"，民族成员发现这些"融合动物神"的能力强于原来的"原型动物神"，更有能力成为本民族的守护神，于是纷纷崇拜新神，神祇出现集中化的趋势。共同的信仰强化了民族意识，原始宗教也由此渗入了越来越多的民族属性。统治阶级当然不会放过"神权"，他们或者与巫祝③联合，或者培养自己的神职人员以巩固统治，由此，部落的神整合为民族的神，原始宗教发展为民族宗教，部落统治也开始走入国家统治。不仅如此，新的神祇有效地整合了民族内部成员的思想，人们在共同的信仰

---

① "姓"字从"女"从"生"就是起源于母系氏族社会，炎帝姓"姜"，以羊为图腾，黄帝所在的有熊氏部落，以熊为图腾，太皓氏姓风，以凤为图腾，少皓氏也是以鸟类为图腾。

② 融合动物神的祭祀用品在考古发掘中屡见不鲜，其中最为典型的就是中华民族所熟知的"古玉龙器型"。有观点认为，中华民族"龙"形象的演化，也是通过不断地给原始的"龙"增加其他动物身上最强力的部件而形成的，具有了所有动物优点的"神"理应是最强大的"神"，因而能够使用"龙形纹饰"，行使最高神权的也大多是统治阶级。

③ 巫祝，古称事鬼神者为巫，祭主赞词者为祝；后连用以指掌占卜祭祀的人。

下面生活生产，社会化程度进一步提高，原始社会也逐渐走向了阶级社会。

民族宗教在社会力量的推动下逐渐发展为世界宗教。进入阶级社会之后，随着生产力的发展和人类认识世界、改造世界能力的增强，人类意识到自己才是"万物之灵长"，人比动物更有智慧、有能力，于是开始创造并信仰人神。这是一个漫长的过程，一开始，人们在"融合动物神"上安放人类的"部件"，人类"部件"中最值得尊崇的是拥有智慧的"头颅"，于是出现了大量的"半人半兽神"①。从此之后，随着人类在自然界中地位的提高，人类自我认识的加深和人类对自身能力的自觉，越来越多的"神"被安上了人类的"部件"，越来越多的"神"拥有了人类的形象，直至出现"人神"。

除了"神"形象的改变外，宗教组织及其运作形式在社会力量的推动下也发生了较大的变化。在进入阶级社会之后，随着社会生产力的发展、剩余产品的丰富和社会分工的日益复杂，原始社会的"兼职巫祝"②成为专职和世袭的职业。神职人员与统治阶级是互惠互利的关系，为了维护等级特权，统治者乐于利用宗教来麻醉人民以便维持其对人民的剥削，受压迫剥削的人民无力摆脱悲惨命运也只得到宗教中寻找解脱，而神职人员集团则可以在统治阶级的扶持下发展壮大，专职研究宗教，宗教思想进一步理论化、系统化，宗教组织进一步复杂化，教阶进一步固化。"所有一切压迫阶级，为了维持自己的统治，都需要两种社会职能：一种是刽子手的职能，另一种是牧师的职能"③，民族宗教为了适应阶级统治的需要，逐渐承担起了这两种职能。在阶

---

① 在我国上古神话中，伏羲和女娲均为人首蛇身形象，《山海经》所记载的神祇，也有大量的人面或者人兽兽身的形象，此外，还有古埃及神话中人首狮身斯芬克斯，古希腊神话中人首马身的半人马。这些神祇产生和被崇拜的时代，都是在各民族的上古时期。至于牛头、马面等兽首人身的妖怪，多为后世创造出来的，意在凸显其来源或者身份。

② 在原始社会里，"巫祝"并非专职。由于生产力低下，发展程度低，原始社会还未出现职业分化，也无力供养专门侍奉神的神职人员，所以神职人员也要参加生产劳动，"巫祝"只不过是"兼职"。

③ 《列宁选集》第 2 卷，人民出版社 2012 年版，第 478 页。

级矛盾的推动下，神权成为封建统治阶级的特权，只有统治阶级才有资格传达"神"的谕示，这种"牧师"的职能有利于统治者抚慰被压迫者，给他们描绘一幅无限美好的彼岸世界，打消他们的革命热情，从而使他顺从统治；"神"也拥有了惩罚人的权力，"神谕"除了掌管水旱风雨之外，还管惩罚恶人，谁违抗统治者的命令，就是罪恶，就会受到惩罚与制裁，统治阶级就是这样借助"神罚"的合法性来镇压被压迫者的反抗和暴乱的。

在民族内部，存在着阶级矛盾，在民族与民族之间，存在着民族矛盾。民族之间通过斗争，兼并和重组，形成了更大的民族和国家，在这个过程中，有的民族消失了，他们信仰的"神"自然也随之消亡，有的民族被征服了，他们信仰的"神"要么随之消失，要么融入新的信仰体系。在新的信仰体系中，逐渐形成了能力和权能超越一切旧神祇的"至上神"。"至上神"是一种宗教中居于所有神之上的地位最高的神祇，他们集中了所有旧有神祇的所有能力和所有的职能，是所有信众必须尊崇的唯一信仰，它的形成标志着神祇的集中化发展到了较高的层次。"在更进一步的发展阶段上，许多神的全部自然属性和社会属性都转移到一个万能的神身上，而这个神本身又只是抽象的人的反映。这样就产生了一神教。"[1]

民族之间的斗争和交流不会停止，宗教的发展也不会止步于"一神教"。在宗教传播中，人们发现，神祇越是能力强大，越能满足人们祈求幸福的需求，就越能征服更多的信徒。不仅如此，新的神祇越是能满足普通民众对于正义、平等、惩恶扬善的渴望，就越能获得发展。统治者当然也发现了这一点，为了满足自己征服其他民族，巩固自己统治的欲望，他们"从善如流"，开始改革或者扶持那些有着全知全能全善的至上神，并且理论完善、影响力巨大的宗教，甚至被尊为"国教"。这样，民族宗教在社会力量的推动下，开始超出民族范围，走向世界。

---

[1] 《马克思恩格斯文集》第9卷，人民出版社2009年版，第333页。

民族宗教的"神"想要发展为世界共同尊崇的唯一"神",还需要进一步"精灵化"。事实上,最初的"人神"代表了某种血缘、某一区域、某一民族群体的利益,因而他们的实体形象和能力保有被护佑群体的显著特征①,这些局限性使得旧的"人神"难以承担被全世界信仰的"责任",在这种情况下,"精灵神"就被创造出来了。相比于"人神","精灵神"没有实体形象,是"纯粹精神存在",看不到、摸不到却又无处不在,因而人们无法通过外观判断护佑哪一个群体,"精灵神"是全知全能的,因而它们能够"通晓世人一切疾苦""实现世人一切愿望","精灵神"更是"善"的化身,它"惩恶扬善",契合了受压迫人民在精神上对公平正义的渴求。"精灵神"的这些特性满足了封建社会中人们对于一个博爱世人而又无所不能、无所不在的唯一神的要求,逐步发展为超越民族的信仰。"随着各种宗教的进一步发展,这些神越来越具有了超世界的形象,直到最后,通过智力发展中自然发生的抽象化过程——几乎可以说是蒸馏过程,在人们的头脑中,从或多或少有限的和互相限制的许多神中产生了一神教的唯一的神的观念。"②民族宗教也随着不同民族和国家之间的斗争和交流,最终发展为以排他性极强的一神教为代表的世界宗教。③

三 神的不存在:现代科学发展的基本结论

以基督教为代表的世界宗教影响力,在中世纪达到了顶峰。此时的

---

① 最初"人神"崇拜多表现为英雄崇拜或者祖先崇拜,这些"人神"不过比普通人的某些能力更为突出,最多只是"超人"。如我国的黄帝、炎帝,希腊神话中的众神。这些"人神"在当时还未被认为是精神存在,而是物质存在,比如奥林匹斯山的众神是长生不死的,我国三皇五帝和印度婆罗门、佛教中的"天"被认为是会死亡的。此时的"人神",威能还没有太大,不过是能力强大一些的"超人"。

② 《马克思恩格斯选集》第4卷,人民出版社2012年版,第230页。

③ 世界宗教是宗教发展的最高阶段,主要包括基督教、伊斯兰教和佛教。根据美国皮尤研究中心的研究报告,2010年,全球基督徒有22亿人(占世界人口的32%,其中50%为天主教徒、37%为新教徒、12%为东正教徒、约1%为摩门教和耶和华见证会等新兴宗教的信徒),伊斯兰教信徒有16亿人(占世界人口的23%,其中87%—90%为逊尼派、10%—13%为什叶派),佛教信徒有5亿人(占世界人口的7%),三大世界宗教徒占全球人口的62%,占全球信教总人口的74.6%,可见其影响之大。

欧洲，基督教在意识形态领域占据了主流主导地位，教会把控着社会和个人生活的方方面面，人们不能质疑教会和《圣经》，各国君主也必须服从于教会的权威，所有学科的研究都是为了"赞美上帝"，"中世纪把意识形态的其他一切形式——哲学、政治、法学，都合并到神学中，使它们成为神学中的科目"①，即便"科学只是教会的恭顺的婢女，不得超越宗教信仰所规定的界限"②。不仅如此，基督教还借助欧洲各大国的强盛国力，穿梭于大洲大洋，将教义传播到世界各地，越来越具有"世界属性"。世界宗教的巨大影响力，虽然在一定程度上巩固维护了欧洲各国的秩序和稳定，促进了生产的社会化，但它毕竟是外部世界"幻想的反映"，它是在历史中形成的"一种颠倒的世界意识"，无法科学地揭示社会发展规律，指导社会实践，因此，当宗教控制力越来越强，影响力越来越大，越来越"世界化"的时候，它也在一定程度上阻碍了生产力的发展和社会的进步。神本主义与封建主义的结合威胁到了资产阶级的利益，"资产阶级为了发展工业生产，需要科学来查明自然物体的物理特性，弄清自然力的作用方式。……现在，科学反叛教会了；资产阶级没有科学是不行的，所以也不得不参加反叛"③。自此之后，"在科学的推进下，一支又一支部队放下武器，一座又一座堡垒投降，直到最后，自然界无穷无尽的领域全都被科学征服，不再给造物主留下一点立足之地"④。

16世纪天文学的发展严重削弱了"神"的权威。托勒密在2世纪提出了"地心说"，认为太阳和一切星球都绕着地球转动，共有九重天，地球是整个宇宙永恒不动的中心。这个说法同《圣经》所说的人是上帝的特别造物、上帝创造一切都是为了处于宇宙中心的人等宗教说教正相吻合，因此成为教会学说的一个支柱。但神父哥白尼在"赞美上帝"时却发现"地心说"与自己的观测和数据不符，他根据实验

---

① 《马克思恩格斯选集》第4卷，人民出版社2012年版，第262页。
② 《马克思恩格斯选集》第3卷，人民出版社2012年版，第761页。
③ 《马克思恩格斯选集》第3卷，人民出版社2012年版，第761页。
④ 《马克思恩格斯选集》第3卷，人民出版社2012年版，第900页。

和数学的论证大胆地推翻了这一学说,提出了"日心说"①。这严重削弱了"神"的权威,哥白尼也因此受到迫害,《天体运行论》被列为禁书。但这并没有阻止天文学向上帝发起挑战,开普勒和伽利略发展了哥白尼的学说,证明了天体并不像"神"所描述的那么完美。② 布鲁诺发展了"太阳中心说",认为无边无际的宇宙是没有中心的,全盘否定了"地心说",也因此而被教会活活烧死在罗马鲜花广场。康德和拉普拉斯等人继续发展天文学,用科学的力量一步步把基督教《圣经·创世纪》的说法变成了纯粹的"神话",甚至连神学家后来也不得不承认《创世纪》只有寓言的宗教意义了。

天文学对教会的挑战是划时代的,它有力地推动了近代以来科学无神论的发展。恩格斯评价道:

> 自然研究通过一个革命行动宣布了自己的独立,仿佛重演了路德焚毁教谕的行动,这个革命行动就是哥白尼那本不朽著作的出版,他用这本著作向自然事物方面的教会权威提出了挑战,虽然他当时还有些胆怯,而且可以说直到临终之际才采取了这一行动。从此自然研究便开始从神学中解放出来……但是科学的发展从此便大踏步地前进,而且很有力量,可以说同从其出发点起的(时间)距离的平方成正比。这种发展仿佛要向世界证明:从此以后,对有机物的最高产物即人的精神起作用的,是一种和无机物的运动规律正好相反的运动规律。③

---

① 哥白尼在《天体运行论》中指出,地球不是宇宙的中心,而是处在月球轨道的中心;包括地球在内的一切行星的轨道都是以太阳为中心,太阳是宇宙的中心;天上星辰看上去在不断移动,但实际上不是天动,而是地球自己在转动;每天太阳由东向西的运行,不是太阳在移动,而是地球在自传。这个理论证明了地球不过是围绕太阳转动的一个星星而已,并无任何特殊地位,也就使得教会依据地球中心说臆造的种种荒谬的神话破产了。

② 开普勒证明行星轨道是椭圆形,太阳处于其一个焦点上。伽利略不但通过自己的科学实践证明了哥白尼体系,还借助自己发明的望远镜发现太阳有黑子,月球表面坑坑洼洼、荒凉崎岖。

③ 《马克思恩格斯选集》第 3 卷,人民出版社 2012 年版,第 848 页。

科学并未止步,在 18 世纪又将矛头对准了"神创论"。"神创论"也是天主教会的基础理论之一,在中世纪的欧洲,许多人坚持认为,《圣经·创世纪》中所记载的上帝创造世界的神话是真实的历史。然而,18 世纪以来地理学和生物学的发展,尤其是地质发展观和生物进化论的出现,不断质疑着"神创论"。从 18 世纪到 19 世纪,地质学家们通过研究发现了生物化石发掘的一个规律:越是深层次的地层,越是"古老",在这里发现的生物化石也越是简单、低等;越是浅层次的地层,越是"年轻",在这里发现的生物化石也越是复杂、高等。但是根据《圣经》,世界上所存在的所有生物,是上帝在短短的六日之内"一下子"创造出来的,这种"爆发式"的"造物"难以形成"地层越浅,生物化石愈发复杂高级"的地质规律。况且,地层的形成是在悠久的历史中慢慢积累、逐渐演化的结果,绝非《圣经》所言的 6000 年左右,也绝非上帝在短短六日之间所能创造出来的,于是,"神创论"就不攻自破了。

随后,生物学家在地理学成就的基础上,提出了生物进化论。生物学家发现,如果把不同化石层的生物物种按照时间顺序联系起来,就可以合理地推导出一部生物连续进化的谱系和历史。在地理大发现之后,生物学家发现在新大陆上有《圣经》根本未提及的上百万动植物。基于这些考证,法国生物学家拉马克(Jean-Baptiste Lamarck)提出了生物进化的思想。英国生物学家达尔文则集其大成,提出了生物进化论。[①] 生物进化论因其丰富的实证和科学的推理而在学界和公众中产生巨大影响,这对上帝创世说是致命的一击,为此,神学家对达尔文主义进行了疯狂的围剿,但都以失败而告终。这种情况恰如马克思所说:"大地创造说,受到了地球构造学即说明地球的形成、生成是一个过程、一种自我产生的科学的致命打击。自然发生说是对创世说的唯一

---

① 达尔文认为,生物是由物种进化而来的,由于生物的高度繁殖能力引起生存斗争,进而产生对遗传变异优胜劣汰的自然选择过程。所以,生物起源于自然,生物的进化及其多样性也是自然选择的结果。

实际的驳斥。"① 18 世纪以来的地理学和生物学的进步极大地打击了"上帝"权威,随之而来的物理学进步更是给了"神创论"致命一击。

19 世纪,物理学家和化学家们发现了能量守恒定律和能量转化定律,证明了能量既不能创造也不会消灭,只能互相转化,物质结构理论证实了世界的统一性在于它的物质性,从而否定了上帝这一纯粹精神存在的可能性。20 世纪之后,爱因斯坦的相对论更进一步证明了物质、运动、实践和空间是密切联系在一起而不可分割的,也说明了超物质、超时空的"神"是不存在的。随着科学的不断发展,观测精度的不断提高,关于世界的本原、宇宙起源的研究不断推进。1948 年俄国科学家伽莫夫首先建立了宇宙大爆炸模型,进而用科学解释了宇宙的诞生、演变和星体的形成②,宇宙大爆炸理论得到了越来越多观测事实的支持。③

可以看出,科技的发展一步一步地已经将"神"从自然界的各个领域驱逐出去,世界一步一步地走向世俗化,尤其是 20 世纪以来,神学家已经无力阻止现代科学对"神"的一次次否定,只得躲到形而上学和狭隘的经验主义中苟延残喘,去科学还未到达的"未知领域"中得过且过。但这不过是一时之计,只要人类社会不断发展,正确反映世界本质与规律的科学还会不断向旧的传统和权威、愚昧落后的观念进行挑战,并最终完全否定"神"在一切领域的存在。

---

① 《马克思恩格斯文集》第 1 卷,人民出版社 2009 年版,第 195 页。
② 在大约 150 亿年前,宇宙处于一个温度极高、体积极小、密度极大的起点,在它爆炸之后温度在 100 亿度以上,随着宇宙的膨胀,温度开始下降。当温度下降到 10 亿摄氏度的时候,氢等化学元素开始形成,这一过程仅持续三分钟,被学术界称为宇宙的最初三分钟。温度继续下降到 100 万摄氏度之后,形成化学元素的过程结束。当温度降到几千摄氏度的时候,辐射减退,宇宙由辐射状态变为物质状态。经过约两亿年演化,宇宙形成星系,随后,星际物质在引力作用下收缩为球状星云。在收缩过程中,温度逐渐升高,内部压力逐渐增大与引力相对抗,于是星云内部出现核反应形成恒星。
③ 比如,光谱观测发现,遥远星系均以较高的速度彼此推行,河外星系在离开我们,而且越远离开得越快,这证明了宇宙膨胀理论。通过比较原始星际气体发现,原始星际气体氘(2H)与氢呈均匀分布,这与许多重元素呈非均匀分布形成鲜明对比,这为大爆炸提供了证据。此外,通过背景辐射波长观测也为宇宙大爆炸理论提供了证据。

第二节 从认识论上回答：为什么有人信神

现代科学技术的发展虽然已经有力地否定了"神"的存在，但还是会有人信神、信教，其原因就在于"神"存在的自然根源、社会根源、认识根源还没有消除。自然根源和社会根源的存在归根结底是由人类与自然界的矛盾和人类社会中人与人之间的矛盾造成的。现代社会的生产力虽然获得了极大的发展，人们的生活水平也获得了显著提高，但是人类实际上还没有完全支配来自大自然的异己力量，也没有完全挣脱掉社会异己力量的锁链，这些矛盾的存在成为"神"存续的自然根源和社会根源。倘若人们对"神"和宗教现象了解不深入，所掌握的科学知识较少的话，就难以抵抗它们的精神诱惑而最终信神，这表现在宗教存在的认识根源上。实际上，由于某些严重的天灾人祸所带来的种种困苦还不能在短期内摆脱，由于现代科学的发展还不能让人类完全透彻地了解世界，由于社会生产力的极大提高、物质的极大丰富还需要长久的奋斗过程，由于旧社会遗留下来的旧思想旧习惯和境外的宗教渗透不可能在短期内消除，由于马克思主义无神论宣传教育的普及还需要长久的努力，因此无法避免信神和信教现象的出现，"神"还会继续对人们的生活习惯和思维方式产生影响。

一 自然根源：尚未完全支配的自然力量

"只有对自然力的真正认识，才把各种神或上帝相继地从各个地方撵走"①。马克思主义认为，落后的生产力发展水平是"神"产生和存在的最深刻的物质基础。科学技术是第一生产力，现代科学技术的发展虽然已经把"神"从自然界的各个领域驱逐出去，但人类实际上还没有完全支配自然力量，这就成为"神"继续存的自然根源。"任何神话都是用想象和借助想象以征服自然力，支配自然力，把自然力加以

---

① 《马克思恩格斯文集》第9卷，人民出版社2009年版，第356页。

形象化"①，只有当人类认识到了自然的秘密并发现了它们的规律的时候，生产力才能有相应的发展；也只有生产力的高度发展，自然力量才能从异己力量转化为人类可以支配的力量，人才能真正把握自己的命运而不需要"神"的慰藉，在此之前，人们都可能会因受自然异己力量的支配而信神，其主要表现有：

第一，因自然科学研究的局限而信神。随着自然科学研究的推进，大自然的奥秘被一个一个地揭开，宗教神学的影响力也随之不断减弱。但自然科学研究是有其局限性的，即便是21世纪的人类已经对自然以及自身的研究达到了前所未有的程度，依然还有很多尚未探索的未知领域。比如，心理学尚未完全解答思维与大脑的谜题，量子力学尚未解开微观世界的奥秘，天文物理学尚未发现大统一理论，生物学尚未揭示衰老与死亡之谜。基于实证理性的自然科学既然尚未解开这些未知谜题，自然也就不能给出科学的答案，更不能从主观出发臆想出没有实验数据做支撑的答案，这就给了神学家以可乘之机。有神学家认为，未知领域就是神学中的"无限"，上帝是"无限"的体现，人类只能在"有限"的已知领域彷徨，所以自然科学再怎么发展也只不过是为上帝的至高无上提供理性的证明。这套理论曾经很有市场，人们在日常生活中难免会遇到自然科学无法解答的问题，这种对未知的疑惑或恐惧都可能成为促使人们在宗教中寻找合理解答的自然根源，"智能设计论"的出现就是这种根源的反映。但在马克思主义看来，这套理论并不科学，无论是"有限""无限"还是"已知""未知"都统一于物质世界，"有限"包含于"无限"，"已知"是对"未知"的征服。正是因为现阶段自然科学研究的发展还不能解释所有的自然现象，才会将未知领域交给人们来幻想，交给"神"来栖息。对未知的自然现象科学家解释不了，神学家就夺过了解释权。但不可否认的是，随着自然科学研究的推进，未知现象会越来越少，未知领域会愈加萎缩，但在这之前，只要还有自然科学解答不了的未知谜题，自然根源就会一直存在。

---

① 《马克思恩格斯文集》第8卷，人民出版社2009年版，第35页。

第二，因科学技术应用的局限而信神。现代科学技术的应用虽然已经取得长足进步，但还不足以使人完全脱离自然力量的支配，这也是人们信神的自然根源之一。人们通过科学研究活动来探索未知领域、解决理论问题、认识自然规律，通过技术应用活动来应用科学成果、解决实际问题、改造物质世界，两者相辅相成，共同推动社会生产力的发展。近代以来，经过三次工业革命，人类认识自然和改造自然的能力有了极大提高，这大大削弱了人们信神的自然根源。但必须看到的是，人类在科学技术领域有了长足的发展，但是支配自然力量的能力还不够高。在一些"靠天吃饭"的行业中，自然力量依旧支配着人们，在农业生产中，水产、畜牧业，其收成收入在很大程度上还要看"老天爷"的"心情"，在一些危险性较大的行业，如航海、捕捞、采矿、伐木等行业依旧受到"天威难测"的大自然的威胁。面对自然力量的威胁，有人通过信神祈求保佑或获得精神心理上的慰藉，在内陆一些落后的依靠农业的村落里依旧保留着封建迷信的传统。在沿海地区，"靠天吃饭"的渔民也有很多民间信仰。比如，中国的福建、浙江一带渔民多供奉"妈祖"，信仰佛教。在医疗卫生方面，医学的发展尚不足以完全保障人体的健康，还不能完全治愈所有的疾病。面对医疗技术的局限，久病不得医、大病不得治、生死惑于心的人就只得寻求"神"的帮助、期待"神"的拯救、幻想在"天国"的重逢。失去了某位亲朋好友的人也不愿意接受人死如灯灭的事实，而愿意相信自己的亲人、爱人、朋友依然以灵魂的方式存在于世，也愿意相信生死轮回和天堂天国，以"志思慕之情"。除此之外，在地震、台风、海啸等大的自然灾害过后也会有人因感于自身渺小和命运的不可捉摸而皈依"神"。这些根源的存在是长期的，只要人类尚未支配自然异己力量，就有可能因此而信神。

二 社会根源：无法摆脱的社会异己力量

宗教作为社会的产物，其最深刻的根源存在于社会之中，"宗教本身是没有内容的,它的根源不是在天上,而是在人间,随着以宗教为理论的被歪曲了的现实的消失,宗教也将自行消亡"①。在阶级社会里,阶级根源是人们信神的主要社会根源。在社会主义社会里,人民成为社会的主人,已经不再因对封建主义、资本主义的生产方式所导致的阶级剥削和阶级压迫的恐惧而把它"神化",宗教赖以生存的阶级根源已经基本消失。但除了阶级根源外,宗教还有其他赖以生存的社会根源,当推动宗教发展的阶级矛盾基本消失之后,其他社会矛盾就会上升浮现出来。以当代中国为例。虽然社会生产力水平总体上较高,人民获得感、幸福感、安全感较强,但中国仍处于并将长期处于社会主义初级阶段,社会主义成分虽然在经济基础和上层建筑中占据着主流主导地位,但不充分不平衡的发展无法完全满足所有人民日益广泛的美好生活需要和更高的物质文化生活要求。这些客观事实造成了社会所不能完全控制的、盲目的、异己的力量,从而为"神"的继续存在提供了社会土壤。其表现如下:

第一,因贫穷落后而信神。列宁曾经指出,"宗教偏见的最深刻的根源是穷困和愚昧"②,在较为贫困的地区,穷困和愚昧往往是并存的,因贫而愚、因贫而病、因贫而困的情况使得部分农村群众转而信神。党的十八大以来,在中国共产党的坚强领导下,中国在包括经济建设在内的各领域均取得了重大成就,人民生活水平显著提高,但不可否认的是,在一些农村地区,经济文化发展水平、人民生活水平还处于一个较低的水平上。在这些贫困地区,很多贫困家庭的学龄儿童因为家庭贫困而得不到较好的科学文化知识教育,医疗卫生事业的落后也使得部分农村群众生病得不到及时的治疗,收入的薄弱使得年轻劳动力背井离乡去打工,留守的老弱妇孺长期缺乏情感关怀。这些情况的存在使得一部分群众因贫困而信神、因求医而拜神、因关怀而信教,甚至参与农村非法宗教活动。

---
① 《马克思恩格斯文集》第10卷,人民出版社2009年版,第4页。
② 《列宁全集》第35卷,人民出版社2017年版,第181页。

第二,因实现理想的艰辛而信神。每个人都会有自己的追求和梦想,或追求美好姻缘,或梦想考入名校,或期望职位升迁,或赚得大钱。但当前的人类社会还没有发展到物质财富极大丰富、人们精神境界极大提高阶段,这意味着当前阶段的人类社会无法满足所有社会个体的需求,无法实现所有社会个体的追求和梦想,人类还无法完全把握自己的命运,不得不接受"命运的摆弄"。在命运的莫测中,部分人的"追梦之路"必然是坎坷的,甚至布满荆棘,他们或恋爱突逢挫折,或学业不得寸进,或事业遭逢失败,就容易灰心丧气、惊慌失措、病急乱投医。倘若已有的经验手段无助于摆脱困境,个人的意志和精神也不够强大的话,人们就可能陷入消沉、颓废,开始否定人生、否定奋斗、否定社会,甚至寄希望于超人间力量的拯救。他们或求助于运势占卜,去星座中寻找引路的星光,或求神拜佛,祈祷诸天神佛的护佑,或皈依宗教,抛却现实的苦难转求彼岸的幸福。[①] 以当代中国为例。改革已经进入了"攻坚区"和"深水区",有太多的利益纠葛需要理顺,有不少妨碍发展的体制机制弊端需要破除,在这个过程中难免出现种种社会矛盾,如求职难、挣钱难、晋升难,追逐梦想的艰难让人感觉到前途的渺茫和生活的挫败,进而对现世产生怨愤,于是有些意志不坚定的人就会转向宗教中寻找答案。

第三,因人生遭遇挫折而信神。人民的生活在社会力量的推动下总会朝着更加美好、更加幸福的方向前进,但命运是难以捉摸的,社会力量的作用方向虽然从宏观上讲是必然的,但微观上具体到个人就

[①] 比如,某些高校学生信教就属于此类情况。"笔者接触过这样一名学生,她的学习成绩极其不好,这与她在中学时代经常被光环围绕形成极大反差,她对自己极其不满意,进而对班集体不满,对现实不满,对很多社会问题不满意,但却无以排解,于是就整日沉溺于上网和游戏。恰在此时,她在校园中遇到了基督教家庭教会教徒传教,于是极快地加入了教会,并且成为骨干,经常在校园中传教。还有一位女生,本来是一个比较随便的摩登女孩,因为诱惑与男友发生了关系,这种关系使她觉得生活空虚、无聊,一直处于极度的精神抑郁之中,此时基督教家庭教会向她传教,她就投入了基督教的怀抱。还有一名大学生因为研究生中期考核即将来临就不堪重负,先是产生了自杀的念头,随后又企图遁入佛门,希望从宗教那里找到摆脱心理困境的药方。还有的学生仅仅是因为保研未能进入自己心仪的学校就心灰意懒,被基督教家庭教会抓住可乘之机。"(参见李志英《关于大学生信教的若干问题》,《科学与无神论》2010年第3期)

显示出了较大的偶然性。由于现实的经济、政治、文化等条件的限制，不少人在日常工作、生活、恋爱、婚姻、家庭和邻里社群关系等方面会遭遇到不同程度的挫折，甚至打击。面对这些挫折和打击，一部分人经受不住，就转而信神。宗教对于人生挫折的存在有着一整套的解释逻辑，这些答案给了挫折中的人极大的精神慰藉，有效地满足了他们的精神需求。[①] 总结这些情况的产生，基本上都是因为人们在日常的生活中遭遇了或大或小的种种挫折，倘若不能及时从这种挫折中振作起来，就可能使人郁结为心病，心病沉疴日久，就会丧失斗志。在这种情况下，人们在怨天尤人，哀叹世道艰辛的同时可能会感觉到自己的命运不由自己把握，而是由神主宰，于是转向宗教中寻求帮助。

三　认识根源：对宗教相关问题的模糊认识

人类天生是不信神的，却因有神论的影响而产生鬼神观念。宗教既是"悬浮"于上层建筑顶端的一种特殊的意识形态，又是长期存在于社会生活中的实体，人只要还在社会中生活，就不可避免地会受有神论的影响而产生鬼神观念。但这并不意味着所有人最终都会信神、信教，人可以因为有神论的影响而产生鬼神观念，也可以因为无神论的影响而否定鬼神观念。但是，倘若一个人受无神论的影响较小，没有掌握系统的无神论知识，又受到宗教的很大影响，就有可能逐渐走上信神、信教的道路。具体来说，有以下几种情况：

第一，受有神论影响而产生鬼神观念。宗教的存续有其深刻的现实物质基础，有其复杂的自然根源和社会根源，但这种根源要反映为人

---

① 比如，安徽某地家庭教会自编诗歌《十劝》来排解婆媳关系："一劝公婆仔细听，千万莫与媳妇争。推磨罗面都是她，碾米捣碓活不轻。一天三顿把饭做，烧水捣灶冒青烟。织布纺花活不闲，补补连连三更天。吃穿莫少她一点，你爱媳妇主喜欢。""二劝媳妇仔细听，千万莫与公婆争。你的公婆年纪大，不能干来不能动。端水端饭侍候他，你孝公婆尽力行，真神帮你增福寿，你娶媳妇与你同，贤良媳妇落好名。"（参见罗竹风《中国社会主义时期的宗教问题》，上海社会科学院出版社1987年版，第262—263页）

脑中的鬼神观念还要借助于意识形态的力量,即通过有神论的"灌输"。人类天生是不信神的,人在出生之时还没有产生意识,更遑论鬼神观念了。随后,在成长过程中,人依靠自己的实践和家庭的教育逐渐产生思维、意识。比如"苹果"意识的形成,需要婴儿在父母的教育下,观察苹果的外形,听到苹果的读音,触摸苹果的实体,品尝苹果的滋味,嗅到苹果的气味,然后反映为脑中"苹果是红色黄色,圆形甜味且散发清香气味的水果"的观念。鬼神不存在于物质世界,鬼神观念无法通过物质实践形成,只能依靠外界灌输,比如,雷雨天打雷,父母吓唬小孩儿说:"老天爷只劈做了亏心事儿的人"——于是形成"老天爷"的观念;天黑了外面不安全,父母吓唬小孩儿说:"黑夜里有鬼,专抓乱跑的小孩儿"——于是形成了"鬼神"的观念;观看电视中播放的动漫,关键时刻神灵天降打跑了坏人——于是形成了"神威"的印象。种种事例不胜枚举,正是在后天的灌输之下,人类才在脑中产生了鬼神观念。但正是因为鬼神在物质世界中并不存在,人类从未在实践中遇到过,所以小孩儿脑中的鬼神观念往往是模糊不清的,因而也不会虔诚信神。倘若积极学习无神论知识,参加社会生产生活实践,人们就会逐渐否定掉脑中模糊的鬼神观念,认为鬼神不存在,倘若进一步接触到了宗教思想,接触到了传教者,就可能一步步由望教到慕道再到入教,并最终成为"神"的忠实信徒。

第二,受宗教传统的影响而信神。在长期信仰某种宗教的群体中,往往会形成宗教传统。这些宗教传统与特定民族的民族文化、民族心理、民族生活、民族风俗紧密结合,形成了"一种巨大的保守力量"[①],尤其是在某些特定民族中,宗教已经与其民族的传统密不可分,并且在相当长的时间内,还会继续发挥较大的影响力。比如在藏族中,根据天地万物皆有水、火、风、土四物形成"宗教传统",人死后要进行天葬、火葬、土葬、水葬的"宗教仪式"。成长生活于这种环境中,自然会有部分民族成员信仰宗教。除此之外,宗教家庭对

[①] 《马克思恩格斯选集》第 4 卷,人民出版社 2012 年版,第 263 页。

青年人的影响也很大。在宗教家庭或监护人有宗教信仰者的家庭中，信教的家庭成员会制造出浓厚的宗教氛围，这种氛围会对不信教家庭成员产生较大的影响，使其因此而信教。这种情况在一些特定的宗教，如伊斯兰教、天主教以及藏传佛教和南传佛教中表现得较为明显。

第三，受宗教活动的影响而信神。在历史上宗教活动比较集中的地区，尤其是传教活动较为活跃的地区，有人因此而信神。在当代中国，无论是本土宗教还是外来宗教，其扎根、发展乃至鼎盛都有着复杂的历史根源和现实因素，或契合了特定地域的历史经济环境，或切中了特定群体的心理需求，因而在某一地域或某一群体中其宗教影响较大。比如，道教、佛教在"道教四大名山"[1]"佛教五大道场"[2]较为活跃，基督教等西方教派在沿海地区和中原农村的影响较大。在这些宗教活动活跃的地区，信徒常常聚集，这对各种宗教的传经布道有着较大的作用。在这些宗教中，基督教最为活跃。近年来，基督教的发展势头较猛，活动范围已经不限于传统活动地区，其传教方式推动着它从沿海向全国扩散。按照基督教传统，不仅教职人员要讲经布道，普通基督徒也有义务去"结果子""作见证""传播上帝的福音"，以便求得上帝的青睐与救赎，所以基督徒的传教欲望极强。他们主动接触不信教群众，带领不信教群众去教堂听布道，这种组织化系统化的宗教传播很容易吸引不信教群众信教。

第四，因宗教文化的吸引而信神。"宗教不仅是一种社会意识形态，还是一种特殊的文化现象。"[3]宗教在不断适应人类社会发展的过程中，发展出了一系列以有神论为思想基础的宗教文化，如浩瀚的宗教文学、深邃的宗教哲学、完整的宗教伦理、慰藉舒缓的宗教心理、劝人行善的宗教道德、丰富多彩的宗教艺术、优美玄奥的宗教设

---

[1] 指安徽齐云山、湖北武当山、四川青城山、江西龙虎山四大中国道教圣地。
[2] 指五台山、普陀山、峨眉山、九华山、雪窦山道场。
[3] 习近平：《干在实处　走在前列——推进浙江新发展的思考与实践》，中共中央党校出版社2006年版，第264页。

施。这些色彩斑斓、引人入胜的宗教文化,时刻向人们传递着"神"的信息,人们会受其吸引而产生好奇,进而发生兴趣和心理需求。倘若此时受到"布道者"的拉拢,就比较容易放弃自己原有的世界观,转而信教。比如,有的原本客观中立的学者在研究宗教典籍的过程中逐渐对宗教产生好感,并在某一契机下被拉拢入教;有的接受科学世界观多年熏陶的大学生,在学习英语或外国文化的时候感到基督教很"酷",就容易被校园传教士拉拢进而参加团契;有的党员干部因为贪污腐败神经紧张,为舒缓慰藉自己心中不安就主动求神拜佛,甚至请"大师"来为自己"做法";有的都市白领认为信教之人道德高尚,为追求自己心中的道德高地而主动入教。在这些情况中,有的是合规合法的宗教传播,有的则是怀有政治目的的文化宣教,应当引起政府的高度重视。

第五,因抵御有神论精神诱惑的能力不足而信神。宗教,尤其是世界宗教,都有其一套精致严密的理论体系,传教士们把握人心、慰藉心灵的手法是独到而老到的。倘若对宗教有着浓厚的兴趣又缺乏无神论知识的人遇到了专业的传教士,就很有可能沦陷其中,难以自拔。就当代中国来说,近年来,有神论和无神论话语权的此升彼降导致了不信教群众抵御种种有神论精神诱惑能力的不足。马克思主义无神论宣传教育是抵御境外宗教渗透的基础性工作,正是因为其话语权的式微和存在感的薄弱,使得许多原本不信教群众不但没有认清楚有神论的虚幻本质,反而对它产生好感,进而产生兴趣,这种情况所带来的后果就是"宗教热"的不断升温,信教人数的快速增长。

第三节 从方法论上回答:怎么对待本无的
　　　　　　神和信神的人

一切事物都是不断变化发展着的,发展的实质是新事物的产生和旧事物的灭亡,随着社会的发展进步,存在于意识形态领域的"神"及其载体宗教有神论也会在与无神论的矛盾运动中逐渐走向消亡。这是一个长期的历史过程,在此之前,怎么对待本无的神和信神的人就成为马克思主义无神论宣传教育内容构建的重点。

一 科学认识宗教存在的长期性和最终消亡的必然性

科学认识宗教存在的长期性和最终消亡的必然性是马克思主义政党从客观实际出发正确地认识和处理宗教问题的前提。马克思主义认为,任何现实存在的事物的矛盾都是共性和个性的有机统一,宗教及其"神"也不例外。"神"在世界上并不存在,但宗教存在于意识形态领域和社会生活之中。这一基本事实和基本矛盾体现为宗教最终消亡的必然性和宗教在意识形态领域存在的长期性。忽视或否认其中的任何一个方面,都背离了实事求是的科学精神。只看到世上无神,却看不到意识形态领域有"神"、社会生活中有宗教,是片面的、主观的。仅仅强调宗教的长期存在,而忽视了"世上无神"的基本事实,就不能基于客观现实看待宗教。必须看到这两个方面的事实,只有科学地认识宗教存在的长期性和最终消亡的必然性,才能正确地认识宗教现象,树立起无神论的世界观。

首先,宗教在意识形态领域的长期存在是有条件的、相对的。宗教存在的长期性不等于永恒性,这种长期性指的是抽象的宗教在意识形态领域存在的长期性,因而是有条件的、相对的。但对某一具体宗教来说,它必须不断适应特定族群及其生产生活的社会历史条件才能生存发展,一旦这一宗教不能或不再适应社会历史的发展,就无法长期存在,甚至会在短期内消亡。比如,很多藏族同胞信仰藏传佛教,但其民族传统中包含了许多非佛教的祭祀习俗,这些祭祀习俗带有浓重的高原民族宗教的色彩,这说明藏传佛教并非藏族自古以来一成不变的信仰,而是藏族同胞在历史中接受的外来宗教;对维吾尔族同胞来说,"维吾尔族先民最初信仰原始宗教和萨满教,后来相继信仰过祆教、佛教、摩尼教、景教、伊斯兰教等","伊斯兰教既不是维吾尔族天生信仰的宗教，也不是唯一信仰的宗教"①，时至今日，相当一部分维吾尔族群众已经不信仰宗教，这说明宗教的长期性是相对的。再比如，满族和蒙古族在历史上曾经信仰萨满教，但随着满族和蒙古族与现代世俗社会融合的加深，多数满族同胞和部分境内的蒙古族同胞已经不再信仰萨满教，萨满教也最终走向消亡。这样的例子还有很多，比如，波斯的摩尼教即明教、白莲教、净土宗等宗教，也因为不适应历史的发展进步而被逐渐淘汰了，这说明宗教的存在是有条件的。

其次，宗教最终走向自然消亡的必然性是无条件的、绝对的。宗教是历史的产物，它产生于蒙昧时期原始人愚昧无知的观念，是"一种颠倒的世界意识"，它不能客观正确地反映物质世界，不能正确地解释自然和社会历史现象，这决定了随着社会的发展，宗教将逐渐失去指导实践的合理性和拯救人类的合法性，最终会因不能适应社会的快速发展，甚至阻碍社会的进步而走向消亡。与此同时，无神论则是人类文明思考的结晶，尤其是近代以来逐渐发展完善起来的马克思主义无神论，更是科学无神论发展的高级阶段，它能够正确地反映客观世界的物质性和规律性，能够为人类认识和改造自然提供科学的指导，这决定了马克思主义无神论的普及能够推动人类社会的发展，随着物质财富的丰富和人类精神境界的提高，马克思主义无神论终将成为引领人类未来的主流意识形态。但这一过程并不是一帆风顺的，而是螺旋式的，有神论和无神论会在其上升下降的道路上产生周期性的曲折或反复，其中有暂时的停顿甚至是短时期的倒退，但这种曲折和反复终将为无神论的螺旋式上升和宗教的自然消亡开辟道路。

最后，宗教最终消亡的必然性寓于宗教存在的长期性之中。宗教的最终消亡是一个漫长的历史过程，无法在短时间内通过颁布禁令或出台法令来实现。作为一种"离物质生活最远"，并且"更高地悬浮于空中的意识形态"②，社会经济基础的变动，对宗教的影响远比其他上层

---

① 《新疆的若干历史问题》，《人民日报》2019 年 7 月 22 日。
② 《马克思恩格斯文集》第 10 卷，人民出版社 2009 年版，第 598 页。

建筑小。不仅如此，宗教在走向最终消亡的历史过程中，总是会不断地改变自身，以适应当下的社会历史条件，以此来延长自身的"寿命"，这决定了宗教不会在短期内走向消亡。

宗教作为十分古老的精神文化成果之一，长期居于各民族文化的核心，被内化为各民族人民的细胞和血液，深刻地影响着人们的生活方式、风俗习惯和价值观念、思想观念、民族性格，以及政治和经济生活。倘若忽略了这一客观事实，认为宗教问题是可以较为快速地得到解决的非主流意识形态问题，人为地用行政命令或者法律法规禁止宗教，禁止人们信神，就容易激起信教群众的逆反情绪甚至反抗情绪，就会走向矛盾的反面，这样，反而会加剧宗教狂热。马克思主义认为，只有异己的自然力量和社会力量再也不能支配人们的日常生活、支配人们的命运，人们才不会信仰超自然的力量，才不会祈求"神"来解决自己的现实困难和精神苦恼。到那个时候，"神"的观念和宗教才会最终丧失立足之地，因为人们已经完全把握了自己的命运，这种情况恰如恩格斯所说："当社会通过占有和有计划地使用全部生产资料而使自己和一切社会成员摆脱奴役状态的时候（现在，人们正被这些由他们自己所生产的、但作为不可抗拒的异己力量而同自己相对立的生产资料所奴役），当谋事在人，成事也在人的时候，现在还在宗教中反映出来的最后的异己力量才会消失，因而宗教反映本身也就随着消失。理由很简单，因为那时再没有什么东西可以反映了。"[①] 为了达到这个目标，我们必须通过长期的社会历史发展，通过生产力的提高来逐步消除"神"赖以存续的自然根源和社会根源，通过坚持不懈、潜移默化的马克思主义无神论宣传教育来消除宗教和"神"赖以生存的认识根源。

二　尊重信教群众的信仰选择

现代国家的公民普遍享有宗教信仰自由权利，公民可以自由地选择

[①] 《马克思恩格斯文集》第9卷，人民出版社2009年版，第334页。

自己的信仰：可以选择信神，也可以选择不信神；可以选择信仰这个神，也可以选择信仰那个神；可以选择过去不信神而现在信神，也可以选择过去信神而现在不信神，并且在公民中间不允许因为信仰不同而产生权利不一样的现象。资本主义国家是如此，社会主义国家也一样，列宁就曾提出："国家不应当同宗教发生关系，宗教团体不应当同国家政权发生联系。"① 这体现了社会主义国家对待宗教问题的态度，具体来说，表现在以下几个方面：

第一，尊重信教群众的信仰选择体现了马克思主义政党尊重客观规律，坚持从实际出发认识和对待宗教问题的态度。马克思主义认为，宗教的发展和消亡有其客观规律，只要宗教存在的根源还未消失，宗教就会长期地存在于社会生活中，并对生活于其中的人产生影响，这是不以人的主观意志为转移的。因此，马克思主义政党在对待和处理宗教问题时，要尊重客观规律，坚持从实际出发。倘若从主观出发迫切地想要在短期内解决宗教问题，或者企图通过行政手段从政治上对宗教"宣战"来"解决"宗教问题，这不但会徒劳无功，反而可能引发宗教狂热。"根据一个自古就为人们所熟知的辩证法规律，错误的思维贯彻到底，必然走向原出发点的反面。所以，经验主义者蔑视辩证法便受到惩罚：连某些最清醒的经验主义者也陷入最荒唐的迷信中，陷入现代唯灵论中去了。"② 正是考虑到宗教走向最终消亡过程的长期性，马克思主义政党既不能简单地禁止人们信神，也不能反过来鼓励人们信神，而是要坚持宗教信仰自由政策。这一政策绝不是临时性的权宜之计，也不是讨好谁的绥靖之策，而是马克思主义政党尊重客观规律，坚持从实际出发认识和处理宗教问题所得出来的一项长期政策，"是一直要贯彻执行到将来宗教自然消亡的时候为止的政策"③。

第二，尊重信教群众的信仰选择体现了马克思主义政党坚持用民主

---

① 《列宁专题文集·论辩证唯物主义和历史唯物主义》，人民出版社2009年版，第220页。
② 《马克思恩格斯选集》第3卷，人民出版社2012年版，第890页。
③ 《关于建国以来党的若干历史问题的决议注释本》，人民出版社1983年版，第615页。

的说服教育方法解决人民内部思想问题的态度。马克思主义政党历来主张，凡是思想认识问题，只能采取民主的办法，而不能采取简单粗暴的办法，更不能采取专政的手段。信神还是不信神，信仰这种神还是那种神是世界观上的差异，属于人民内部的思想上的问题。"凡属于思想性质的问题，只能用民主的方法去解决，只能用讨论的方法、批评的方法、说服教育的方法去解决，而不能用强制的、压服的方法去解决。"①倘若贸然使用简单粗暴的行政手段去干预人们的信仰选择，"不但不会收效，而且非常有害"②。也正因如此，"我们不能用行政命令去消灭宗教，不能强制人们不信教。不能强制人们放弃唯心主义，也不能强制人们相信马克思主义"③，而是应该始终坚持党的宗教信仰自由政策，尊重信神的人的信仰选择。

但这决不意味着放弃了对信教群众的思想政治工作。"对信教和不信教的群众，都要进行爱国主义、集体主义、社会主义教育，都要加强法制教育和公民道德建设，都要大力开展普及科学文化知识特别是现代科学知识的工作。"④ 值得注意的是，对信教群众而言，面向他们的思想政治工作要把握好政策的尺度，讲求方式方法，在不妨碍信教群众的信仰，不伤害他们的宗教感情的基础上争取、团结和教育广大信教群众。对不信教群众而言，要加强面向他们的马克思主义无神论宣传教育，"用马克思主义哲学批判唯心论（包括有神论），向人民群众特别是广大青少年进行辩证唯物论和历史唯物论的科学世界观（包括无神论）的教育，加强有关自然现象、社会进化和人的生老病死、吉凶祸福的科学文化知识的宣传"⑤，进而有效防止宗教狂热的产生。

第三，尊重信教群众的信仰选择体现了马克思主义政党坚持用团结引导的方法解决人民内部矛盾问题的态度。毛泽东把解决人民

---

① 《毛泽东文集》第 7 卷，人民出版社 1999 年版，第 209 页。
② 《毛泽东文集》第 7 卷，人民出版社 1999 年版，第 232 页。
③ 《毛泽东文集》第 7 卷，人民出版社 1999 年版，第 209 页。
④ 《江泽民文选》第 3 卷，人民出版社 2006 年版，第 385 页。
⑤ 《三中全会以来重要文献选编》（下），中央文献出版社 1982 年版，第 1238—1239 页。

内部矛盾的方法具体化为"团结—批评—团结"的公式:"讲详细一点,就是从团结的愿望出发,经过批评或者斗争使矛盾得到解决,从而在新的基础上达到新的团结。按照我们的经验,这是解决人民内部矛盾的一个正确的方法。"① 这种方法对于解决信神的人和不信神的人之间的矛盾也是适用的。以当代中国为例,作为共产党领导的社会主义国家,在中国14亿人口中有12亿人口不信教,有近两亿人口信仰各种宗教,他们之间在世界观上是存在差异的。但信教和不信教群众之间在世界观上的差异是次要的,在政治上的团结合作是主要的,所以信不信神是人民内部的非对抗性矛盾。解决这对矛盾要坚持政治上的团结合作,信仰上的相互尊重,最大限度将广大信教和不信教群众团结起来,共同为实现中华民族伟大复兴的中国梦而努力奋斗。

但尊重信教群众的信仰选择绝不意味着忽视不信教群众坚持无神论的选择。倘若出于照顾信教群众感情的考虑,只尊重信教群众信教的权利,而忽视了不信教群众坚持无神论的权利;只团结引导信教群众而忽视了不信教群众,那么居于次要的世界观上的差距就可能上升为主要矛盾。倘若继续放任有神论侵蚀主流意识形态,放任宗教仪轨进入世俗生活的方方面面,那么信教和不信教群众之间的非对抗性矛盾就可能转化为对抗性矛盾,反而不利于团结。这种情况恰如习仲勋所说:"有这种思想的人,往往迁就宗教界那些不明道理、不顾大局的少数人的不适当要求,忽视对他们的思想政治工作,以致对那些利用宗教进行非法违法活动的现象不闻不问,放任自流,结果造成了很大的混乱和损失。"② 鉴于此,马克思主义政党应当明确宣布:"保障信教自由,不但不应妨碍而且应当加强普及科学教育的努力,加强反迷信的宣传。"③ 因此,《中华人民共和国宪法》第二十四条第二款明确规定:

---

① 《毛泽东文集》第7卷,人民出版社1999年版,第210页。
② 《习仲勋论统一战线》,中央文献出版社2013年版,第392—393页。
③ 《新时期宗教工作文献选编》,宗教文化出版社2014年版,第60页。

"国家倡导社会主义核心价值观,提倡爱祖国、爱人民、爱劳动、爱科学、爱社会主义的公德,在人民中进行爱国主义、集体主义和国际主义、共产主义的教育,进行辩证唯物主义和历史唯物主义的教育,反对资本主义的、封建主义的和其他的腐朽思想。"[1] 科学教育和反迷信的宣传属于无神论宣传教育范畴,共产主义是径直从无神论开始的,辩证唯物主义和历史唯物主义教育本身就蕴含着宣传无神论、反对有神论的思想,这就意味着社会主义国家不但要保护信教群众信仰宗教的权利,还要主动保护不信教群众宣传无神论的权利。

三 引导宗教与社会主义社会相适应

宗教对信徒的影响具有两重性,相应地,宗教对社会的影响也有积极和消极的一面。这就决定了马克思主义政党对待宗教,既不能采取简单的"收"的态度,忽视宗教存在的长期性,片面夸大宗教的消极作用,也不能采取简单的"放"的态度,忽视宗教背后复杂的社会政治因素,片面夸大宗教的积极作用,而是应该采取"导"的方法,辩证地看待宗教的社会作用,把握其两重性规律。"导"即"引导",我们要引导宗教主动与社会主义社会相适应,而不是相反,就当代中国来说,"一个重要的任务就是支持我国宗教坚持中国化方向"[2],具体来说分为以下几个方面:

第一,用社会主义核心价值观来引领宗教界人士和信教群众。社会主义核心价值观是社会主义意识形态的本质体现,是全体人民同心同德、团结奋进、共同认同的"最大公约数"。为了国家的前途和人民的幸福,包括信教和不信教群众在内的全体人民,都应当始终坚持社会主义核心价值观。为此,我们应当用社会主义核心价值观来引领全体人民,不能出于照顾宗教界人士和信教群众感情的需要而将他们排除

---

[1] 《中华人民共和国宪法》,法律出版社 2018 年版,第 64—65 页。
[2] 《习近平在全国宗教工作会议上强调:发展中国特色社会主义宗教理论 全面提高新形势下宗教工作水平》,《人民日报》2016 年 4 月 24 日。

在外。为此，习近平总书记在全国宗教工作会议上指出：

> 要用社会主义核心价值观来引领和教育宗教界人士和信教群众，弘扬中华民族优良传统，用团结进步、和平宽容等观念引导广大信教群众，支持各宗教在保持基本信仰、核心教义、礼仪制度的同时，深入挖掘教义教规中有利于社会和谐、时代进步、健康文明的内容，对教规教义作出符合当代中国发展进步要求、符合中华优秀传统文化的阐释。①

这就要求宗教界在继承和弘扬优良传统的基础上，组织教界学界力量，结合社会发展和时代进步要求，对宗教教义教规作出新的阐释，对经典教义作出与时俱进、权威准确的阐释。这是宗教中国化、时代化的历史选择，是宗教界对自己信仰负责的表现。

第二，引导宗教行为和活动适应社会主义社会的法治体系。信徒的信仰不仅体现在教义教规等思想内容中，还体现在行为和活动上。引导宗教行为适应社会主义社会的法治体系也是坚持我国宗教的中国化方向的重要举措。宗教不仅是一种意识形态，还是一种客观存在的社会现象。当信神的人以一定的制度形成组织的时候，宗教就是一种社会实体。宗教作为一种社会实体就必然会在现行的社会秩序内活动，与党和政府、与社会、与国内其他宗教、与外国宗教、与不信教群众发生各种关系，产生各种事项，这些活动、关系、事项就是宗教事务。既然在社会秩序内活动，就必须受社会秩序的约束和规范，也正因如此，政府依法对宗教事务进行管理就成为推进全面依法治国的一个重要组成部分。

依法管理宗教事务，一方面，要保护信教和不信教群众的合法权益。人民是依法治国的主体和力量源泉，依法管理宗教事务，是为了广大信教和不信教群众的合法权益。政府依法保障信教群众的正常宗教

---

① 《习近平在全国宗教工作会议上强调：发展中国特色社会主义宗教理论 全面提高新形势下宗教工作水平》，《人民日报》2016年4月24日。

需求，尊重信教群众的风俗习惯，稳步拓宽信教群众正确掌握宗教常识的法律渠道。除此之外，还要教育引导群众正确认识国法和教规的关系，提高法治观念。通过教育引导，信教和不信教群众在面临某些宗教组织或宗教行为出现违反国家法律而侵犯自己利益的情况，如因信仰某种宗教而被强行摊派时，才能主动拿起法律武器，保护自己的权益。另一方面，应坚持法律面前人人平等。平等是社会主义法律的基本属性，任何组织和个人都必须尊重宪法的权威，必须在宪法的范围内行事，必须按照宪法行使权力或权利，履行职责或责任，不得有超越宪法的特权。国家按照"保护合法、抵制非法、遏制极端、抵御渗透、打击犯罪"的原则，依法对宗教事务进行管理，严格按照事情本身的性质处理，该保护的必须保护，该取缔的必须取缔，该打击的依法打击，不允许因为宗教信仰不同而产生权利不一样的现象，不允许有法外之地、法外之人、法外之教。

第三，在爱国主义、社会主义旗帜下，同宗教界结成统一战线。爱国主义和社会主义是同宗教界建立统一战线的思想基础。社会主义是我国的根本政治制度和意识形态，爱国主义是社会主义核心价值观最深层、最根本的内容。我们要引导宗教界人士热爱祖国和人民，维护祖国统一，维护中华民族的大团结和中华民族的整体利益，引导他们拥护中国共产党的领导和社会主义制度，引导他们积极践行社会主义核心价值观。为此，我们要坚持"政治上靠得住、宗教上有造诣、品德上能服众、关键时起作用"的宗教界人才队伍建设标准，重视发挥宗教界人士的积极作用，保证宗教组织的领导权牢牢掌握在爱党爱国人士的手中，在工作中给予必要的支持和帮助，在宗教内部事务上尊重和发挥他们的作用。

值得注意的是，"共产党员可以和某些唯心论者甚至宗教徒建立在政治行动上的反帝反封建的统一战线，但是决不能赞同他们的唯心论或宗教教义"[①]。思想信仰上不赞同，是坚持无神论。政治行动上结成

---

① 《毛泽东选集》第2卷，人民出版社1991年版，第707页。

统一战线，是执行宗教政策，这并不妨碍中国共产党与宗教界在政治上的团结合作。中国是共产党领导的社会主义国家，不能把宗教当作社会的支柱，也决不能允许宗教思想进入党内。只有坚持无神论，才能真正坚持"国家对待各宗教一律平等，一视同仁，不以行政力量发展或禁止某个宗教，任何宗教都不能超越其他宗教在法律上享有特殊地位"[①]的原则。

总之，引导有神论者的信仰与社会主义社会相适应的过程是调动积极因素，抑制消极因素的过程。既不能只注重抑制消极因素而忽视积极因素，也不能只注重调动积极因素而忽视消极因素。发挥宗教的积极作用，不是以宗教为"救世之光"，人为地助长宗教狂热，而是因势利导，趋利避害，引导宗教服务于民族团结和祖国统一。最大限度发挥宗教的积极作用，缩小宗教的消极作用，才是引导宗教与社会主义社会相适应的关键所在。

以上为马克思主义无神论宣传教育的核心内容。内容归内容，理论归理论。若要实现比较好的宣传教育效果，还应结合具体案例实例，结合日常生活的方方面面，结合有神论的最新发展，针对特定人群，按部就班、循序渐进地进行。

---

① 《中国保障宗教信仰自由的政策和实践》，人民出版社2018年版，第3页。

第四章 当代中国马克思主义无神论宣传教育的主要对象

马克思主义无神论宣传教育的对象是全体人民，但人民是由处于不同社会地位、具有不同思想观念、担当不同责任和使命的群众组成的，所以马克思主义无神论宣传教育应有针对性地突出其主要对象。为此，马克思主义无神论宣传教育应当以青少年、党员干部和农民群众为重点、关键、难点。

第一节 青少年：马克思主义无神论宣传教育的重点

我们党历来高度重视青少年的马克思主义宣传教育工作，并在实践中创造和积累了许多好的经验。习近平总书记在全国宗教工作会议上特意强调："要加强对青少年的科学世界观宣传教育，引导他们相信科学、学习科学、传播科学，树立正确的世界观、人生观、价值观。"[①] 与此同时，境内外敌对势力也将青少年视为宗教渗透的重点人群，将学校校园当作"传福音""结果子"的重要渠道，试图同社会主义争夺未来事业的接班人，从理论大厦底层改变我国大学的马克思主义底色。马克思主义无神论是抵御境外宗教渗透的基础性工作，是科学世界观

---

① 《习近平在全国宗教工作会议上强调：发展中国特色社会主义宗教理论 全面提高新形势下宗教工作水平》，《人民日报》2016 年 4 月 24 日。

的内在蕴含，也正因如此，面向青少年的马克思主义无神论宣传教育就成为工作的重点。

一 青少年的成长发展关系到党和国家的前途命运

青少年是党和人民事业发展的生力军，是祖国的未来和民族的希望。1957年，毛泽东在莫斯科对中国留学生发表的讲话中指出："世界是你们的，也是我们的，但是归根结底是你们的。你们青年人朝气蓬勃，正在兴旺时期，好像早晨八、九点钟的太阳。希望寄托在你们身上。世界是你们的，中国的前途是属于你们的。"[1] 这段话精练地概括了青少年的性格特点和在国家民族发展中的重要地位。从成长阶段上看，青少年时期是人生中最富有奋斗激情、最富有创造潜力、最富有行动能力的时期，这种性格特点使得青少年群体成为最富有朝气、最富有梦想、最富有活力、最富有创造性的群体。近代以来，中国青年不懈追求的美好梦想，始终与振兴中华的历史进程紧密相连。

少年智则国智，少年强则国强。戊戌变法失败后，面对清政府的腐朽不堪，梁启超感慨自己一辈已无力挽大厦于将倾，只得依靠青少年。在万马齐喑之时，也只有朝气蓬勃的青少年才能实现近代以来中华民族最伟大的梦想。1921年，在上海法租界，13位满怀革命理想的年轻人聚在一起，宣布了中国共产党的成立，中国革命的面貌为之一新，当时，他们的平均年龄只有27岁。正是这群满怀革命理想的青年，为了国家独立和民族解放，敢作敢为、拼搏奋斗、开天辟地，硬是在旧世界中闯出了一条通向光明的路。新中国成立后，广大青年满怀建设社会主义的理想，响应党的号召，向困难进军，向荒原进军，上山下乡，保卫祖国，建设祖国，在祖国的大地上忘我劳动、艰苦创业。"历史和现实都告诉我们，青年一代有理想、有担当，国家就有前途，民族就有希望，实现我们的发展目标就有源源不断的强

---

[1] 《建国以来毛泽东文稿》第6册，中央文献出版社1992年版，第650—651页。

大力量。"① 时至今日，中华民族走到了最接近伟大复兴的历史时期，当代青年也理所应当地担负起了民族复兴的重任。为了实现这一历史重任，青少年应当树立起远大理想，立志为中国特色社会主义共同理想而奋斗。

志同则心同，心同则力合。共同的理想信念是激励青少年团结奋斗的精神力量。在革命、建设、改革各个历史时期，无数青年人在"革命理想高于天"的支撑下，历经千辛万苦，找到了实现中华民族伟大复兴的正确道路——中国特色社会主义。对新时代的青少年来说，实现中华民族伟大复兴的中国梦是他们这一代所应坚持的理想，中国特色社会主义道路是他们这一代所应坚定的信念。为了实现这一理想信念，新时代的青少年要树立起对马克思主义的信仰、对中国特色社会主义的信念、对中华民族伟大复兴中国梦的信心。

青少年的价值取向决定了未来整个社会的价值取向，青少年的理想信念决定了国家和民族的前途命运，而青少年又处于世界观、价值观形成，理想信念确立的关键时期，抓好这一时期的无神论宣传教育十分重要。无神论思想是马克思主义科学思想的基础，只有坚持无神论才能坚定对马克思主义的信仰、对中国特色社会主义的信念、对中华民族伟大复兴中国梦的信心。不仅如此，无神论是人类社会文明和思考的结晶，对它的宣传教育能够有效地提升青少年的科学文化素质和思想道德素养，引导他们自觉抵制有神观念的诱惑。正是接受了马克思主义无神论的世界观，人们才意识到自己不是造物主创造的，人也不应该把命运寄托在上帝的拯救上，而是应该建立在自己的奋斗和努力之上。无神论宣传教育指向的就是这么一种昂扬向上的精神风貌，它崇尚科学反对迷信，崇尚文明反对愚昧，崇尚奋斗反对颓废，崇尚担当反对逃避。通过马克思主义无神论宣传教育，人们放弃了彼岸世界的虚幻转而承担起现实世界的重任，放弃了上帝救赎的幻想转而追求

---

① 《习近平关于实现中华民族伟大复兴的中国梦论述摘编》，中央文献出版社2013年版，第51页。

现实世界的理想，进而将自己的个人理想与中国特色社会主义共同理想统一起来，在中华民族伟大复兴和中国特色社会主义伟大实践中实现自己绚烂的人生。

二 青少年是境内外敌对势力拉拢信教的重要对象

"中华归主"是一些西方特别是美国宗教势力的"百年梦想"[①]。为了实现这一梦想，他们长期谋划，处心积虑，不遗余力地对我国进行宗教渗透。早在清朝末年，帝国主义列强就着手对我国进行宗教渗透。其中，美国是第一个通过逼迫、施压，甚至不平等条约的方式获得在全中国范围内向中国人民传教权利的帝国主义列强。在列强中，美国尤其关注建立带有宗教背景的学校，向中国青少年传播宗教思想："当美国传教士们将福音传到中国本土时，他们被一个古老而充满活力的民族的丰厚文化而感动。他们不仅传播了信仰，还创办了中国一些最早的、最优秀的大学。"[②] 据统计，在清朝末年到1918年，在来华的外国传教士中，60%为美国人，教会学校80%以上是美国人创办的。[③] 但帝国主义列强绝非仅仅出于"传教的热忱"或者"帮助中国发展"才不遗余力的，其背后有着更为深层次的经济利益和政治企图。

1832年，在英国东印度公司的派遣下，德国的基督教路德会牧师，所谓的"自由传教士"郭实腊打着"传教"的旗号，对我国的沿海地区的海防进行了数个月的刺探，为侵略者搜集了大量的水文地图和军

[①] "中华归主"，即"基督教占领中国运动"，是美国在20世纪初发起的运动。美国主流文化认为，美国是上帝选择的一个特殊国度，负有把世界从"苦海"中拯救出来的"使命"。这种使命感使美国感到有"责任"向世界推销自认为是"最好"的文化价值观。美国人弗雷德·马汉曾说："摆在基督教世界面前的重任，就是将保卫者自己的众多古老的异域文明——首先是中国、印度和日本的文明——纳入自己的胸怀，并融入自身的理念之中。"到了20世纪21世纪之交，美国更是拉着一帮欧洲国家的宗教势力，积极推动"福音化中国"。把古老东方最大的文明古国纳入基督教文明的怀抱是美国人的百年梦想，在美国人看来这相当于给了上帝100枚金币。为此，美国教会在清末就派遣传教士来传教，到目前为止已近百年（参见于歌《美国的本质：基督新教支配的国家和外交》，当代中国出版社2015年版，第165—166页）。

[②] 《副总统迈克·彭斯就本届政府对中国的政策发表讲话》，美国驻华大使馆和领事馆网站（https://chinausembassy—chinaorgcn/zh/）。

[③] 姚民权、罗伟虹：《中国基督教简史》，宗教文化出版社2000年版，第147页。

事情报,甚至直接参与了鸦片战争和中英《南京条约》的起草和谈判。第二次鸦片战争期间,在北京的俄国东正教传教士向俄国公使和英法联军提供了有关清军在大沽口的设防情况和详细的北京地图。美国传教士林乐知发表的《印度隶英十二益说》,竟然鼓吹英国统治印度有12条好处,主张把英国的殖民统治制度搬到中国来。李提摩太在他翻译的《泰西新史揽要》一书序言中说:"泰西各国素以爱民为治国之本,不得不借兵力以定商情";"然闭关开衅之端则在中国,故每有边警,偿银割地,天实为之"。可以看出,帝国主义列强不遗余力地支持对华传教,一方面是为了配合其军事侵略、政治控制、经济掠夺;另一方面是为了宣扬殖民主义奴化思想,麻醉中国人民的精神,摧毁中国人的民族自尊心和自信心。"尽管有的传教士来中国的动机是出于传教热忱,客观上为促进中外文化做了一些事情,但传教事业是仰赖殖民势力的扩张得以开展的,在其根本利益与中国发生矛盾时,传教士们自觉不自觉、有意无意地总是站在殖民者的立场上,成为殖民者的帮凶。"[①] 他们传教根本就是为本国政府征服中国提供服务的。

为了摆脱帝国主义控制和利用,避免成为他们侵略和殖民中国的工具,在新中国成立后,我国基督教、天主教开展了轰轰烈烈的三自革新运动和反帝爱国运动,走上了独立自主自办教会的道路。与此同时,随着欧洲世俗化进程的逐步推进,部分欧洲国家逐渐收缩了对华宗教渗透,但其中不包含美国。近年来,随着全球范围内宗教保守主义的复兴和我国经济社会的快速发展,美国加紧了利用宗教对我国进行渗透,试图重新控制我国宗教,将宗教势力渗透进我国青少年中,以达到改变我国的社会制度和发展道路的目的。1997年7月22日,美国国务院发表了长达82页的报告,题目为"美国支持宗教自由的政策:以基督教为重点",该报告指出:"我们对宗教自由的支持是我们在这个世界上力量的主要源泉,没有它我们简直无法领导。""我们利用一切可以

[①] 王作安:《中国的宗教问题和宗教政策》,宗教文化出版社2010年版,第179页。

利用的工具,努力实现世界各地社会和他们的当局改变。"① 美国《时代》记者大卫·艾克曼则更加赤裸裸地扬言:"根植于西方的大陆基督教会,崇尚美国的宗教自由和民主价值,倾向支持中国走向民主。""未来30年,中国经济在实现持续高速发展的同时,基督徒的人数会达到人口的三分之一,中国这条东方的巨龙,或许会被基督的羔羊所驯服。"②

为此,美国一些政客一方面瞄准了我国的青少年,认定他们是中国的未来,从而把工作重点放在中国留学生和访问学者身上,每年都要邀请数百以至数千名他们心目中的"明日之星"免费去美国进修,参观、访问和学习。他们希望通过这样潜移默化的方式把美国的价值观念移植到这些人身上。美国兰德公司在一份战略研究报告中称,这些受过西方生活方式熏陶的留学生回国以后,"其威力将远远胜过派几十万军队去"③。美国新闻署甚至直接说道:"美国应向中国正在成长的年轻一代灌输美国的价值观念,这比向他们传授科学知识更重要。"④ 另一方面,他们还将我国国内的大学生视为重点目标,将校园传教视为重要渠道。他们借助所谓的"学者""学术研究",对我国的教育系统进行渗透:

> 其取得的成就,令国外的基督教也为之兴奋不已。一位外国神学家感叹:神学在中世纪时,曾由"修道院与教堂转移到大学",但到了18世纪启蒙时代,"大学认为它不符合理性要求……神学又返回到教会中去。今天在北美,一般大学都不设神学课程,充其量仅设宗教学课程"。一位著名的文化基督徒说:当代中国"在大学建制中出现基督教课程,由国家出版社出版基督教学术

---

① 金鑫:《中国问题报告:新世纪中国面临的严峻挑战》,中国社会科学出版社2000年版,第52页。
② David Aikman, *Jesus in Beijing: How Christianity Is Transforming China and Changing the Global Balance of Power*, New York: Regnery Press, 2003, pp. 98, 107.
③ 唐黎标:《没有免费的午餐——基督教与"西化"》,《科学与无神论》2006年第2期。
④ 唐黎标:《没有免费的午餐——基督教与"西化"》,《科学与无神论》2006年第2期。

书籍,在台、港亦是少见的"。

他由此得出结论:"可以看到,基督教学术已成为共产党文化制度的一个组成部分——一旦基督教学术和教学在大学体制中确立下来,基督教学术的制度化就有了实在的基础。"①

除了"学术研究""留学生"渗透外,他们还借助种种基金会和境外宗教组织,直接向我国校园传教。这些渗透往往有三种模式。一是校园团契,校园团契是校园基督教传播的组织形式。《圣经》十诫的第四诫命令基督徒"你们不可停止聚会,好像那些停止惯了的人",这种聚会形式就是"团契"。团契(fellowship 或 communion)即伙伴关系,意思为相互交往和建立关系,是指上帝与人之间的相交和基督徒之间相交的亲密关系。在团契聚会上,团契成员会营造出浓厚的宗教气氛,宣扬宗教教义,拉拢青少年信教。在这个过程中,"通过观摩教堂的宗教仪式、参加家庭的宗教团契、聆听信徒的宗教见证,一步步地由宗教的陌路人成为同路人"。二是文化宣教。文化宣教是校园基督教传播的隐性形式。境外敌对势力资助一些高校和研究机构的学者从事"宗教文化"尤其是"基督教文化"的研究和宣传教育。个别学者"拿人钱财,替人消灾",举"文化"旗子,宣"神学"内容,他们以所谓的"中立"和"纯正"的学术立场,提倡"超越意识形态""没有对与错"的研究,甚至站在宣扬信教的立场上来证明宗教的合理性和永恒性,这些言论与观点正通过各种书籍、传单、特别课程、校园巡讲等方式在青少年群体中传播。三是网络传教。网络传教是宗教渗透的虚拟形式,境内外的教会组织、网络宣教士、网上基督徒、"神棍"和"网络水军"等网络传教群体,通过门户网站、论坛、微博、微信等一系列即时通信媒介,发布与宗教有关的教义教规、文化知识、重大新闻资讯及评述、现实生活的感悟和指

---

① 文丁:《试看〈1998 年国际宗教自由法案〉中的"宗教自由"》,《科学与无神论》2010年第 6 期。

南、线下活动的信息和通告等信息传播基督教理念。这样的传播使得身为"网络一代"的青少年更为频繁地接触到网络传教，进而对各种宗教产生兴趣乃至好感，并最终为境内外敌对势力利用宗教进行渗透营造出适宜的网络舆论土壤。

由此可见，某些西方国家主导的国际上的宗教传播已经超出了正常的宗教文化交流和信仰的范畴，带有明显的政治目的，一些境外敌对势力甚至将宗教渗透作为对我国进行"西化""分化"，进行"颠覆""破坏"的得心应手的重要工具。倘若任由境外敌对势力利用宗教对我国青少年进行渗透，肆意同社会主义争夺未来事业的接班人，从理论大厦底层改变我国大学的马克思主义底色，那么就会最终影响国家和民族的前途命运。

三 无神论宣传教育有助于青少年正确认识和看待宗教问题

正确认识和看待宗教问题是青少年自觉抵御境内外敌对势力利用宗教进行思想渗透和精神诱惑的前提。部分青少年之所以会被境内外的传教势力所俘虏，除了传教人员经验丰富、理论深厚之外，更为深层的是因为他们对"更高地悬浮于空中的意识形态的领域"① 的宗教现象和宗教问题认识不清。在敌对势力长期和平演变和文化宣教的影响下，社会上一度形成了"宗教永恒""宗教美好""信教文明""信教高尚"的认识倾向，个别学界和媒体常常宣扬宗教惩恶扬善、宗教慰藉心灵、著名科学家信教等纷繁复杂的社会现象，在这种舆论环境下，青少年自然而然地就会对宗教产生兴趣和好感，这是青少年信教的最初动因。在这种"宗教文化美好""信教的道德高尚"言论的长期影响下，青少年一旦遇到传教者就容易被其诱惑。如果再受到某些现实因素的诱导，就很容易动摇在长期教育中所形成的无神论信仰，由"望教"到"慕道"，最后皈依，成为信徒。

马克思主义无神论是引导青少年正确认识和看待宗教问题的科学理

---

① 《马克思恩格斯选集》第 4 卷，人民出版社 2012 年版，第 611 页。

论。神是不是永恒存在的？神能不能推动社会发展进步？信教的人是不是高尚文明的？在信教之后，神会不会解决我的烦恼？实现我的诉求？这些困扰青少年的问题亟须得到回应，而马克思主义无神论恰好能够为这些问题提供最为科学的解答。马克思主义无神论是真正科学、彻底的无神论，它首先彻底否定了鬼、神、地狱、天堂等一切超自然力量的存在。"马克思主义是唯物主义。正因为如此，它同18世纪百科全书派的唯物主义或费尔巴哈的唯物主义一样，也毫不留情地反对宗教。这是没有疑问的。"[1] 在此基础之上马克思主义无神论进一步科学地揭示了"神"和宗教的本质及其产生、发展和消亡的客观规律，为人类正确认识和看待宗教问题提供了科学的方法，使人类对于宗教问题的认识最终摆脱了神学的阴霾，为人类的自我解放找到了一条正确的道路。

马克思主义无神论科学世界观的树立需要长期坚持不懈的宣传教育。国势之强由于人，人才之成出于学。宗教有神论观念不会凭空出现在信徒的头脑之中，是靠长期的、潜移默化的宗教渗透才逐渐俘获信徒的心灵，马克思主义无神论也不例外。这种科学理论既不能从大学生中自发产生，也不能为大学生自觉接受，必须依靠长期的、和风细雨的马克思主义无神论宣传教育，才能以润物细无声的方式帮助青少年树立马克思主义无神论的科学世界观。然而，一段时间以来，马克思主义无神论在学界的"失语"使得马克思主义无神论相关研究成果相对薄弱，教师教材稀缺；在宣传思想领域的"失声"也使得青少年获取无神论相关知识的机会稀少。面对这种情况，突出面向青少年的马克思主义无神论宣传教育迫在眉睫。作为公民的大学生固然享有宗教信仰自由，但作为社会主义建设者和接班人的青少年更应当树立马克思主义无神论的世界观。所以，重视青少年教育不能轻视马克思主义无神论宣传教育，学校课堂理应发挥主导作用，把马克思主义无神论教育作为抵御渗透和防范校园传教的基础性工作，在思想政治理论课和

---

[1] 《列宁选集》第2卷，人民出版社2012年版，第250页。

有关专业课程中充实内容，通过多种形式强化宣传教育，使青少年系统掌握马克思主义无神论，以此来正确认识和对待宗教问题，进而自觉抵制境内外敌对势力的宗教渗透。

第二节　党员干部：马克思主义无神论宣传教育的关键

习近平总书记在全国宗教会议上指出："共产党员要做坚定的马克思主义无神论者，严守党章规定，坚定理想信念，牢记党的宗旨，绝不能在宗教中寻找自己的价值和信念。"① 马克思主义无神论是我们党的世界观基础，党员干部是管党治党的"关键少数"，他们的无神论世界观是否坚定关系到党的先进性和纯洁性。我们党历来高度重视面向党员干部的马克思主义无神论宣传教育，并将其作为重要内容列入各级党校、行政学院的教学计划中。然而，一段时间以来，个别党员"不信马列信宗教""不问苍生问鬼神"的情况屡见不鲜，在这种情况下不仅要重申共产党员不准信教的组织原则和政治纪律，还应突出面向党员干部这个"关键少数"进行马克思主义无神论宣传教育。

一　党员干部的理想信念关系到党和国家的兴衰存亡

办好中国的事情，关键在党。带领中国这样一个大国跨过关键的历史关口，有效应对重大风险挑战，犹如在浩瀚大海中劈浪前行，掌稳舵至关重要。中国共产党作为马克思主义政党，始终与人民群众同呼吸共命运，始终代表人民群众的意志和利益，始终依靠人民群众来推动历史前进，始终成为中国人民和中华民族的主心骨，始终成为民族复兴征程上的坚强领导核心。70 年来，从"一穷二白"到"世界工厂"，从温饱不足到"全面小康"，从"积贫积弱"到繁荣富强，中华人民共

---

① 《习近平在全国宗教工作会议上强调：发展中国特色社会主义宗教理论　全面提高新形势下宗教工作水平》，《人民日报》2016 年 4 月 24 日。

和国所取得的一个又一个举世瞩目的"中国奇迹",一再证明了中国共产党领导是中国特色社会主义最本质的特征,充分发挥中国共产党领导这一中国特色社会主义制度的最大优势,永葆党的先进性和纯洁性,是关系到国家和民族整体利益,关系到民族复兴伟业的大事。其中,党员干部又是党治国理政的"关键少数",抓好面向"关键少数"的马克思主义无神论宣传教育至关重要。

党员干部能否坚持马克思主义无神论事关党的先进性和纯洁性。先进性和纯洁性是马克思主义政党的本质属性,保持党的先进性和纯洁性,是我们党在改革开放和社会主义现代化建设进程中应对和经受住各种考验、化解和战胜各种危险的重要法宝。如果党员干部心怀"鬼神",就难以本着客观实际的态度去认识事务,就可能在处理涉及公共利益的工作中迷失方向,就不可能真正坚持一切从实际出发,实事求是的思想路线。为此,党员干部必须坚持无神论。无神论思想是马克思主义理论大厦的基石,是马克思主义其他一切理论的前提。共产党员只有夯实无神论的世界观,才能坚定其对马克思主义的信仰,对社会主义和共产主义的信念,才能在大是大非面前保持清醒认识,在大风大浪面前坚持正确立场,在各种诱惑面前筑牢思想防线,才能永葆共产党员的纯洁性。倘若贸然抽掉这块基石,势必会动摇整个马克思主义理论大厦的根基,因为这是奠基工程;倘若忽略了面向党员的无神论教育,势必会动摇共产党员对马克思主义的信仰,对社会主义和共产主义的信念,损害其纯洁性,因为这是铸魂工程。

但仅仅做到不信神、不信教是不够的。蒲鲁东、巴枯宁、布郎基、杜林"这些人在'起点'上也是无神论,然而却创造了各种误导工人运动的社会主义理论"[1],马克思和恩格斯是坚定的无神论者,恩格斯曾说,"马克思和我本来差不多就像巴枯宁一样早就是坚定的无神论者和唯物主义者"[2],并由此出发创立了马克思主义的理论体系,领导了

---

[1] 陈村富:《马克思主义无神论的形成轨迹和基本思想》,《世界宗教研究》2017年第3期。
[2] 《马克思恩格斯文集》第10卷,人民出版社2009年版,第362页。

科学社会主义的实践。这些历史事实表明，共产党员若要保持先进性和纯洁性，不但要坚持无神论，而且要坚持真正科学、彻底的马克思主义无神论。马克思主义无神论并未止步于"对神的否定"，而是在此基础上运用辩证唯物主义的世界观和方法论科学地揭示了宗教的本质及其产生、发展、存在和消亡的客观规律，为马克思主义政党认识和处理宗教问题提供了科学的方法，表现出了洞悉规律的科学性。这种科学性和彻底性的统一使得马克思主义无神论成为科学无神论发展的最高形态，成为真正科学、彻底的无神论，也理所应当地成为共产党员保持先进性和纯洁性所必须坚持的世界观。

党员干部能否坚持马克思主义无神论事关党的宗教工作的成败。宗教活动是在社会中进行的，必然涉及国家和民族的整体利益，也正因如此，宗教问题始终是我们党治国理政必须处理好的重大问题。"政治权力不过是用来实现经济利益的手段"[1]，作为党治国理政中坚力量的党员干部能否始终坚持无神论的世界观，能否坚持运用马克思主义立场、观点、方法来认识和处理宗教问题直接决定着我国宗教工作的成败。我国是社会主义国家，中国共产党是执政党，我们党在认识和处理宗教问题时理应坚持马克思主义无神论。

马克思主义认为，宗教有其自身产生、发展和消亡的客观规律，不能人为地加以消灭，也不能人为地加以扶持，而是应当坚持"国家不应当同宗教发生关系，宗教团体不应当同国家政权发生联系"[2]，即坚持政教分离原则。但坚持政教分离不意味着对宗教不管不顾，放任自流。

> 处理我国宗教关系，必须牢牢把握坚持党的领导、巩固党的执政地位、强化党的执政基础这个根本，必须坚持政教分离，坚持宗教不得干预行政、司法、教育等国家职能实施，坚持政府依法对涉

---

[1] 《马克思恩格斯选集》第4卷，人民出版社2012年版，第257页。
[2] 《列宁专题文集·论辩证唯物主义和历史唯物主义》，人民出版社2009年版，第220页。

及国家利益和社会公共利益的宗教事务进行管理。要提高宗教工作法治化水平，用法律规范政府管理宗教事务的行为，用法律调节涉及宗教的各种社会关系。①

这就意味着执政者必须坚持马克思主义无神论：一方面在思想上坚持绝对"无神"的历史传统，防止执政者因为信仰宗教而利用行政力量扶持某种或某些宗教而压制其他宗教和不信教群众的现象出现；另一方面反对在政治上与宗教"战斗"，防止执政者因为无视宗教发展消亡的客观规律而企图在短期内通过行政力量消灭宗教的现象出现。也只有如此，执政者才能始终站在客观公允的立场上，代表国家和民族的整体利益依法对宗教事务进行管理。

党的宗教工作的成败关乎国家和民族整体利益。习近平总书记指出："宗教问题始终是我们党治国理政必须处理好的重大问题，宗教工作在党和国家工作全局中具有特殊重要性，关系中国特色社会主义事业发展，关系党同人民群众的血肉联系，关系社会和谐、民族团结，关系国家安全和祖国统一。"②我国是一个统一的多民族多宗教的世俗国家，中华优秀传统文化是一种崇尚人文理性的世俗文化，正是因为我国历史上多数朝代的统治阶级坚持"子不语怪力乱神"，坚持"圣人以神道设教"，坚持宗教始终要服从国家和民族的整体利益，我国才从未出现过凌驾于一切世俗权力之上的一神教，也从未发生过大规模的宗教战争。新中国成立以后，中国共产党在世界观上坚持了更为科学彻底的马克思主义无神论，在实践中构建了更为和谐稳定的宗教关系。习近平总书记指出：

> 做好新形势下宗教工作，就要坚持用马克思主义立场、观点、

---

① 《习近平在全国宗教工作会议上强调：发展中国特色社会主义宗教理论 全面提高新形势下宗教工作水平》，《人民日报》2016年4月24日。
② 《习近平在全国宗教工作会议上强调：发展中国特色社会主义宗教理论 全面提高新形势下宗教工作水平》，《人民日报》2016年4月24日。

方法认识和对待宗教，遵循宗教和宗教工作规律，深入研究和妥善处理宗教领域各种问题，结合我国宗教发展变化和宗教工作实际，不断丰富和发展中国特色社会主义宗教理论，用以更好指导我国宗教工作实践。①

马克思主义无神论是马克思主义认识和对待宗教问题的立场、观点、方法的集中体现，是中国特色社会主义宗教理论的世界观基础，也正因如此，突出面向党员干部的马克思主义无神论宣传教育就成为事关国家和民族整体利益的大事。

二 个别党员干部"不信马列信宗教""不问苍生问鬼神"

共产党员不准信仰宗教是党的一项组织原则和政治纪律，党的十八届六中全会通过的《关于新形势下党内政治生活的若干准则》明确规定："党员不准搞封建迷信，不准信仰宗教，不准参与邪教，不准纵容和支持宗教极端势力、民族分裂势力、暴力恐怖势力及其活动。"② 然而，近年来，个别党员领导干部理想信念动摇，甚至出现了"不信马列信宗教""不问苍生问鬼神"的现象。

"不信马列信宗教"集中表现出个别党员领导干部理想信念缺失转而信仰宗教现象。习近平总书记指出："理想信念是共产党人精神上的'钙'，理想信念坚定，骨头就硬，没有理想信念，或理想信念不坚定，精神上就会'缺钙'，就会得'软骨病'。事实一再表明，理想信念动摇是最危险的动摇，理想信念滑坡是最危险的滑坡。"③ 然而，近年来，"在我们的干部队伍中，也有的对共产主义心存怀疑，认为那是虚无缥缈、难以企及的幻想；有的不信马列信鬼神，从封建迷信中寻找精神寄

---

① 《习近平在全国宗教工作会议上强调：发展中国特色社会主义宗教理论 全面提高新形势下宗教工作水平》，《人民日报》2016年4月24日。
② 《关于新形势下党内政治生活的若干准则 中国共产党党内监督条例》，中国法制出版社2016年版，第16页。
③ 《习近平谈治国理政》第1卷，外文出版社2018年版，第414—415页。

托，热衷于算命看相、烧香拜佛，遇事'问计于神'"①，这些问题是当前党员干部队伍中比较突出的问题。近年来，个别党政机关建楼起屋讲风水、择吉日，一些党员没有确立马克思主义信仰，模糊了唯物主义与唯心主义、无神论与有神论的界限，忘记了不信仰宗教是做一名共产党员的起码条件，不少落马贪官求神拜佛、寻找心理安慰。如四川省委原副书记李春城"滥用职权进行封建迷信活动，造成国家财政资金巨额损失"，交通银行发展研究部原总经理李杨勇不信组织信"大师"，利用手中掌握的金融资源谋取私利，广东省揭阳市委原书记陈弘平极度迷信风水，动用公款修建阴宅。

"不问苍生问鬼神"集中体现出个别党员领导干部"人为扩大宗教影响"的不良倾向。党的十九大报告指出："全面贯彻党的宗教工作基本方针，坚持我国宗教的中国化方向，积极引导宗教与社会主义社会相适应。"②而不是引导社会主义社会与宗教相适应，也不是只维护宗教界权益而忽视其他群体的权益，更不是提倡宗教。胡锦涛曾经指出："我们保护宗教信仰自由，并不是要提倡信教，也不是要人为扩大宗教影响，更不是说宗教活动可以不受法律约束。"③然而，一个时期以来，由于马克思主义无神论研究成果的缺失和党内马克思主义无神论教育的缺乏，部分党员干部运用马克思主义立场、观点、方法认识和处理宗教问题的能力不足。在对于宗教工作的认识上，往往"上边认为是大事"，以习近平同志为核心的党中央高度重视宗教工作，指出"宗教问题始终是我们党治国理政必须处理好的重大问题，宗教工作在党和国家工作全局中具有特殊重要性，关系中国特色社会主义事业发展，关系党同人民群众的血肉联系，关系社会和谐、民族团结，关系国家安全

---

① 《习近平谈治国理政》第1卷，外文出版社2018年版，第414页。
② 习近平：《决胜全面建成小康社会 夺取新时代中国特色社会主义伟大胜利——在中国共产党第十九次全国代表大会上的报告》，《人民日报》2017年10月28日。
③ 《胡锦涛文选》第2卷，人民出版社2016年版，第479页。

和祖国统一"①。"中间认为没事"，有的党员干部认为宗教只是一种信仰，可以放任自流、任其发展，只求它别给自己"惹事儿"，耽误自己"前程"；有的"畏教"，不愿意多讲无神论，对无神论怕、躲、绕，避之唯恐不及；有的怕出乱子，丢选票，在坚持和支持无神论上旗帜不鲜明、态度不积极，回避矛盾，躲着走，绕着走，使无神论仅仅停留在口号和表态上，难以落实；有的害怕损害"宗教声誉"，为了"团结信教群众"而刻意"美化宗教"。"基层认为是好事"，有的基层干部未能全面把握党的宗教工作基本方针，反而当成积极发展宗教政策，有意无意地推动宗教发展，甚至将宗教繁荣当作一种政绩。一个时期以来，一些地方宗教活动混乱，教徒发展现象泛滥，乱建寺观教堂，滥塑佛像；有些地方热衷于"宗教搭台，经济唱戏"，企图借宗教的力量发展经济，又借市场经济的力量发展宗教；有些地方互相攀比谁新建的塔更高、庙更大，追求"第一"，以此当作政绩炫耀，这些行为助长了宗教热。除此之外，有的干部主张"以教治教"，以"土教抵御洋教"，以"正教抵御邪教"；有的"媚教"，提出要利用宗教挽救世道人心，制止道德滑坡，重塑中国人的信仰。部分党员干部有意无意地"人为扩大宗教影响"的行为起了"提倡信教"的作用，侵蚀、挤压了马克思主义无神论的思想阵地。

三　无神论宣传教育有助于保持共产党员的先进性和纯洁性

习近平总书记在庆祝中国共产党成立95周年大会上指出："先进性和纯洁性是马克思主义政党的本质属性，我们加强党的建设，就是要同一切弱化先进性、损害纯洁性的问题作斗争，祛病疗伤，激浊扬清。"② 我们党是马克思主义政党，共产党员的先进性和纯洁性关系到党能否永葆自己的政治本色和生机活力，能否肩负起自己的历史使命。

---

① 《习近平在全国宗教工作会议上强调：发展中国特色社会主义宗教理论　全面提高新形势下宗教工作水平》，《人民日报》2016年4月24日。

② 《习近平关于全面从严治党论述摘编》，中央文献出版社2016年版，第12页。

马克思主义政党的本质属性决定了共产党员必须坚持马克思主义无神论。马克思主义是马克思主义政党保持先进性和纯洁性的理论源头，无神论是马克思主义一切理论的前提，也正因如此，面向党员干部的马克思主义无神论宣传教育就成为保持共产党员先进性和纯洁性的有效途径。

马克思主义政党的纯洁性决定其成员必须坚持马克思主义无神论的世界观。信仰纯洁是共产党人最根本的纯洁。保持共产党人信仰上的纯洁性，最重要的是保持其对马克思主义的坚定信仰、对中国特色社会主义和共产主义的坚定信念。"对马克思主义的信仰，对社会主义和共产主义的信念，是共产党人的政治灵魂，是共产党人经受住任何考验的精神支柱。"[1] 而这种信仰和信念，是建立在马克思主义无神论世界观基础之上的。无神论是马克思主义一切理论的前提，共产主义是径直从无神论开始的。正是因为否定了"世界是神创造的"，马克思和恩格斯才确立了辩证唯物主义世界观，进而"把这个世界观彻底地（至少在主要方面）运用到所研究的一切知识领域里去了"[2]。可以说，坚持无神论的不一定信仰马克思主义和共产主义，但不坚持无神论的一定不信仰马克思主义和共产主义。对马克思主义政党的成员来说，他们坚持的应当是最为科学、彻底的马克思主义无神论，这是由共产党员的纯洁性所决定的。列宁曾经指出：

> 对于社会主义无产阶级的政党，宗教并不是私人的事情。我们的党是争取工人阶级解放的觉悟的先进战士的联盟。这样的联盟不能够而且也不应当对信仰宗教这种不觉悟、无知和蒙昧的表现置之不理。我们要求教会与国家完全分离，以便用纯粹的思想武器，而且仅仅是思想武器，用我们的书刊、我们的言论来跟宗教迷雾进行斗争。我们建立自己的组织即俄国社会民主工党的目的之一，也正

---

[1] 《习近平关于全面从严治党论述摘编》，中央文献出版社2016年版，第57页。
[2] 《马克思恩格斯选集》第4卷，人民出版社2012年版，第249页。

是为了要同一切利用宗教愚弄工人的行为进行这样的斗争。对我们来说，思想斗争不是私人的事情，而是全党的、全体无产阶级的事情。①

可以看出，马克思主义政党的纯洁性决定了共产党员不但要坚持马克思主义无神论的世界观，而且要积极地向广大人民群众宣传它。

马克思主义政党的先进性决定其成员理应掌握马克思主义无神论的方法论。中国共产党党员是有共产主义觉悟的先锋战士，是坚定的马克思主义者，我们党是中国工人阶级的先锋队，同时是中国人民和中华民族的先锋队。唯其先进，才称先锋。这意味着马克思主义政党及其成员都应该具有先进性。"党的先进性是具体的、历史的，必须放到推动当代中国先进生产力和先进文化的发展中去考察，放到维护和实现最广大人民根本利益的奋斗中去考察，归根到底要看党在推动历史前进中的作用。"② 宗教问题是我们党治国理政必须处理好的重大问题，党的十八大以来，随着境外宗教渗透的不断加剧和"宗教热"的不断升温，我们党所要认识和处理的宗教问题也日益复杂。在这种情况下，提高各级党委认识和看待宗教、处理宗教问题以及做好宗教工作的能力就成为新时代加强党的先进性建设的必要环节。马克思主义无神论的诞生和发展为马克思主义政党认识和处理宗教问题提供了最为先进的方法论。马克思主义无神论是科学无神论发展的最高阶段，也是最为科学、彻底的无神论。它彻底否定了鬼神、地狱、天堂等一切超自然力量的存在，表现出鲜明的批判神学的立场。"马克思主义是唯物主义。正因为如此，它同18世纪百科全书派的唯物主义或费尔巴哈的唯物主义一样，也毫不留情地反对宗教。这是没有疑问的。"③ 这种彻底性为马克思主义政党认识和处理宗教问题指明了立场和观点。它并未

---

① 《列宁专题文集·论辩证唯物主义和历史唯物主义》，人民出版社2009年版，第221—222页。
② 《江泽民文选》第3卷，人民出版社2006年版，第538页。
③ 《列宁选集》第2卷，人民出版社2012年版，第250页。

止步于单纯的无神论证,而是在此基础上进一步科学地揭示了宗教的本质及其产生、发展和消亡的客观规律,认为宗教在其自然根源、社会根源消失之前是不会消亡的,所以在社会主义初级阶段,宗教不可能通过行政命令予以消灭,也不可以人为地加以扶持。这种科学性为马克思主义政党认识和处理宗教问题提供了科学的方法。可以看出,共产党员在思想信仰上坚持无神论、反对有神论体现了马克思主义无神论的世界观,在政治行动上与宗教信徒在爱国主义和社会主义两面旗帜下,为了中国特色社会主义建设而结成统一战线,体现了马克思主义无神论的方法论,二者结合,体现了一名共产党员作为马克思主义政党成员的先进性和纯洁性。

第三节 农民群众:马克思主义无神论宣传教育的基点

我国是农业大国,农民的信仰选择关系到党执政的思想基础。为此,党中央在实施乡村振兴战略时,特意强调要"加强无神论宣传教育,丰富农民群众精神文化生活,抵制封建迷信活动"[①]。农业、农村、农民问题是关系到国计民生的根本性问题,但我国农村地区的教育经济发展相对落后,信教群众绝大部分在农村,宗教领域的问题也大多表现在农村,而目前农村的无神论宣传教育工作又最为薄弱。尤其是新时期以来,随着境外宗教渗透的加剧,农村宗教问题常常与农村非法教会问题、乡村黑恶势力问题、基层党组织涣散问题交织在一起,呈现出纷繁复杂的局面,这使得农村无神论宣传教育工作的难度空前。鉴于此,为了保持农村社会政治稳定,巩固农村基层政权,进一步提升乡村社会的文明程度,突出面向农民群众的无神论宣传教育就成为马克思主义无神论宣传教育的基点。

---

① 《中共中央、国务院关于实施乡村振兴战略的意见》,《人民日报》2018 年 2 月 5 日。

一 农民群众的思想状况关系党执政的思想基础

基础不牢,地动山摇。任何一个政党执政地位的得失,执政能力的高低,执政效果的好坏,执政时间的长短,在很大程度上取决于是否有一个巩固并不断增强的思想基础。加强和巩固我们党执政的思想基础,关键在基层,重点在农村。农民群众是党执政最主要的基层群众基础。我国在历史上是一个农业大国,农村人口占我国总人口的绝大多数。新时代以来,随着我国城镇化率的不断提高,乡村常住人口占总人口的比重已经下降到2017年底的41.48%[①],但农业、农村和农民问题始终是关系我国经济和社会发展全局的重大问题。

农民稳则天下安。民以食为天,国以农为本,农业生产和农产品供应是关系到国家安全和人民安居乐业的重大问题。只要我国农业生产稳定,就可以为全国人民提供源源不断的农产品;只要我国乡村治理有序,就能为农业生产提供稳定的环境,这些目标的实现,归根到底,还是要依靠最广大的农民群众。农民群众是党治国理政的重要群众基础,早在土地革命时期,毛泽东就强调农民群众的极端重要性和不可替代性,提出了"农村包围城市,武装夺取政权"的中国革命道路,进而身体力行地领导农民革命运动。在长期的革命历程中,我们党始终坚持为农民群众解决土地问题和基本生活问题,始终坚持为农民群众做实事、办好事,始终重视面向广大农民群众的宣传思想工作,从而赢得了广大农民群众的衷心拥护,并由此取得了中国革命的胜利,建立了人民当家作主的新中国。新中国成立以来,在党的领导下,中国农民和农村彻底消除了封建土地所有制,实现了土地公有制,农村生产力获得了进一步的发展。正是因为我们党关心农业、关心农村、关心农民,才在广大农民群众的衷心拥护下,排除种种艰难险阻,满足了全国人民的口粮供应,稳定了基层农村这一根本。由此可见,农民群众是建

---

① 中华人民共和国国家统计局:《中华人民共和国2017年国民经济和社会发展统计公报》(http://www.stats.gov.cn/tjsj/zxfb/201802/t20180228_1585631.html),2018年2月28日。

设有中国特色社会主义的重要力量，是党执政兴国的最重要群众基础。我们想要实现国家安全稳定和人民安居乐业，就必须高度重视农民群众这一执政基础。

扶贫先扶智。"农业强不强、农村美不美、农民富不富，决定着亿万农民的获得感和幸福感，决定着我国全面小康社会的成色和社会主义现代化的质量。"① 广大农民能否从实施乡村振兴战略中真正得到实惠、感受到幸福事关巩固党基层群众基础的稳固，而在我国部分贫困村，穷困和愚昧往往是并存的。列宁指出，"宗教偏见的最深刻的根源是穷困和愚昧"②，因贫而愚、因贫而病、因贫而困的情况使得部分农村群众转而信神。党的十八大以来，在党中央的坚强领导下，我国在包括经济建设在内的各领域均取得了重大成就，农民群众生活水平显著提高，但不可否认的是，在我国一些农村地区，经济文化发展水平、人民生活水平还处于一个较低的水平上，不但落后于西方发达资本主义国家，与我国东部沿海城市相比也有较大差距。与此同时，出于对脱贫致富和招商引资的关心，党的基层组织往往忽视了农民群众的精神文化生活，放松了面向农民群众的科学文化知识的普及。出于对农民信教自由的疑虑，农村基层党组织并不主动宣传无神论，甚至还在"宗教搭台经济唱戏"的刺激下，有意无意地发展宗教。这些情况的存在使得部分农民群众因糊涂而信神、因求医而拜神、因关怀而信教，甚至参与非法宗教活动。信神之后的许多农民，丧失了农业生产和脱贫致富的积极性，扶贫干部一走又重新返贫。也正因如此，扶贫开发不能只扶贫不扶智，振兴乡村必须坚持物质文明和精神文明一起抓，面向农民群众的无神论宣传教育不可或缺。

二 个别农村地区非法宗教活动和境外渗透活动猖獗

《中共中央、国务院关于实施乡村振兴战略的意见》提出："依法

---

① 《中央农村工作会议在北京举行》，《人民日报》2017年12月30日。
② 《列宁全集》第35卷，人民出版社2017年版，第181页。

加大对农村非法宗教活动和境外渗透活动打击力度,依法制止利用宗教干预农村公共事务,继续整治农村乱建庙宇、滥塑宗教造像。"① 这些要求坚持了问题导向,切中了当前要害,同时也反映了个别农村非法宗教活动和境外渗透活动的猖獗。一个时期以来,境外一些组织和势力打着宗教旗号,在我国农村地区大搞非法违法活动,主要包括活跃在农村的地下基督教、基督教家庭教会的活动,披着佛教、道教、天主教、基督教合法外衣的种种非法教派的活动。这些非法宗教活动的仪轨与正常宗教活动没有明显的界线,但败坏了农村风气,干扰了农村正常的生产生活秩序。

有的乱建庙宇,滥塑造像,败坏农村风气。个别农村一些私设的宗教组织,未经上级宗教管理部门批准就乱建、骗建和偷建教堂寺观,乱塑像,并且私设场所进行非法活动。在这些非法宗教活动中,有的走村串户搞传销式传教以发展信徒和追随者,煽动宗教狂热;有的制造混乱恐慌,进而以"治病""驱鬼"等迷信活动骗钱害人。部分农民在信教之后,放弃了拼搏和奋斗的勇气,遇到挫折就寄希望于神灵拯救,遇到幸福就认为沐浴神恩。比如,有的农村一些小庙宇,初一、十五香火鼎盛,加上一些小型"庆典"活动,使得非法活动形成了气候,日久成习,群众的信仰、观念被误导,致使一些农民群众荒废农田、不思劳作,生病信教、不进医院,纠集成派、聚众闹事,给农村带来了不稳定因素。比如,皖北一些农村地区进行非法宗教活动,装神弄鬼,对教徒实施人身控制,骗财骗色,破坏生产、进行精神控制,致人精神失常,家破人亡。2014 年发生的"5·28"山东省招远市全能神教"麦当劳"快餐店命案就是此类非法宗教活动猖獗的一种表现。

有的煽动宗教狂热,把持乡村局面,侵蚀乡村文化。个别农村的一些非法宗教组织,尤其是一些带有西方一神教背景的家庭教会,并

---

① 《中共中央、国务院关于实施乡村振兴战略的意见》,《人民日报》2018 年 2 月 5 日。

不执着于骗钱敛财,而是执着于发展信徒,煽动狂热情绪,进而利用宗教影响把持乡村局面,排斥其他的教派和不信教群众,干涉农民群众正常的生产生活。他们能够根据所在农村和农民的具体情况,灵活地阐释《圣经》,这些"本地化"的阐释在较大程度上适应了农村和农民自身的需求,使信教者能够获得一种归属感和认同感。然而,这些教义教规随着信徒数量的攀升却对农村传统文化造成了冲击。在农村等边远地区,各种非法宗教文化的侵入日益猖獗,他们歪曲盗用《圣经》等合法宗教的论述、偷梁换柱,打着文化传播和教育等名义进行渗透活动,这些宗教活动排斥中华优秀传统文化,排斥传统民间信仰,肢解了农村的价值体系,打破了农村的人际关系网络,摒弃了价值评判体系和道德标准,导致了信教和不信教、信仰不同教派群众之间的价值观隔阂和矛盾纠纷。在浙江一些非法宗教活动力量强大的农村地区,非法宗教组织甚至要求信教群众必须听从他们的安排,以致基层组织无法有效地贯彻和落实党的路线、方针、政策,无法承担其对社会事务的管理和领导职责。这种非法宗教活动极有可能冲击农村基层组织的作用与权威,阻碍了乡村振兴战略的顺利实施。

有的散布歪理邪说,煽动宗教极端。有的宗教极端势力潜伏于边疆地区的农村,他们散布歪理邪说,煽动宗教仇恨,甚至唆使信教群众从事暴力恐怖活动,严重危害我国公民的人身安全。在这些势力中,多数支持达赖集团和"三股势力",试图在我国边疆地区的农村传播宗教极端思想,甚至从事恐怖暴力活动,企图把西藏、新疆从祖国大家庭中分离出去。2014年新疆爱国宗教人士居玛·塔依尔大毛拉被暴恐分子残忍杀害案件,就是宗教极端势力制造的暴力恐怖事件。

三 无神论宣传教育有助于提高乡村社会的文明程度

乡风文明建设是乡村振兴战略的重要内容。《中共中央、国务院关于实施乡村振兴战略的意见》提出:"必须坚持物质文明和精神文明一起抓,提升农民精神风貌,培育文明乡风、良好家风、淳朴民风，不断提高乡村社会文明程度。"① 乡村振兴，乡风文明是保障。健康文明的良风美俗助推乡村振兴，陈旧落后的陈规陋俗阻碍乡村发展，而无神论宣传教育有助于提高乡村社会的文明程度。无神论导向的是科学的世界观和积极的人生观，对它的宣传教育能够有效地提升农民群众的科学文化素养和思想道德素养，进而培育出健康文明的乡村社会风气。

> 党的农村基层组织应当加强对党员、群众的无神论宣传教育，引导党员、群众自觉抵制腐朽落后文化侵蚀，弘扬科学精神，普及科学知识。做好农村宗教工作，加强对信教群众的工作，管理好宗教活动场所，依法制止利用宗教干涉农村公共事务，坚决抵御非法宗教活动和境外渗透活动。必须在意识形态上站稳立场，旗帜鲜明反对各种错误观点，同一切歪风邪气、违法犯罪行为作斗争。②

无神论宣传教育有助于提高农民的科学文化素养。科学文化知识普及是马克思主义无神论宣传教育的重要内容，《关于进一步加强马克思主义无神论研究和宣传教育工作的通知》指出："马克思主义无神论研究和宣传教育工作，要以普及唯物论的基本观点和自然科学基本常识为重点，以破除愚昧迷信为着眼点，围绕宣传科学思想、弘扬科学精神、普及科学知识、传播科学方法的主题来进行。"③ 在经济教育相对落后，封建迷信有所抬头，陈规陋习尚未销声匿迹的农村，无神论宣传教育更是有其针对性，"要针对当前部分人群中存在的愚昧迷信现象，加强自然科学特别是生命科学基础知识的研究和宣传教育，帮助人们科学认识宇宙和生命的起源、人类进化的规律，正确对待各种自然现

---

① 《中共中央、国务院关于实施乡村振兴战略的意见》，《人民日报》2018年2月5日。
② 《中共中央印发〈中国共产党农村基层组织工作条例〉》，《人民日报》2018年1月11日。
③ 《关于进一步加强马克思主义无神论研究和宣传教育工作的通知》，载《中国精神文明建设年鉴（2005）》，学习出版社2007年版，第105页。

象、自然灾害和生老病死"①。鉴于此，开展农村无神论宣传教育不但可以引导农民群众牢固树立正确的世界观、人生观、价值观，树立科学的自然观、宇宙观、生命观，增强辨别唯物论与唯心论、科学与迷信、文明与愚昧的能力。

无神论宣传教育有助于提升农民的思想道德素养。思想觉悟和道德水准的提高来自对内心坚定理想信念的不懈追求。农村无神论宣传教育可以在帮助农民树立远大理想的基础上，引导他们树立起"人间的道德"。马克思认为："道德的基础是人类精神的自律，而宗教的基础则是人类精神的他律。"②当人们不再关心"神"的旨意就会开始关心人类自身，关心集体，关心民族。这种积极的人生态度捍卫的是人的尊严，崇尚的是人文的关怀，指向的是人间的道德，它意味着人类能够依靠自身的力量主动约束自己的行为，这种道德约束往往比宗教约束更为自觉和持久。除此之外，对共产主义、社会主义远大理想的追求也会给人提供强劲的思想动力和道德支撑。正如梁漱溟先生所说："到共产社会比过去任何社会阶段都更要倚重道德，却不需用宗教。"③无神论宣传教育指向的就是这么一种与社会主义相契合的高尚的思想道德素养，它在否定了"神"的存在之后，引导人们为生命价值找到理性的维系，为人生的理想提供合理的解答，并在此基础上，为人们的道德实践建立起稳定的理想信念基础。

无神论宣传教育引领健康文明的乡村社会风尚。无神论是人类社会文明和思考的结晶，而农村无神论宣传教育也将引领一种健康文明的乡村社会风尚。无神论宣传教育能够引导农民群众自觉脱离对彼岸世界的幻想和封建迷信的束缚，将对美好生活的向往建立在奋斗和努力之上。无神论宣传教育指向的就是这么一种昂扬向上的个人精神风貌和集体社会风气，它崇尚科学反对迷信，崇尚文明反对愚昧，崇尚奋斗

---

① 《关于进一步加强马克思主义无神论研究和宣传教育工作的通知》，载《中国精神文明建设年鉴（2005）》，学习出版社2007年版，第105页。
② 《马克思恩格斯全集》第1卷，人民出版社1995年版，第119页。
③ 梁漱溟：《人生的三路向：宗教、道德与人生》，当代中国出版社2010年版，第70页。

反对颓废，崇尚良风美俗反对陈规陋习，它帮助农民树立起科学的世界观和积极的人生观，激励农民自力更生、艰苦创业，鼓励各类人才在农村的广阔天地里大施所能、大展才华、大显身手，进而为乡村振兴营造出一种文明健康的乡村社会风尚。

第五章　当代中国马克思主义无神论宣传教育的具体途径

"神"的存在有其自然根源、社会根源和认识根源，想要引导人们自觉抛弃神灵崇拜，认识到"世上无神"也需要从这三个方面切入。自然根源和社会根源是人们信神的根本原因，认识根源是直接原因。推动科技的进步和经济的发展，可以逐步削弱"神"存在的自然根源和社会根源，这是具有普遍性的根本途径，也是开展马克思主义无神论宣传教育的基础工作。这是一个长期而又痛苦的历史过程，这一过程的实现"可能比阶级和国家的消亡还要久远"[①]，况且，自然根源和社会根源的逐步减少并不会必然导致人们不信神，也不会自发地在人们头脑中形成马克思主义的科学世界观。事实上，只要有神论还存在于意识形态领域，宗教组织还活跃在社会生活之中，人们就不可避免地会受其影响而信神。只有通过各种途径的宣传教育，将马克思主义无神论传播出去，使其在意识形态领域始终保持主流主导地位，在潜移默化中影响人们生产生活的日常习惯和自觉遵循，才能有效减少人们信神的认识根源，逐步消除宗教狂热产生和传播的思想基础。信神的认识根源是多种多样的，因而宣传教育的具体途径也是有差别的，这就要求马克思主义无神论教育应当注重层次性、突出针对性，把学校教育和社会宣传并列为基础工作之外的两大途径，针对不同对象的不同特点，探寻既有共同性又有区分度，既有实效性又有吸引力的多

---

① 《江泽民文选》第3卷，人民出版社2006年版，第150页。

样化的宣传教育途径。

第一节 基础工作：逐步消除"神"存续的现实基础

思想政治教育是做人的思想工作，人是生活在一定社会历史条件下，受到意识形态环境影响的"社会关系的总和"，因此，做人的思想工作，不能脱离所处的社会历史条件和意识形态环境而空洞地谈"宣传教育"，马克思主义无神论宣传教育也遵循这一逻辑。马克思认为："只有当实际日常生活的关系，在人们面前表现为人与人之间和人与自然之间极明白而合理的关系的时候，现实世界的宗教反映才会消失。"[①]"人与自然之间"和"人与人之间"的"不明白不合理的关系"是"神"存在的自然根源和社会根源，只有不断地解决这些不合理的关系才能逐步减少人们信神的现实基础，才能为无神论宣传教育创造更好的环境，提供更多的鲜活材料，才能使得宣传教育取得事半功倍的效果。因此，逐步消除"神"存续的现实基础就成为开展马克思主义无神论宣传教育的基础工作。

一 推动经济社会协调发展

"人与人之间的关系"主要表现为社会关系，"不明白不合理"的社会关系是人们信神的社会根源。为了逐步减少"现实世界的宗教反映"，还应逐步变革"不明白不合理"的社会关系。

在社会关系中，生产关系最为基本，制约和支配着其他各种社会关系，人只要还在社会中生产生活，就一定会产生与当前生产阶段相适应的生产关系。当生产关系"不明白不合理"时，"人们就像受某种异己力量的支配一样，受自己所创造的经济关系、自己所生产的生产资料的支配。因此，宗教反映活动的事实基础就继续存在，而且宗教反映

[①] 《马克思恩格斯文集》第5卷，人民出版社2009年版，第97页。

本身也同这种基础一起继续存在"①。

为了挣脱这种"不明白不合理"关系的束缚,使社会异己力量服从社会的支配,"首先需要有某种社会的行动。当这种行动完成的时候,当社会通过占有和有计划地使用全部生产资料而使自己和一切社会成员摆脱奴役状态的时候(现在,人们正被这些由他们自己所生产的、但作为不可抗拒的异己力量而同自己相对立的生产资料所奴役),当谋事在人,成事也在人的时候,现在还在宗教中反映出来的最后的异己力量才会消失,因而宗教反映本身也就随着消失"②。这是马克思主义无神论宣传教育的基础工作,也是马克思主义政党的历史任务。

马克思主义政党是立志"把人类从各种各样的人压迫人和人剥削人的制度下解放出来"③的政治组织,也是最有可能通过行动使社会"占有和有计划地使用全部生产资料",进而驯服社会异己力量的政党。为了实现这一目的,马克思主义政党"将利用自己的政治统治,一步一步地夺取资产阶级的全部资本,把一切生产工具集中在国家即组织成为统治阶级的无产阶级手里,并且尽可能快地增加生产力的总量"④。这意味着马克思主义政党首先要领导无产阶级革命,夺取政权,建立社会主义制度。

在建立社会主义制度之后,有的革命者认为,在消灭了资本主义所有制之后,"颠倒"的世界就"矫正"回来了,人民成为社会力量和自己命运的主人,谋事在人,成事也在人,人就由必然王国进入自由王国,可以运用行政手段直接禁止宗教了,比如,阿尔巴尼亚人民共和国就曾在宪法中明确禁止宗教活动和宣传,并在20世纪60年代进行了一场旨在消灭宗教的思想文化活动;⑤有的认为,社会主义制度建立之

---

① 《马克思恩格斯选集》第3卷,人民出版社2012年版,第704页。
② 《马克思恩格斯选集》第3卷,人民出版社2012年版,第705页。
③ 《列宁全集》第9卷,人民出版社2017年版,第111页。
④ 《马克思恩格斯选集》第1卷,人民出版社2012年版,第421页。
⑤ 参见李渤《苏联东欧国家处理宗教思潮的经验与教训》,《广州社会主义学院学报》2007年第4期。

后,人与人和人与自然的关系就变得"极明白而合理"了,宗教存在的现实基础已经消失,比如在苏联,"许多领导干部以为宗教将很快被遗忘或消灭,无神论宣传教育工作没有什么意义了,从而削弱甚至取消了这项工作"①。在这种逻辑下,无论是在苏联还是在阿尔巴尼亚,在处理本国宗教问题的过程中,都曾采取或"左"或右的行动,这些行动最终都失败了,它们的失败证明一点:倘若不考虑本国社会经济发展状况,简单粗暴地在政治上禁止宗教或完全放弃思想上无神论宣传教育都不是处理宗教问题的合理途径,甚至可能导致宗教狂热。可以看出,苏联和阿尔巴尼亚人民共和国建立之时的社会经济发展水平,还远未达到马克思和恩格斯所描述的"人与人之间"的"极明白而合理的关系"的条件。这一条件"需要有一定的社会物质基础或一系列物质生存条件,而这些条件本身又是长期的、痛苦的发展史的自然产物"②,所以"在将来已经肃清中世纪霉菌的政治制度中,无产阶级必将为消灭经济奴役,即消灭宗教对人类愚弄的真正根源而进行广泛的、公开的斗争"③。为了达到这一目标,马克思主义政党必须坚持不懈地领导人民解放和发展社会生产力,推动经济社会协调发展。

对当代中国来说,社会主义制度的确立标志着剥削阶级作为阶级已经被消灭,宗教存在的阶级根源已经消失,但阶级斗争还将在一定范围内存在,宗教存在的其他社会根源还未消失,宗教将会长期存在并发挥作用。党的十八大以来,虽然我国社会生产力水平总体上显著提高,人民获得感、幸福感、安全感显著增强,但我国仍处于并将长期处于社会主义初级阶段的基本国情没有变,虽然生产资料的社会主义公有制占优势,但不充分不平衡的发展无法完全满足人民日益广泛的美好生活要求,这些客观事实造成了社会所不能完全控制的异己的力量和"不明白不合理"的社会关系。

---

① 黄艳红:《苏联无神论宣传教育的历史经验与教训》,《马克思主义研究》2017年第12期。
② 《马克思恩格斯文集》第5卷,人民出版社2009年版,第97页。
③ 《列宁专题文集·论辩证唯物主义和历史唯物主义》,人民出版社2009年版,第223页。

生产力决定生产关系，生产关系反作用于生产力。为了引导社会力量服从社会支配，进一步消除"人与人之间""不明白不合理"的社会关系，我们党还要继续领导人民解放生产力，发展生产力，改革生产关系和上层建筑中不适应生产力发展的方面和环节，着力解决发展的不平衡不充分问题。

我国发展的不平衡不充分性在农村表现得较为突出，我国的信教群众大多数也居住在农村，宗教领域的问题也大多表现在农村。为此，首先应当实施乡村振兴战略，在振兴乡村产业的同时，打好精准脱贫攻坚战，在增强贫困群众获得感的基础上，"加强无神论宣传教育，丰富农民群众精神文化生活，抵制封建迷信活动"[1]。党的基层组织应当以实际行动，让农民群众真正感受到，代表他们利益、能够带领他们创造幸福生活的是我们的党和政府，而不是任何宗教和"神"的力量。其次要振兴边疆地区、民族地区经济。我国是一个多民族、多宗教的国家，宗教在边疆地区、民族地区中有着一定的影响力。在这些地区，宗教问题常常和民族问题，甚至国际问题交织在一起，所以面向边疆地区和民族地区的无神论宣传教育工作相对来说更加复杂，也更应当注意方式方法。最后还要在更高的层面，促进社会公平正义，深化社会体制改革，改革收入分配制度，促进共同富裕，推进社会领域制度创新，推进基本公共服务均等化，以此满足不断增长的美好生活需要，回应人民对公平正义的期盼，使广大人民群众共享发展的成果，获得更多的实惠，逐步摆脱"不明白不合理"的社会关系，为最终挣脱社会异己力量的束缚，抛弃宗教有神论，奠定坚实的经济社会基础。

二 加强重点领域科技攻关

"人与自然之间"的"不明白不合理的关系"主要表现在两个方面：第一，现阶段自然科学研究还不足以使人类掌握所有的自然规律、穷尽所有的自然奥秘，这就使得神学在自然科学解释不了的未知领域，

---

[1]《中共中央、国务院关于实施乡村振兴战略的意见》，《人民日报》2018年2月5日。

利用形而上学和狭隘的经验主义的诡辩得以喘息，这种情况正如马克思所说："任何人都可以看出：这种科学……解释不了的东西都归之于超自然的原因；我把解释不了的东西产生的原因叫做偶然性或上帝，对事情本身来说是完全无关紧要的。这两个叫法都只是表示：我不知道，因此它不属于科学的范围。在必然的联系失效的地方，科学便完结了。"① 第二，现阶段的科学技术发展还不足以使人类彻底征服自然异己力量，这就使得人们在"人力难为"之时倾向于"问计于神"，所以马克思主义无神论宣传教育的基础工作理应加强重点领域科技攻关。

自然科学是对物质世界客观正确的反映，它按照自然规律的本来面目来反映这个世界；宗教有神论是对物质世界幻想颠倒的反映，它用超人间力量的形式来解释这个世界。两者在根本上是对立的，因而，自然科学向前前进一步，就能戳破更多的神学谎言。近代以来，自然科学一步一步地将"上帝"从物质世界的各个领域驱逐了出去，教会不得不放弃了对自然科学的公开压制并积极地与科学家修复关系，部分神学家被迫承认了某些自然科学原理。

但自然科学对宗教的批判是有局限性的。神学家们也敏锐地抓住了这些"局限性"。20世纪以来，神学家们积极主动地钻研自然科学的最新成果，寻找自然科学可能存在的各种"漏洞"，然后以此为突破口，歪曲现代科学的发展成果，使其为神学服务，鼓吹"宗教与科学的和谐一致"，其中，较为有影响力的神学观点有"神创宇宙论""智能设计论""量子神学"。为了进一步批驳这些观点，我们应当进一步推进自然科学研究和宣传教育。

第一，加强天文物理学研究以应对"神创宇宙论"。天文物理学②是驳斥神学的利器，但这个领域尚有许多未揭开的谜题，这些谜题的存在为神学家借题发挥提供了"素材"，其中争议较大的就是"宇宙的

---

① 《马克思恩格斯全集》第20卷，人民出版社1971年版，第560—561页。
② 天文物理学是研究宇宙的物理学，它研究星体的物理性质，如光度、密度、温度、化学成分等，分析星体与星体彼此之间的相互作用，探讨恒星结构、恒星演化、太阳系的起源和许多跟宇宙学相关的问题。

起源"。关于这个问题,当前的天文物理学界普遍认同"宇宙大爆炸理论",但这个理论还有许多不完善的地方和许多尚未经验证的假说,科学家不能妄下结论。但神学家不用"谨慎"地等待最新的研究和观测数据,有人直接"抢过"科学家手中的解释权,利用天文物理学中公开已知的理论和数据,"大胆"地将"宇宙大爆炸理论"包装成"神创宇宙论",公开宣称"宇宙必有一个开始,一个超越自然律的开始。这个结论与进化的模式无法协调,却与神创造宇宙的创造模式完全吻合"①。可以看出,研究经验丰富的神学家善于捕捉自然科学尚未解答的任一谜题来为"神创论"辩护。也正因如此,着力推进天文物理学研究,推动实验物理学证实或证伪现有种种假说,探索构建事关宇宙起源与终结以及宇宙本质的"大一统理论",以科学理论和数据驱散神学的迷雾就成为无神论宣传教育的基础工作。

第二,推进生物学研究以应对"智能设计论"。生物学,尤其是生物进化论有力地驳斥了"神创论",但时至今日,生物学领域的一些尚未完全解释清楚的问题被神学家"演绎"为"智能创造论"。有学者质疑达尔文进化论,他认为:

化石记录问题之中使达尔文主义者最头痛的难处是"寒武纪大爆炸"(Cambrian Explosion)。大约在六亿年之前,几乎所有动物的"门"(Phylum)同时在地层中出现,完全没有达尔文主义者必须有的祖先的痕迹。正如道斯所说:"这些动物化石就好像有人故意放进去的一样,完全没有进化的历史可以追寻。"达尔文在世

---

① 参见里程《游子吟——永恒在召唤》,台北:校园书房出版社1999年版。在该书中,作者多次以最新数据论证"神创宇宙论"的合理之处,"宇宙这种'无中生有'的起源是与热力学第一定律不相符的";"原始爆炸的火球原是处于热膨胀平衡状态,具有极高的熵值。这又与热力学第二定律尖锐地对立";"根据宇宙新膨胀论,在大爆炸发生后的10—23秒的一瞬间,宇宙膨胀了10倍,其膨胀速度可高达1031米/秒,远远地超越了相对论中的光速极限(3×10^9米/秒)";"现在大多数学者对大爆炸后10—35秒以后的过程已有不少共识,但对大爆炸后10—35秒之内的情况却根本无法窥测。因为在这段时间内,温度极高,可达1032℃,一切自然律都失去了功效。换句话说,宇宙是在超自然的状况中产生的"(http://cclw.net/gospel/explore/youziyin/htm/youziyin6_4.htm.2018 – 07 – 08)。

第五章　当代中国马克思主义无神论宣传教育的具体途径　　133

时还没有证据显示寒武纪之前有任何生物存在。他在《物种起源》中承认："这现象目前仍未能解释，而且的确可以用来作为有力的证据打击我现在要讨论的观点。"达尔文又说，如果我的学说是确凿的话，"寒武纪之前的世界必定充满各种活物"。①

这种现象以现有的生物学知识难以解释，但倘若将其归因于"超人间力量"，认为"具有智慧的创造者设计了这些实体和某些规则，造成了这些现象"② 的话，就可以合理解释了。神学家当然不会错过这种宣扬"智能设计论"的机会，有神学家直接提出："创造的模式认为从原始到高级的各种生物都是由大能的神各从其类造出来的；生命只能源于生命，各种生命皆来自永生的神。"③ 可以看出，即便是像达尔文进化论这种生物学界普遍认同的科学理论，依旧存在着某一阶段或某一领域的空白，这就给了神学家以可乘之机。他们用"智能设计论"这种很有说服力却无法证实或证伪的理论来填补生物起源的空白，为"神"挤出了一块"喘息之地"。但生物学的发展不会停滞，随着相关理论和证据的问世，"智能设计论"也终将被驳倒，正如马克思所说："凡是把理论引向神秘主义的神秘东西，都能在人的实践中以及对这种实践的理解中得到合理的解决。"④

第三，推进量子力学研究以应对"量子神学"。量子力学⑤从根本

---

① [美] Phillip E. Johnson：《审判达尔文》，钱锟等译，中信出版社 1994 年版，第 73 页。
② 此为"智能设计论"的重要观点。
③ 参见里程《游子吟——永恒在召唤》。作者在书中多次驳斥达尔文进化论，指出："如果生命真是从无机物逐渐进化而产生，然后由简单到复杂，由低级到高级不断进化的话，化石中一定可以找到这种进化的证据。可是化石的证据对进化论的观点是非常不利的。在地质和古生物学界，把寒武纪早期（约 5.7 亿年前）作为隐生宇和显生宇的分界。因为在寒武纪之前的地层几乎找不到生物的化石，而在寒武纪早期，几十个门（Phylum）的动物的化石突然同时出现，被称为'寒武纪生命大爆炸'。这是进化论无法解开的一个死结。"（http://cclw.net/gospel/explore/youziyin/htm/youziyin6_5.htm.2018-07-08）
④ 《马克思恩格斯文集》第 1 卷，人民出版社 2009 年版，第 501 页。
⑤ 量子力学（Quantum Mechanics）是研究物质世界微观粒子运动规律的物理学分支，主要研究原子、分子、凝聚态物质，以及原子核和基本粒子的结构、性质的基础理论，它与相对论一起构成现代物理学的理论基础。

上改变了人类对物质结构及其相互作用的理解，除了广义相对论所描写的引力以外，迄今为止所有基本的相互作用均可以在量子场论的框架内作出描述。但量子力学跨时代的进步也使得检验其科学性的实验物理学相对滞后，其学科领域内的种种尚未经验证的"天才理论"常常为神学家所利用，"量子神学"就是神学家们的"最新研究成果"。有专家曾在讲座中用量子力学的理论论证佛学，他认为："物理学已经从任何事物都是'如露亦如电，应作如是观'这个方向往佛学的境界又靠近一步了。世界上可能存在着类似灵魂的东西，它在人生结束之后不死，只是回到宇宙中的某个地方去了。这种观念跟唯识的根本——阿赖耶识学说是相一致的。"① 这位专家基于自己的主观理解和揣测所提出的理论，并未通过确切的试验证实，但这种理论走向的却是有神论的世界观，是从根本上否定世界的物质统一性原理。对这种现阶段尚无法回答的问题，切实推进量子力学研究，尤其是关于"量子纠缠""量子隧穿"等前沿问题的探索研究，以科学客观的实践成果来反驳这种"借题发挥"，才是拆穿此类学说的基础。

但仅仅加强研究是不够的。自然科学认识自然现象、探寻自然规律的目的在于运用这些规律来化自然"异己力量"为"自己力量"，这就需要将"研究"转化为"应用"。科技发展与应用，是人类逐步摆脱自然异己力量束缚的过程，也是人类社会不断走向世俗化的过程。一方面，科学技术的不断应用增强了人类支配自然异己力量的能力，人类越来越能够把握自己的命运，而不用祈求神灵的"护佑"；另一方面，科学技术的应用增强了人类改造自然的能力，促进了生产力的发展，使人类能够创造出更多的财富，而不必再祈祷神灵的"赐予"。可以看出，随着最新科学技术的应用，人类逐渐摆脱了自然异己力量的束缚，

---

① 参见朱清时《量子意识——现代科学与佛学的汇合处》。作者运用了最新的量子力学成果为佛学做辩护，他认为："量子纠缠告诉我们，一定有个地方存在着人的意识，这是量子纠缠的结论。如果人的意识不光存在于大脑之中，也通过纠缠而存在于宇宙某处，那么在人死亡的时候，意识就可能离开你的身体，完全进入宇宙中去。所以他们认为有些人的濒死体验，实际上是大脑中的量子信息所致。"（http://www.xuefo.net/nr/article52/515444.html. 2018-07-08）

不必再将自己难以支配的自然异己力量幻想成为脑中的"神"加以崇拜，实现了自身的自由，这一过程正如马克思所说："自由不在于幻想中摆脱自然规律而独立，而在于认识这些规律，从而能够有计划地使自然规律为一定的目的服务。"①

因此，我们应加强重点领域的科技应用，有针对性地清除"神"在特定领域里生存的土壤，为人类摆脱自然异己力量的束缚，彻底抛弃"神"的观念，实现自身真正的自由打下坚实的基础。首先，我们要推进实验科学领域的技术更新。实验科学技术的研发与应用相对滞后于自然科学研究的进度，这使得许多科学严谨的理论因得不到证实而被神学家所利用。为了有效地支撑自然科学研究，应有针对性地突出实验科学技术的应用。其次，加强事关民生的科学技术，尤其是医疗技术的应用。现代医疗器械的应用虽然破解了无数人体奥秘，攻克了无数病症，延长了人类寿命，但目前依旧有许多人体奥秘尚未揭开，依旧有许多"绝症"无法攻克，人类寿命的上限依旧无法突破，这些瓶颈都可能成为人们求神拜佛的原因。也正因如此，坚持不懈地推动事关人民生命健康的医疗科技的应用迫在眉睫。最后，加强事关国家安全的科学技术的应用，尤其是通过新技术的应用增强国家抵御自然灾害的能力。自然力量似乎是无穷尽的，它还远没有到被人类彻底征服的境地。等它真正发威之时，人类又会因自己的渺小无助而恐惧，因恐惧而信神。②

在重视科技应用的同时也应同样重视生态文明建设。"人与自然之

---

① 《马克思恩格斯文集》第9卷，人民出版社2009年版，第120页。
② 1976年7月28日，中国唐山发生里氏7.8级大地震，造成242769人死亡。这是一场令国人痛心疾首的天灾，也是百年难遇的大地震。人类目前尚无有效的技术手段来预报和抵御此类自然灾害，这种无力与无助使得种种灵异传说在大灾大害之后盛行。有人传言，大地震发生前自己去世已久的爷爷奶奶托梦让自己出门去，却不说为什么；有人造谣说，狐狸在大地震前的骚动是狐仙的谕示，而自己就是狐仙附体，大家交钱可以找自己占卜未来，祛祸消灾；有神学家断言，震前的怪异现象，如河水浑浊、昆虫群体行动、群鸟飞离、爱犬狂吠等都是上帝对人类的提醒，而地震的发生是上帝的惩罚，只要信主就能够读懂上帝的谕示而免灾。这些传言从本质上讲，都源于人类面对自然异己力量时的恐惧与无助，随着人类通过科学技术应用逐渐驯服自然力量，此类传言将不攻自破。

间极明白而合理的关系"是一种人与自然的辩证关系。这种"极明白而合理的关系"除了人类对自然规律的"明白"外,还有人类对自然界的"合理"利用。人类对大自然的改造和利用不应当是人类凭借先进的科学技术对大自然的肆意索取,而是应当以合乎自然规律的方式予以合理利用。倘若我们无视自然规律,以为凭借先进科学技术,就可以对大自然加以肆意索取、任意掠夺,那么"每一次胜利,起初确实取得了我们预期的结果,但是往后和再往后却发生完全不同的、出乎预料的影响,常常把最初的结果又消除了"①,这种后果所引发的大自然的报复也会一次比一次强烈。在"天灾"之下,人类可能会再度返回贫困,再次匍匐于"天威",再次"信神"。因此,"我们每走一步都要记住:我们决不像征服者统治异族人那样支配自然界,决不像站在自然界之外的人似的去支配自然界"②,我们在利用科学技术驯服自然力量的同时,也应同时注重生态文明建设,坚持人与自然的和谐共生。也只有这样,人类才能真正支配自然异己力量,真正实现"人与自然之间极明白而合理的关系",最终消除自然异己力量在"现实世界的宗教反映",因为"我们对自然界的整个支配作用,就在于我们比其他一切生物强,能够认识和正确运用自然规律"③。

总的来说,时至今日,自然科学研究仍有许多未知的领域尚未涉及,这些领域常常被神学家利用来阐释其学说。也正因如此,我们一方面应当下力气推进相关科学领域的研究,以科学的理论和确切的实验来推翻神学家们的谎言;另一方面也要积极地推动科技应用,增强人类合理利用自然力量的能力。也只有"我们一天天地学会更加正确地理解自然规律……学会支配至少是我们最普通的生产行为所引起的比较远的自然影响……人们愈会重新地不仅感觉到,而且也认识到自身和自然界的一致,而那种把精神和物质、人类和自然、灵魂和肉体

---

① 《马克思恩格斯选集》第3卷,人民出版社2012年版,第998页。
② 《马克思恩格斯选集》第3卷,人民出版社2012年版,第998页。
③ 《马克思恩格斯选集》第3卷,人民出版社2012年版,第998页。

对立起来的荒谬的、反自然的观点,也就愈不可能存在了"①;"随着这些自然力实际上被支配,神话也就消失了"②。

第二节 学校教育:充分发挥课堂教学的主渠道作用

"物质力量和精神力量各有各的作用,在很大程度上是不可互相替代的,物质层面的问题要靠增强物质力量来解决,精神层面的问题要靠增强精神力量来解决。经济发展、人民生活水平提高,并不会自然而然带来人们思想认识水平的提高。"③ 同理,经济和科技的发展虽然可以逐步消除"神"存续的自然根源和社会根源,却无法消除认识根源。只要认识根源还在,"神"就不会消亡,甚至在其自然根源和社会根源消失之后依旧活跃在特定的群体之中。认识根源的逐步消亡需要长期、坚持不懈地教育引导。"教育在人民中愈普及,宗教偏见愈被社会主义意识所排挤"④,为此,我们理应发挥学校教育在马克思主义无神论宣传教育中的主渠道和主阵地作用。

一 小学阶段

小学阶段是马克思主义无神论宣传教育的基础阶段。六七岁至十一二岁是童年期,亦是我国义务教育的小学阶段。儿童的这个阶段,大脑的神经元和突触发育逐渐接近成年人水平,神经系统也进一步完善,是知识获取、世界观形成的重要阶段。由于大脑和神经系统的快速发育,小学生的学习也呈现出明显的阶段特征。一是好奇心强,凡事要问个为什么,尤其喜欢与空间时间概念相关的知识,但独立思考能力较弱,是非、对错、善恶、美丑观念模糊;二是模仿性强,善于机械记忆,但理

---

① 《马克思恩格斯全集》第 20 卷,人民出版社 1971 年版,第 519—520 页。
② 《马克思恩格斯文集》第 8 卷,人民出版社 2009 年版,第 35 页。
③ 《中央民族工作会议精神学习辅导读本》,民族出版社 2015 年版,第 250 页。
④ 《列宁全集》第 6 卷,人民出版社 2013 年版,第 247 页。

解和认知能力有待加强；三是可塑性强，比较容易接受从学校获取的知识和价值观念，但也容易被其他渠道的思想观念所影响。综上所述，童年期的小学生可塑性强，易于接受外界思想，因此这一阶段的无神论宣传教育应当充分利用现有的课程，尤其是科学与语文，使用通俗的讲解和鲜活的材料，引导小学生认识到"世上无神"的基本事实。

（一）小学科学课程

《关于进一步加强马克思主义无神论研究和宣传教育工作的通知》指出："要针对当前部分人群中存在的愚昧迷信现象，加强自然科学特别是生命科学基础知识的研究和宣传教育，帮助人们科学认识宇宙和生命的起源、人类进化的规律，正确对待各种自然现象、自然灾害和生老病死。"[①] 小学科学课程是学龄儿童学习自然科学知识的启蒙课程，小学阶段也是学龄儿童对宇宙、星星、太阳、地球、月亮等天文物理方面的知识特别感兴趣的阶段。兴趣是最好的老师，抓好小学自然科学知识教育，引导小学生认识到"世上无神"的客观事实，就成为无神论宣传教育的重要任务。

第一，讲解生物进化论，澄清"神创论"。"神创论"是所有一神教的基本教义，亦是许多其他宗教的信仰起源。[②] 作为一种在中世纪欧洲占据统治地位的神学思想，神创论依旧流行于部分科技发达的现代西方国家，并渗透进我国。我们可以通过生物进化论的讲授，增强小学生抵御"神创论"的能力。人教版六年级下册《科学——相互联系的世界》第二单元第四课开宗明义地提出了物种起源问题："地球上的生物千姿百态、种类繁多。这些生物是不是自古以来就已经存在，它们的祖先又是什么生命样子呢？"[③] 其后使用了生动精彩的图片、引人入胜的讲解、科学严谨的引证来阐述物种的多样性及生物进化论，但本课直到结束也没有回答开篇的问题。作为对课程内容的补充，任课老师应当引用达尔文

[①] 《关于进一步加强马克思主义无神论研究和宣传教育工作的通知》，载《中国精神文明建设年鉴（2005）》，学习出版社2007年版，第105页。

[②] 这种观点认为，包括人类在内的自然界的所有物种都是"神"的创造。

[③] 《科学——相互联系的世界（六年级下册）》，人民教育出版社2006年版，第33页。

的生物进化论对"神创论"进行批驳，指出当前的物种多样性是"物竞天择，适者生存"的结果，而不是"上帝的创造"。

第二，讲解天文物理学新进展，澄清"创世说"。"创世说"是一种神学理论，其中影响最大的是"上帝创世说"①。"上帝创世说"导向的是宗教神学，我们可以在小学科学的天文物理学章节，驳斥这种理论。人教版六年级下册第四单元第三课讲述了18世纪以来的天文物理学成就，并且详细阐述了哥白尼的《天体运行论》，指出"哥白尼完成这部著作后，搁置了36年才拿出来出版，立即遭到天主教会的强烈反对。他们认为日心说是'异端邪说'，并残酷迫害传播哥白尼学说的人"②。在本段之后并无其他相关内容阐述，但讲授不应止步于此，而是应当向小学生传达一个明确的结论："上帝中心说"不是科学理论，天体不是按照上帝的意志运行的，而是按照客观规律运动的。除此之外，本课还介绍了多个近代自然科学与神学的例子，列举了当代天文物理学对宇宙面貌的描述，并在结尾处提出发散性问题："关于宇宙，总有太多太多的奥秘，在等待人类进一步地揭开：其他天体上是否存在类似人类的生物？宇宙是如何起源的？宇宙有没有边际？宇宙的形状如何……"③ 关于这些问题，教材上并未给出答案。任课教师可以参考当代天文物理学的诸多科学结论，包括霍金的宇宙起源假说，引导小学生以科学的眼光，运用所学的知识，去认识世界的物质统一性，"而不必乞求任何神即能回答这些问题"④。

（二）小学语文课程

小学语文是基础教育体系中的基础学科，也是树立无神论世界观的

---

① 《旧约》记载："起初神创造天地。"（《创世纪》1：1）"地是空虚混沌。渊面黑暗。神的灵运行在水面上。"（《创世纪》1：1）"神说：'要有光'，就有了光。"（《创世纪》1：3）后世的神学家将其发展为"创世说"，认为宇宙万物，日月星辰，天体星系皆是上帝创造，并按照上帝的意志运行［参见《圣经》（精读本），香港：牧声出版有限公司2012年版，第8页］。
② 《科学——相互联系的世界（六年级下册）》，人民教育出版社2006年版，第71页。
③ 《科学——相互联系的世界（六年级下册）》，人民教育出版社2006年版，第74页。
④ ［英］斯蒂芬·威廉·霍金、［美］列纳德·蒙洛迪诺：《大设计》，吴忠超译，湖南科学技术出版社2011年版，第146页。

重要课程。相比于小学科学的知识灌输，小学语文应更为注重"破除迷信"。"迷信"是群众性的错误认知，在特定时期和特定区域内有一定的影响力，我们可以在语文课文的讲解中澄清这些错误认知。

在我国，不同地区的小学语文教材和教程设置是不同的，不但各省各有不同，各县市区也多使用自编教材和教程，这就使得只依据单一版本教材所提建议不具备普遍性。虽然教材和教程不同，但我们依然可以通过各版本共有的"共享篇目"来破除迷信。"西门豹""活见鬼""女娲补天""夸父追日""普罗米修斯"这五篇故事传说是各版本语文教材的"共享篇目"，我们可以通过讲解故事的社会历史背景，神话人物的现实根源，神话人物对"神"的反抗引导小学生破除迷信。以北京师范大学版五年级下册第九课"破除迷信"为例，本课在"西门豹治邺"一文后设置了"金钥匙"章节，指出"阅读文章时要结合时代背景，整体地把握文意。比如在人们普遍相信有鬼神的古代，西门豹能揭穿装神弄鬼的把戏，用科学的方法治理水患是非常了不起的"[1]。在"活见鬼"课文后设置了"读一读"环节，该环节引用爱因斯坦的话——"科学研究能破除迷信，因为它鼓励人们依据因果关系来思考或观察事物。"[2] 这种教育有意识地引导小学生破除迷信，值得在更为广泛的人民教育出版社版教材或其他教材中推广使用。

二 初中阶段

初中是小学向高中过渡的一个阶段，也是马克思主义无神论宣传教育的过渡阶段。我国初中分为五四和六三两种学制，分别对应义务教育阶段的六到九年级和七到九年级。学制虽然有区别，但"同年级同进度"，课程内容区别不大。初中生的年龄一般在十一二岁至十四五岁，这是从儿童到青年的过渡期，呈现出明显的"过渡"特征。首先，人生观开始形成但尚未定型。初中生心智从幼稚逐渐走上成熟，他们开始思考

---

[1] 《语文（五年级下册）》，北京师范大学出版社 2010 年版，第 94 页。
[2] 《语文（五年级下册）》，北京师范大学出版社 2010 年版，第 96 页。

自己的人生道路、憧憬自己的发展方向，但由于尚未定型，因此经常转变学习目标和人生看法，既年少多志而又见异思迁。其次，思维能力向深化和扩展方向发展，从感性到理性，从机械到理解，从形象到抽象，思维敏捷而又精力充沛，接受新事物的能力和操作能力很强，是学习新知识，接受新事物，形成新思想的"黄金时期"。总结这些特征，我们可以看到，初中生已经具备了一定的认知能力和理解能力，开始形成自己的人生观。考虑到小学阶段已经进行了自然科学基本常识的普及，所以初中阶段的马克思主义无神论宣传教育的侧重点应从较为具体的知识灌输转向较为抽象的价值观培育，引导初中生正确认识有神论现象，树立健康文明的生活方式和行为习惯，为科学世界观的形成打下坚实的基础。鉴于此，可以选择初中德育、语文和历史课程，分别融入积极的人生观教育、人文精神培养、宗教的本质和发展等内容。

（一）初中道德与法治课程

道德与法治课程是开展马克思主义无神论宣传教育的重要载体。《关于进一步加强马克思主义无神论研究和宣传教育工作的通知》指出："要加强健康文明生活方式的研究和宣传教育，帮助人们养成良好的行为习惯，科学合理地进行体育锻炼、保健养生、饮食起居、观光旅游、休闲娱乐。"这些要求与初中学段的部分德育目标是一致的[1]，这也使得在初中德育课程中开展马克思主义无神论宣传教育成为可能。

在道德与法治[2]课程中培育初中生的科学人生观。初中阶段的人生

---

[1] 《教育部关于印发〈中小学德育工作指南〉的通知》强调初中学段的德育课程，应当"掌握促进身心健康发展的途径和方法，养成热爱劳动、自主自立、意志坚强的生活态度"。

[2] "道德与法治"是全国中小学普遍开设的德育课程，也是自2016年起，为初中新生开设的唯一一门德育课程。根据《教育部办公厅关于2016年中小学教学用书有关事项的通知》，自2016年秋季学期始，全国所有地区的小学初中起始年级都要陆续换用国家统一编写的"教育部编义务教育教科书"，现行的"人教版""粤教版""苏教版""鲁教版""北京版"等版本教材将逐步淘汰。从文件的执行情况来看，以山东为例，在执行六三和五四学制的县市区，2016年秋季学期入学的新生开始使用2016年人民教育出版社出版的一年级、七年级部编教材和山东人民出版社出版的六年级教育部审定教材，随着一届又一届新生的入学，将会逐步替换掉所有旧版和各县市区编写的德育教材。

观课程大部分内容集中在初中七年级上学期。这一学期课程共有四个单元，其中第一和第四单元都谈到了人生观。第一单元"成长的节拍"第三课"发现自己"开篇谈道："进入初中，随着自我意识的不断增强，我们不仅将目光投射到更广阔而精彩的外部世界，而且越来越关注自我：'我是怎样一个人？''我为什么和别人不一样？''我将来会成为一个怎样的人？''我对他人、对社会有什么意义？'……"① 紧接着在阅读感悟中又提出了更为抽象的问题："夜深人静之时，心中是否浮现过这样的问题：'我是谁？我从哪里来？我将到哪里去？'"② 教材并没有给出明确的答案。实际上，处于半成熟期的初中生也常常困惑于此类人生观问题，纠结于"理想的自我"和"现实的自我"，陷入"自我幻想"中，甚至引发向往超自然力量的"中二病"。"中二病"并不是病，不过是旺盛的精力与较少的阅历之间矛盾的现实体现，每个人的初中阶段都可能会不自觉地妄想"自己与众不同""自己拥有其他人所没有的超自然能力"，只要任课老师耐心引导，初中生就能够顺利走出这种"超自然力量向往"。所以，在第一单元以及第四单元"生命的思考"中，教师可以向学生阐述一些马克思主义无神论的具体观点，指出电视剧、小说、动漫之中所谓的"超能力""魔法""天使""恶魔""长生不老"都是幻想出来的，它们的原型都是现实世界中的种种自然现象。教师可以用"科学探秘神秘现象"或者"求神拜佛失败"的例子来向学生传达无神论的世界观，在此基础上，引导学生正确认识自己，认识人生，认识世界，树立起科学的人生观。

（二）初中语文课程

初中语文课程对学生进行比小学语文课程更高一阶段的语言和文化熏陶。相比于小学语文通俗易懂的课文，初中语文选用篇目则更富有哲理，更易塑造学生的世界观。鉴于此，教师可以选择合适的篇目，在讲解中融入无神论的知识，引导学生了解中华传统文化中的人文精神。

---

① 《道德与法治（七年级上册）》，人民教育出版社2016年版，第26页。
② 《道德与法治（七年级上册）》，人民教育出版社2016年版，第26页。

同"道德与法治"课程一样,初中语文也于2016年秋季学期全部换用人教版统编教材,实现了全国教材的统一。在已投入使用的部编本七年级上册教材中,有数篇课文可以较好地融入马克思主义无神论教育内容。六单元的"女娲造人"讲到了"人类童年时期,对自然界许多现象还缺乏科学的认识,就想象出各种解释,由此产生了神话"[1]。这一解读正是马克思主义无神论的基本观点。教师在讲解"女娲补天"之时,可以适当拓展神话所产生的社会历史背景,讲清楚"女娲造人"的神话传说虽为"神奇想象",却非"空穴来风"。女娲造人正是早期母系氏族社会女性占据人口生产主导地位的社会生活在人头脑中颠倒的反映。中华文明诞生的早期正处于母系氏族社会阶段,氏族成员推举年事最长的妇女担任首领,管理氏族的事务,领导全体成员从事各项生产活动,因此逐渐产生了母系氏族崇拜。女娲造人的神话就起源于这一时期。女娲原型应当为母系氏族部落首领,在她逝世后,族人为了表彰其功绩,纪念她为部落作出的巨大贡献,也为了寄托族人的思念和崇拜,集体为她祭祀。随着部落之间的兼并融合,华夏民族逐渐形成,女娲娘娘也以造物造人、补天救世、社稷福神、先灵圣贤、女皇之治、制乐立媒等形象融于中华文化之中。

可以看出,我国许多神话故事,祭祀的是"人"而不是"神",赞扬的是"造福于民"而不是"祈求神赐",崇拜的是"劳动奋斗"而不是"因信称义"。这是沉淀于中华优秀传统文化中的人文精神,除了第六单元第二十三节的"女娲补天"这一课外,第三单元第十二节的《论语》十二章也涉及了孔子"子不语怪力乱神""务民之义,敬鬼神而远之"的思想,在这些课文中,教师应当运用马克思主义无神论的分析方法,为学生详尽阐述其背景意义,培养人文精神,进而树立科学的世界观。

---

[1] 《语文(七年级上册)》,人民教育出版社2016年版,第131页。

(三) 初中历史课程

初中历史是基础教育阶段较为集中论述宗教、宗教现象和宗教发展历程的课程。在本课程的教学中，教师运用马克思主义无神论的观点，剖析三大世界宗教的产生和发展，揭示宗教的虚幻本质，引导学生树立起无神论的世界观。

当下我国初中广泛使用最新的人教版历史教材，人教版《世界历史》详尽阐释了世界三大宗教的相关知识。[①] 在本门课程的讲授中，教师虽然不必避讳宗教知识的教育，但也不能止步于宗教知识的讲解。初中正是青少年开始对种种有神论思想感兴趣的年纪，即便历史课中不涉及、不讲授，学生也肯定有其他渠道接触到这些知识。一旦他们接触到了"逻辑自洽"的神学思想或者"情真意切"传教者，很可能被说服，乃至信教。因此，以无神论的立场讲解世界三大宗教的知识，才是警惕有神论思想渗透的"最佳方式"。具体来说，教师可以先对世界三大宗教做客观的知识性的介绍，让学生对比宗教教义与课本里的科学知识对世界解释的不同，在学生提出疑问之后，运用马克思主义无神论的观点和方法深入剖析世界三大宗教的本质及其产生发展的客观规律，揭示宗教的虚幻本质和有神观念的荒谬性，引导学生树立科学的世界观。

---

① 正在使用的人教版《世界历史》有两版教材，2018年之前入学的学生使用2007年版教材，2018年秋季及之后入学的学生使用部编版教材。这两版教材都在使用，但差别较大。原版教材在第8课"古代科技与思想文化（一）"的"世界三大宗教"一节中详尽阐述了世界三大宗教的相关知识，新版部编版教材将这部分内容打散，分别融入第3课"古代印度"的"释迦牟尼创立佛教"，第7课"基督教的兴起和法兰克王冠"的"基督教的兴起"和第12课"阿拉伯帝国"的"穆罕默德创立伊斯兰教"一节中。与2007年版教材相比，部编版教材虽然知识点没有发生变化，但内容删减较多。2007年版教材中关于宗教教义的描述——如"彻底消除和根绝欲望后，生老病死、悲伤、哀痛、苦难、不幸和绝望就一扫而光——佛教教义"，关于宗教思想的描述——"据说，耶稣为拯救人类，带领12个门徒，四处游说，触怒了统治者。犹太贵族就勾结罗马总督把他钉死在十字架上。门徒们宣扬耶稣在死后第三天，又复活升天了"，关于宗教仪轨的描述——如"穆斯林在清真寺举行宗教仪式，学习宗教知识""穆斯林的主要节日有开斋节、古尔邦节和圣纪等"，在部编版教材中被全部删除。此外，2007年版教材中各种宗教术语、宗教图片、宗教符号也全部被删除，这些变化体现了教材审定委员会对有神论思想渗透的警惕 [参见《世界历史（九年级上册）》，人民教育出版社2007年版，第47—49页]。

三 高中阶段

高中阶段是马克思主义无神论宣传教育的关键阶段。高中生年龄集中在十五六岁到十八九岁，这个阶段青少年大脑的发育和神经细胞的分化均已达到成人水平，第二信号系统作用显著提高，智力迅速发展，感觉、知觉、灵敏度、记忆力、想象力不断增强，认知能力、创造能力、思维能力明显提升，逻辑抽象思维逐步占主导地位。随着各项能力的不断增强，高中生的自我意识不断强化，他们开始以批判的眼光看待他人和社会，开始思考世界和人生，逐渐形成自己的世界观。较之小学生和初中生，高中生的知识积累虽然已经初步体系化，但理解还不够深入，社会阅历虽然有所增长，但认识还不够深刻，独立思考的能力虽然形成，但还不够全面，这导致高中生在关于"宇宙的本原""人生的归宿""彼岸的世界"等终极问题上相当疑惑。实际上，这些问题都是有神论和无神论争论的核心，通过开展马克思主义无神论宣传教育就能够合理地解答高中生的这些困惑，帮助他们树立科学的世界观。

高中的"思想政治"课是接替小学和初中的"道德与法治"课而开设的普通高中必修的德育课程。比起小学和初中的知识灌输和价值观培育，高中思想政治课程更注重社会规律探讨，我们可以以此为切入点，在课程教学中深入无神论的内容。具体来说，有以下几个方面：

第一，在必修2"政治生活"中全面正确理解党的宗教政策。党的宗教政策是我们党在领导革命、建设和改革的历程中，运用马克思主义的立场观点方法，认识和处理我国宗教问题，汲取正反两方面经验制定出来的科学政策。必修2第七课"我国的民族区域自治制度和宗教政策"全面介绍了党的宗教信仰自由政策，指出"宗教信仰自由政策包括两个方面，既保护信仰宗教的自由，又保护不信仰宗教的自由，这是一项全面、完整的政策"[①]。这一阐释有助于高中生全面正确地理解党的宗教信仰自由政策。在本节结尾处教材总结道："目前，

---

① 《思想政治2 必修：政治生活》，人民教育出版社2015年版，第79页。

我国正处于全面建成小康社会的关键时期，巩固马克思主义的指导地位，坚持不懈地对人民群众进行科学世界观和无神论的宣传教育，形成文明、健康、崇尚科学的社会风尚，是社会主义文化建设的一项重要任务。"① 限于篇幅，教材并未详尽阐述党的宗教信仰自由政策和无神论宣传教育两者之间的关系，但高中生或许会感到疑惑，我国是共产党领导的社会主义国家，马克思主义无神论作为主流意识形态在人民群众中占据主导地位，为什么要在宣传无神论的同时保护宗教信仰自由？对于这一问题，教师应当进一步围绕教材进行剖析，指出为什么无神论宣传教育与党的宗教信仰自由政策是相辅相成的，引导学生认识到"资产阶级的'信仰自由'不过是容忍各种各样的宗教信仰自由而已，工人党则力求把信仰从宗教的妖术中解放出来"②。正是因为我们党始终坚持马克思主义无神论，才能够客观公正地对待信教和不信教群众、信仰不同宗教的群众，才能够实现真正的宗教信仰自由。除此之外，限于篇幅和教学规划，第七课"我国的民族区域自治制度和宗教政策"将民族问题和宗教问题合并为一课，但在实际教学中，政治教师应当向学生阐明，民族问题不等于宗教问题，两者虽然有联系，但从性质上来说是不同的问题，教师应当引导学生正确认识民族问题和宗教问题之间的关系。

在必修 3"文化生活"中深入了解中华优秀传统文化的人文精神。人文精神坚持以人的价值、人的感受、人的尊严为万物的尺度，以人来对抗神，对抗任何试图凌驾于人之上的教义、理论、观念。这种精神和神本主义文化是格格不入的，因而本质上也是一种无神论的世界观。中华文化蕴含着深厚的人文精神，包括自强不息的奋斗精神、以人为本的民本精神、天人合一的和合精神，这些精神始终是鞭策中华儿女不断开拓进取的精神力量。在第三单元第七课"我们的民族精神"中，教材详尽阐述了包括"自强不息"在内的中华人文精神。但作为一门

---

① 《思想政治 2 必修：政治生活》，人民教育出版社 2015 年版，第 81 页。
② 《马克思恩格斯选集》第 3 卷，人民出版社 2012 年版，第 376—377 页。

思想政治课，人文精神的讲授不应止步于具体精神的知识灌输，而应当在此基础上运用历史唯物主义的分析方法，从先秦时期的经济基础和上层建筑的矛盾运动切入，分析中华人文精神产生的社会历史根源，比较它与西方神本主义的异同，剖析中华人文精神历经千年而不衰的生命力，进而在引导坚定文化自信的同时树立马克思主义无神论的科学世界观。

在必修4"生活与哲学"中扎实掌握世界的物质统一性原理。世界的物质统一性原理认为："世界的真正的统一性在于它的物质性……是由哲学和自然科学的长期的和持续的发展所证明的。"[1] 这一原理是马克思主义的基本原理，也是马克思主义无神论的基本观点。高中政治必修4"生活与哲学"各课都涉及了这一原理。在第一单元第二课"百舸争流的思想"中，教材阐述了唯物主义和唯心主义的区别，在第三课"时代精神的精华"中，教材谈到了马克思主义哲学的科学真理性，在第二单元第四课"探究世界的本质"中，教材论述了世界的物质性及其运动规律。可以看出，必修4一半以上的篇幅都涉及了这一原理，实际上，作为辩证唯物主义的基本观点，世界的物质统一性原理是值得大书特书、大讲特讲的。因此，除了在必修3的第二、三、四课中讲授世界的物质统一性原理外，还可以在第五课"把握思维的奥妙"中阐明"神"不过是异己力量在人头脑中幻想的反映，也属于"人脑的机能"的派生，在第六课"求索真理的过程"中阐明"人应该在实践中证明自己思维的真理性，即自己思维的现实性和力量，自己思维的此岸性"[2]。通过这种方式，可以在必修3其他课程中贯穿无神论的立场，使得青少年在世界观形成的关键阶段就能够树立起无神论的世界观，进而为青少年最终树立马克思主义的科学世界观奠定坚实的理论基础。

除此之外，高中历史课程对宗教与无神论也有所涉及。比如，人教

---

[1] 《马克思恩格斯选集》第3卷，人民出版社2012年版，第419页。
[2] 《马克思恩格斯选集》第1卷，人民出版社2012年版，第138页。

版必修 3 第六课"文艺复兴和宗教改革"介绍了欧洲人文主义思想解放运动对宗教神学的冲击,第十二课"探索生命起源之谜"详细阐述了教会对科学的禁锢。但这两节课程都只是浅尝辄止,未展开深入剖析。为此,教师也可以根据课程安排做相关的知识拓展,渗透更多的无神论内容。

四 大学阶段

我国是共产党领导的社会主义国家,马克思主义是社会主义大学最鲜亮的底色。社会主义大学"要坚持不懈传播马克思主义科学理论,抓好马克思主义理论教育"[①]。无神论是马克思主义理论大厦的基石,是马克思主义其他一切理论的前提,因而,在高校思想政治理论课中普及马克思主义无神论就成为题中应有之义。

(一)在"原理"课中引导学生正确认识宗教的本质及其发展规律

马克思主义关于宗教的本质及其发展规律的理论是马克思主义无神论的基础理论。对于一门旨在帮助学生学会运用马克思主义的基本原理认识和分析现实问题的课程,"马克思主义基本原理概论"[②]课当然也涵盖了这些内容。

首先,教师可以依据教材,具体阐释宗教的本质。2018 年版教材将宗教定义为:"支配人们日常生活的外部力量在人们头脑中的虚幻的反映。"[③] 随后进一步指出:"宗教本质上是一种'颠倒的世界观',是由对神灵的信仰和崇拜来支配人的思想和社会压迫的产物。"[④] 围绕这一定义,教师可以从宗教信仰的对象出发,指出无论是天使、魔鬼,还是天堂、地狱都是人们脑中的幻想,它们只存在于人们的头脑之中,不

[①]《习近平在全国高校思想政治工作会议上强调:把思想政治工作贯穿教育教学全过程 开创我国高等教育事业发展新局面》,《人民日报》2016 年 12 月 9 日。

[②]《马克思主义基本原理概论(2018 年版)》教材对宗教的本质及其发展规律的概括是高度凝练的,在第三章"人类社会及其发展规律"第一节"社会基本矛盾及其运动规律"中,新教材用极为精练的几句话概括了马克思主义经典作家关于宗教本质及其发展规律的多篇论述。

[③]《马克思主义基本原理概论(2018 年版)》,高等教育出版社 2018 年版,第 110 页。

[④]《马克思主义基本原理概论(2018 年版)》,高等教育出版社 2018 年版,第 110 页。

存在于客观世界。但这些"幻想"却不是凭空虚构的,而是"支配人们日常生活的外部力量"的颠倒反映。以上帝为例,作为基督教的至上神,它在种种文学作品中都是以"人"的形象呈现出来的①,是以中世纪的哲人贵族形象为蓝本,参考人们对智慧、权威、善良等因素的认知而创作出来的,但《圣经》却将这种"创造"过程颠倒了过来,"我们要照着我们的形象,按着我们的样式造人"②。除了至上神的形象外,宗教有神论中的其他"超人间的力量"也都是"人间力量"在人头脑中"幻想的反映",如天堂和地狱,是按照人们在客观世界所能见到的最为神圣和最为恐怖的画面创造的,"魔法""异能""神迹""恩赐"的想象也是源于日常生活中的风、雨、雷、电,日食月食,地震火山等自然现象或者社会生活中发生概率极低的社会现象,这些反映形式概括了宗教有神论思想中一切"超人间力量"的现象。

其次,教师可以立足教材,适当拓展讲授宗教的发展规律。2018年版教材阐述了宗教的产生,指出"宗教最初是被压迫者对现实苦难的叹息和抗议,而后被统治阶级所利用,成为其统治被压迫者的思想工具"③。但教材对宗教的发展着墨不多,只描述了宗教的产生及其在阶级社会的发展,并未详尽阐述宗教在走出阶级社会,进入社会主义社会之后的发展,阐述宗教在社会主义中国的发展。对此,"原理"课教师可以立足于教材,指出在社会主义社会,宗教由于其自然根源、社会根源和认识根源的存在,还会继续长期存在,但随着社会的发展、科技的进步和无神论宣传教育的普及,宗教将最终走向消亡。针对这些问题,教师可以选用合适的例子来进一步阐述宗教在社会主义中国的

---

① 《圣经》记载:"灯台中间有一位好像人子,身穿长衣,直垂到脚,胸间束着金带"(启示录1:13),这是一种典型的中世纪哲人贵族形象,因为"耶稣生活的时代,富人出席特殊场合会身着长袍,以显示自己的崇高地位";"不修边幅,衣冠不整,胡须满面被认为是哲人们异于他人的标签。古罗马新斯多葛派哲学家爱比克泰德则认为,这种形象是'顺应大自然'的表现"(参见《耶稣究竟长啥样?》,纪宪美、柳文平译,中国日报网(http://www.chinadaily.com.cn/interface/yidian/1083961/2016—01—20/cd_23167003.html),2016年1月20日。

② 《圣经(精读本):旧约》,香港:牧声出版有限公司2012年版,第9页。

③ 《马克思主义基本原理概论》,高等教育出版社2018年版,第110页。

存在与发展，引导学生科学认识宗教存在的长期性和消亡的必然性，加深学生对宗教产生、发展和消亡规律的理解。

（二）在"概论"课中引导学生准确把握"坚持我国宗教的中国化方向"

"坚持我国宗教的中国化方向"是党的十八大以来"民族宗教工作创新推进"[①]的重要内容，也是马克思主义无神论宣传教育的主要观点。这部分内容体现在2018年版"毛泽东思想和中国特色社会主义理论体系概论"[②]教材和教程中，但教材的阐述是简短而凝练的，教师还需要运用辩证唯物主义和历史唯物主义的世界观和方法论，围绕教材做更为深入的解读。

教材指出："无论本土宗教还是外来宗教，都要不断适应我国社会发展，充实时代内涵。"[③]这是马克思主义关于宗教发展的规律，也是宗教中国化的实践路径，其内涵在于我国所有的宗教都要主动改变自身以适应中国社会。在这个过程中，党和政府所起的作用是"引导"而非"指导"，即"各级党委和政府要重视和支持宗教界的这种努力，同时要启发和引导宗教界人士自己来进行，不能由我们越俎代庖"[④]，宗教界在其中所起的作用是"主动"而不是"不动"，拒绝"适应"或者等待社会主动来适应其宗教，最终将会被社会所抛弃。在我国历史上，来自波斯的摩尼教因其教义教规与中国社会格格不入而逐渐消亡，来自叙利亚的景教因其宗教思想适应不了中华文化而退出了中国，

[①] 习近平：《决胜全面建成小康社会 夺取新时代中国特色社会主义伟大胜利——在中国共产党第十九次全国代表大会上的报告》，《人民日报》2017年10月28日。

[②] 相比2015年版，新教材增加了习近平总书记关于"坚持我国宗教的中国化方向"的重要论述。2018年版《毛泽东思想和中国特色社会主义理论体系概论》教材删掉了2015年版第十一章第三节中"宗教……在社会主义社会也将长期存在""全面贯彻党的宗教信仰自由政策""我国实行政教分离原则"三段论述，在第十章第二节"发展社会主义民主政治"中增加了"坚持我国宗教的中国化方向"一段论述。这一段概括了党的十八大以来习近平总书记关于"坚持我国宗教的中国化方向"的重要论述，包括党的十九大报告中关于宗教工作基本方针的新表述、在全国宗教工作会议上提出的宗教中国化的具体路径、在中央统战工作会议上提出的宗教工作新要求，其内容覆盖完整、逻辑层层相扣、语言高度凝练。

[③] 《毛泽东思想和中国特色社会主义理论体系概论》，高等教育出版社2018年版，第219页。

[④] 《江泽民文选》第3卷，人民出版社2006年版，第388页。

而来自印度的佛教因其宗教思想和教义教规的阐释能够不断适应中国社会的发展而逐渐融入中国社会，成为与"儒""道"并列的三教之一。可以看出，宗教主动适应所在的社会是其自身的规律和历史的必然，也正因如此，新时代的宗教工作只有坚持我国宗教的中国化方向，才能够"导"之有方、"导"之有力、"导"之有效。

（三）在"基础"课中引导学生全面理解党的宗教信仰自由政策

2018 年版的"思想道德修养与法律基础"① 课教材和教程着重强调了党的宗教信仰自由政策。宗教信仰自由是我们党对待和处理宗教问题的一项长期的基本政策，蕴含着马克思主义无神论的观点，体现了马克思主义政党对待宗教问题的态度，因而也是需要深入讲解的内容。

为了深入阐述这一教学重点，教师可以从经典作家的论述切入，引导学生全面正确地理解党的宗教信仰自由政策。马克思曾经指出："资产阶级的'信仰自由'不过是容忍各种各样的宗教信仰自由而已，工人党则力求把信仰从宗教的妖术中解放出来。"② 这一论断科学地揭示了无产阶级政党和资产阶级政党宗教信仰政策的本质区别，资产阶级政党的"宗教信仰自由"政策并没有实现真正的自由，它只保护信仰各种宗教的自由，无产阶级政党不但保护信仰各种宗教的自由，也保

---

① 比起 2015 年版教材，2018 年版《思想道德修养与法律基础》关于党的宗教信仰自由政策的内容变化较大，新教材更加强调了"宗教信仰自由"。2015 年版教材将党的宗教信仰自由政策相关内容归于第八章第二节"我国宪法法律规定的权利与义务"的第五部分"宗教信仰及文化权利与义务"，2018 年版教材删去了"宗教信仰权利与义务"这一标题和主要内容的叙述，只保留了"宗教信仰自由"的内容，并将其与文化教育权合并为一个自然段，归于第六章第六节"依法行使权利与履行义务"的第二部分"依法行使法律权利"。章节的改变使得教材逻辑和内容归属更为合理，但内容的删减凝练并不意味着党的宗教信仰自由政策不重要，反而更加突出了它的重要性。2015 年版教材总字数为 19 万字，而 2018 年版教材只有 16 万字，许多内容在新教材中都是以非常简要的形式呈现出来的，所以必然会有一部分内容的删减凝练。老版中比"宗教信仰权利与义务"分量更重的"文化教育权利与义务"在新版中仅保留两句话，这种对比更加突出了"宗教信仰自由"的重要性。此外，新版删去了"宗教信仰权利与义务"的所有表述，新增"赋予公民宗教信仰自由的目的在于保障精神自由，不能借此宣传邪教和迷信思想"一句话，也突出了"宗教信仰自由"中"自由"二字的内涵。

② 《马克思恩格斯选集》第 3 卷，人民出版社 2012 年版，第 376—377 页。

护不信仰宗教、宣传无神论的自由，即"任何人都有充分自由信仰任何宗教，或者不承认任何宗教，就是说，像通常任何一个社会主义者那样做一个无神论者。在公民中间，完全不允许因为宗教信仰而产生权利不一样的现象"①。因而，只有无产阶级领导的社会主义国家才能实现真正的宗教信仰自由，其实质正如教材中所指出的那般："公民既有信仰宗教的自由，也有不信仰宗教的自由；有信仰这种宗教的自由，也有信仰那种宗教的自由；在同一宗教里，有信仰这个教派的自由，也有信仰那个教派的自由；有过去信教而现在不信教的自由，也有过去不信教而现在信教的自由。"②

为深入阐述这一政策，教师可以参考党的《关于我国社会主义时期宗教问题的基本观点和基本政策》和《中华人民共和国宪法》，还有新修订的《宗教事务条例》的相关论述。③ 正是因为实现了真正的宗教信仰自由，我国的信教和不信教群众、信仰不同宗教的群众才能够和睦相处，这与世界上其他部分地区的宗教冲突、教派纷争此起彼伏、人民离乱形成了鲜明的对比。可以看出，党的宗教信仰自由政策在保证公民能够依法自由地选择信仰的同时，也保证了公民的这种自由不受他人同等自由的侵犯，正是这一符合我国国情的政策，将广大信教和不信教公民、信仰不同宗教的公民团结起来，共同奋斗。

（四）在"纲要"课中引导学生系统了解境外宗教渗透的本质及其政治图谋

在我国近现代史上，基督教、天主教曾长期被资本—帝国主义控制和利用，成为它们侵略和殖民中国的工具。在新中国成立后，我国宗教摆脱了帝国主义的控制，走上了"自治、自养、自传"的道路。然而，近年来，随着全球范围内宗教保守主义的复兴和我国经济社会的快速

---

① 《列宁专题文集·论辩证唯物主义和历史唯物主义》，人民出版社2009年版，第220页。
② 《思想道德修养与法律基础》，高等教育出版社2018年版，第189页。
③ 参见《关于我国社会主义时期宗教问题的基本观点和基本政策》，《中华人民共和国宪法》第三十六条第二款（《中华人民共和国宪法》，法律出版社2018年版，第66页），《宗教事务条例》第四条（《宗教事务条例》，中国法制出版社2017年版，第3页）。

发展，境外敌对势力加紧利用宗教对我国进行渗透，试图重新控制我国宗教，改变我国的社会制度和发展道路。为实现其政治图谋，他们将大学生视为重点目标，将校园传教视为重要渠道，试图同社会主义争夺未来事业的接班人，从理论大厦底层改变我国大学的马克思主义底色，而个别学生也因认识不清而被利诱参加传教活动。高校是意识形态的前沿阵地，思想政治理论课是高校思想政治工作的核心课程，也正因如此，在"中国近现代史纲要"课中引导学生系统了解境外宗教渗透活动的本质及其图谋，对于增强大学生自觉抵御境外宗教渗透的能力有着重大的现实意义。

首先，教师可以通过对史实的阐述，引导学生了解境外宗教渗透活动的侵略本质。《中国近现代史纲要》教材[①]在第一章第一节"资本—帝国主义对中国的侵略"的第四部分"文化渗透"开篇点明了境外宗教渗透本质上是"披着宗教外衣，进行侵略活动"[②]。教材列举了西方传教士打着宗教活动的旗号所实施的侵略活动，包括德国传教士郭士立的间谍活动和鼓吹侵略行径，法国传教士孟振生擅自增添条约条款事件，俄国传教士为英法联军提供地图事件。此外，还列举了19世纪60年代后外国传教士的种种不法活动。教师可以从这些内容出发，搜集丰富的史料，制作生动的课件，通过对真实历史事件的讲述，引导学生认识到这些传教士的宗教活动本质上都是受资本—帝国主义控制的侵略活动。也正是因为传教士们的侵略行径，激起了中国人民从"天津教案"到"非基督教运动"等一次又一次的反抗和斗争，并最终为我国宗教彻底摆脱帝国主义的控制，走上自治自养自传和独立自主自办的道路奠定了坚实的基础。

其次，教师可以通过目的剖析，引导学生了解境外宗教渗透活动的政治图谋。教材在第一章第一节开头便指出了资本—帝国主义列强宗教

[①] 除了排版有些变化，2018年版《中国近现代史纲要》教材并未改动2015年版教材关于境外宗教渗透的内容。

[②] 《中国近现代史纲要》，高等教育出版社2018年版，第30页。

渗透的目的，"资本—帝国主义的文化渗透活动，有许多是披着宗教外衣、在传教的名义下进行的"；"其目的是宣扬殖民主义奴化思想，麻醉中国人民的精神，摧毁中国人的民族自尊心和自信心"。[①] 教材随后列举了英国传教士李提摩太和美国传教士林乐知美化帝国主义侵略，宣扬殖民主义奴化思想，企图影响中国的政治方向等行径。可以看出，境外宗教渗透活动的政治图谋在于殖民中国，然而，一段时间以来，有观点认为西方传教士为中国带来了近代文明，认为"鸦片战争一声炮响，给中国带来了近代文明"，甚至有人说"中国国土大，当100年不够，要当300年殖民地才能实现近代化"。这是历史虚无主义的观点，教师可以在课堂上有针对性地澄清这些观点，指出"尽管有的传教士来中国的动机是出于传教热忱，客观上为促进中外文化做了一些事情，但传教事业是仰赖殖民势力的扩张得以开展的，在其根本利益与中国发生矛盾时，传教士们自觉不自觉、有意无意地总是站在殖民者的立场上，成为殖民者的帮凶"[②]，他们传教从根本上讲是为本国政府征服中国提供服务的。这是一项长期的政治图谋，即便是在我国综合国力显著增强的今天也没有放弃，所以当代大学生应当特别警惕别有用心的非法校园传教活动，尤其警惕那些打着"学英语、交朋友"旗号与大学生攀谈并发放宣传资料的传教活动。此外，教师还可以拓展更多的内容，列举当前境外宗教渗透的新手段和新形式，进而有效增强当代大学生抵御境外宗教渗透的能力。

五　党校（行政学院）

党校教育不同于国民教育，它是我们党培养干部的阵地。习近平总书记指出："共产党员要做坚定的马克思主义无神论者，严守党章规定，坚定理想信念，牢记党的宗旨，绝不能在宗教中寻找自己的价值和

---

① 《中国近现代史纲要》，高等教育出版社2018年版，第30页。
② 王作安：《中国的宗教问题和宗教政策》，宗教文化出版社2010年版，第179页。

信念。"① 各级党校和行政学院应在主体班次中旗帜鲜明地普及马克思主义无神论。主体班次是由组织部门调训的各级别层次的干部进修班，多是培训时间在一个月以上的进修班、培训班、专题研讨班和师资培训班等。主体班次代表着党校的性质、任务和办学方向，我们在各主体班次中规划无神论的内容，具体来说分为以下几个方面。

（一）开出基本篇目：引导学员读原著、学原文、悟原理

"学习理论最有效的办法是读原著、学原文、悟原理。"② 党校无神论宣传教育也应由此切入，引导学员学习研究马克思主义经典著作中所涉及的宗教与无神论的经典篇目，深入体会其中所蕴含的立场、观点、方法。

为此，首先，我们可以从经典篇目中学习马克思主义"世上无神"的基本立场。马克思主义"完全继承了法国18世纪和德国19世纪上半叶费尔巴哈的唯物主义历史传统，即绝对无神论的、坚决反对一切宗教的唯物主义的历史传统"③，这决定了马克思主义"世上无神"的基本立场。为了深入体会这一立场，党校各主体班次可以有选择地开出基本篇目。比如，通过学习马克思《关于费尔巴哈的提纲》，马克思和恩格斯《德意志意识形态》来体会社会生活的实践性和"有神"观念的虚幻性；通过学习恩格斯《自然辩证法》和《反杜林论》、列宁《唯物主义和经验批判主义》来深入理解世界的物质统一性原理；通过学习恩格斯《路德维希·费尔巴哈和德国古典哲学的终结》来学习近代哲学的基本问题和马克思主义哲学的"无神"起点。

其次，从经典篇目中学习马克思主义"宗教有神"的主要观点。只看见物质世界中无神，看不见意识领域有神、社会生活中有宗教，是片面的、主观的。党员领导干部不但要坚持"世上无神"的基本立场，

---

① 《习近平在全国宗教工作会议上强调：发展中国特色社会主义宗教理论 全面提高新形势下宗教工作水平》，《人民日报》2016年4月24日。
② 《习近平在中央党校（国家行政学院）中青年干部培训班开班式上发表重要讲话强调：在常学常新中加强理论修养 在知行合一中主动担当作为》，《人民日报》2019年3月2日。
③ 《列宁选集》第2卷，人民出版社2012年版，第247页。

还要理解为什么"宗教有神",掌握马克思主义关于宗教的本质及其产生、发展、消亡的主要观点。为此,党校可以有针对性地开出相关篇目。比如,马克思的《〈黑格尔法哲学批判〉导言》深刻揭示了宗教的本质;恩格斯的《反杜林论》《路德维希·费尔巴哈和德国古典哲学的终结》不但揭露了宗教的本质,还总结了其产生、发展、消亡的客观规律;恩格斯的《布鲁诺·包威尔和原始基督教》详尽阐述了基督教一步步发展为世界宗教的历程;江泽民的《论宗教问题》阐述了宗教在社会主义社会中存在的根源及其消亡的条件;习近平的《发展中国特色社会主义宗教理论 全面提高新形势下宗教工作水平》揭示了马克思主义政党认识和处理宗教问题的方略。

最后,从经典篇目中学习马克思主义认识和处理宗教问题的科学方法。"世上无神"和"宗教有神"是马克思主义无神论研究的主要矛盾。只看到"宗教有神",强调宗教有神论存在的必然性和长期性,而无视"世上无神"这一基本事实和基本立场,也不能从客观实际出发正确地认识和处理宗教问题。为此,党员干部还应集中学习马克思主义政党认识和处理宗教问题的科学方法。比如,马克思在《哥达纲领批判》中提出了马克思主义政党的宗教信仰自由政策并阐述其实质;列宁在《社会主义和宗教》《论工人政党对宗教的态度》《第二国际的破产》中阐述了马克思主义政党对待宗教问题的态度和马克思主义政党的宗教政策;列宁的《论战斗唯物主义的意义》还提出了无神论宣传教育的基本方法。关于当代中国的宗教问题和宗教政策,江泽民的《论宗教问题》有着详尽的阐发,习近平总书记在《发展中国特色社会主义宗教理论 全面提高新形势下宗教工作水平》中提出并科学地论述了中国特色社会主义宗教理论,在《坚持我国宗教中国化方向 积极引导宗教与社会主义社会相适应》中提出并系统阐释的新时代党的宗教工作理论,这些经典篇目值得广大党员干部学习和研究。

(二)坚持问题导向:解答学员思想上的疙瘩

理论指导实践,实践丰富理论。马克思主义无神论绝不只是书本上的学问，而是来自实践又指导实践的行动指南。党校培训的学员，多是来自各个部门、各种岗位和各条战线的领导干部。这些干部长期在基层、长时间在一线处理具体事务，不少人对宗教工作的实际情况有着比较深入的了解，积累了较为丰富的宗教工作经验。在培训的时候，如果只是进行理论和知识上的"灌输"，就难以达到"学有所指""教有所促"的培训效果。所以，党校培训必须把理论实在化、知识具体化，始终坚持问题导向，用具体问题剖析的方式来消除学员们思想上的疙瘩。只有将马克思主义无神"论"与学员实际工作中所遇到的"问题"结合起来，才能收到最大的教育效果。

为此，党校应发扬理论联系实际的马克思主义学风，运用马克思主义无神论，解答学员们普遍关注的，思想上感到困惑的，工作中觉得棘手的问题。例如，宗教问题是怎么产生的？如何认识和处理邪教问题？为什么很多人，包括一些接受过高等教育的人，一些教授、博士、硕士也虔诚地信仰宗教？命运可否预测？天命可否改变？为什么有的人热衷于算命、算卦？在科技发达的当下，为什么仍然有那么多的人信仰宗教？为什么有的科学家也信教？党的宗教信仰自由政策是怎么来的？封建迷信为什么要破除？倘若不能针对这些学员们关心的问题给予科学的回答，必然会影响无神论宣传教育的效果。

再如，如何看待公民享有宗教信仰自由和共产党员不得信教的关系问题？如何看待信徒不得入党问题？如何看待"政治信仰"和"宗教信仰"不得并存问题？这些问题与党员干部世界观"总开关"密切相关，对它们的澄清关乎党的先进性和纯洁性建设，理应予以重点回答。如何把握宗教存在的长期性和最终消亡的必然性？如何理解我国宗教的社会作用，最大限度发挥宗教的积极作用、抑制消极作用？如何支持我国宗教的中国化方向，不断提高宗教与社会主义社会相适应的广度和深度？如何构建积极健康的宗教关系？如何提高宗教工作法治化水平，依法正确处理宗教领域各种矛盾和问题？这些问题的澄清关乎我国宗教工作的成败，也应予以重点回答。最后，如何把握无神论宣传教育的尺度？如何掌握无神论宣传教育的艺术和方法？这些问题关系到能否始终保持马克思主义无神论作为主流意识形态在人民群众思想中占据主导地位，理应予以重点讲解。除此之外，对其他党员干部和群众普遍关注的宗教问题，都要运用马克思主义无神论，从历史和现实、理论和实践的结合上作出令人信服的回答。

真理、唯物主义、无神论从来都是在对谬误、唯心主义、有神论的揭露和批判中得到发展的。在当前，对党员及领导干部进行马克思主义无神论教育，要坚持问题导向，选好切入点，使党员干部在解开心中疑惑的过程中受到教育，提高觉悟。

（三）善用反面典型：开展精神上"缺钙"和"不问苍生问鬼神"的警示教育

无神论是马克思主义理论大厦最底层、最基础的思想。倘若抽掉了这一"基础"，共产党员的马克思主义信仰、社会主义和共产主义信念，就会动摇，"精神上就会'缺钙'，就会得'软骨病'，就必然导致政治上变质、经济上贪婪、道德上堕落、生活上腐化"[①]。近年来，查处的一些贪腐的党员干部，他们的失足与不讲唯物讲唯心，不信马列信宗教，不问苍生问鬼神，最终丧失理想信念，是有极大关联的。2015年落马的铁道部原部长刘志军，长期在家烧香拜佛，办公室放"靠山石"，笃信风水，在一些工程开工之前请风水先生选定奠基时间，以求吉利；2015年落马的四川省委原副书记李春城将家里老人坟墓从东北迁往都江堰，聘请风水先生做道场等，花费千万元公款；2018年落马的四川省旺苍县原经济商务和信息化局局长痴迷于"修道""修仙"，请"道长"到办公室"做法事"以求平安。

这些鲜活的案例对党员干部的触动是深刻而直接的，各级党校可以善用反面典型，联系个别党员干部因为信仰宗教而造成思想滑坡的案例，联系个别党员干部因为"迷信大师"而贪污腐败的案例，有针对性地批判有神论思想，坚定共产党员的理想信念。比如，教员可以结合

---

① 习近平：《在全国党校工作会议上的讲话》，《求是》2016年第9期。

反面典型的心理轨迹，分析放弃了无神论世界观的党员干部是如何一步步落马的。以周本顺为例。周本顺在落马后谈到求神拜佛时的心态，希望自己的腐败行为能够"得到安抚""得到保护"，周本顺在多处住所内均摆设了佛堂佛龛，每逢初一、十五和相关佛教节日都按时烧香拜佛，他见佛就拜，进庙就塞钱，甚至家里养的一只乌龟死后，竟然还专门为此手抄经文连同乌龟一起下埋，面对自身的不干不净，周本顺掩耳盗铃、自欺欺人，不但不遵守组织纪律，反而寄望于鬼神的保佑，大搞迷信活动，最终落马。

警示之钟，声声紧敲，以反面典型为戒，能够知敬畏、明底线、受警醒。党校的警示教育可以让党员干部揽镜自照，自警自省，自觉树立起马克思主义无神论的世界观，因而也是无神论宣传教育的主要途径。

第三节　社会宣传：积极拓展多维度多层次的宣传载体

社会宣传是马克思主义无神论宣传教育的重要阵地，在这块阵地上，"我们不讲唯物论，就会有人出来讲唯心论……与我们争夺思想阵地；我们不讲无神论，就会有人出来讲有神论……与我们争夺群众"[①]。为了抵御境外宗教势力对我国进行的思想文化渗透，巩固全党全国人民团结奋斗的共同思想基础，马克思主义无神论宣传教育工作还要走出象牙塔，走进广大人民群众中，积极探索面向社会的多维度多层次宣传载体。

一　融入群众性精神文明创建活动

群众性精神文明创建活动实质上就是社会主义精神文明建设理论转化为人民群众的社会实践的基本形式，马克思主义无神论宣传教育活

---

① 《反面的教材　现实的课题——处理和解决"法轮功"问题引起的思考》，《人民日报》1999 年 8 月 23 日。

动也是群众性精神文明创建活动的重要内容。新中国成立以来，中国人民自觉实践、主动参与到移风易俗、改造社会的群众性精神文明创建活动中，极大地提高了国民素质和社会文明程度，推动了社会主义精神文明建设。党的十八大以来，以习近平同志为核心的党中央高度重视群众性精神文明创建活动，先后出台了多份文件，其中多次强调了无神论宣传教育。《关于深化群众性精神文明创建活动的指导意见》提出："开展科学世界观和无神论教育，反对封建迷信和邪教，抵制愚昧落后。"[①]《新时代公民道德建设实施纲要》提出："要提倡科学精神，普及科学知识，抵制迷信和腐朽落后文化，防范极端宗教思想和非法宗教势力渗透。"[②] 鉴于此，可以将无神论宣传教育融入群众性精神文明创建活动之中，丰富无神论宣传教育的载体，拓宽无神论宣传教育的广度。具体来说，可以从以下几方面入手。

（一）同普及科学知识、提高全民科学素质结合起来

《关于深化群众性精神文明创建活动的指导意见》指出，提高国民素质应当"普及科学知识、弘扬科学精神、传播科学思想、倡导科学方法"[③]。《关于进一步加强马克思主义无神论研究和宣传教育工作的通知》也阐明，马克思主义无神论宣传教育要"围绕宣传科学思想、弘扬科学精神、普及科学知识、传播科学方法的主题来进行"[④]，将两者有机结合起来，将马克思主义无神论的立场、观点、方法贯穿于普及科学知识、提高全民科学素质的行动计划中。

为此，我们可以将当前最新的自然科学研究成果和科学技术知识宣传出去。比如，将天文物理学中的最新的理论成果，如宇宙大爆炸理论的最新进展，宇宙大爆炸理论的通俗讲解宣传出去，以驳斥"上帝创世说"；比如，将生物学和医学的最新理论成果传播出

---

① 《关于深化群众性精神文明创建活动的指导意见》，《人民日报》2017年4月6日。
② 《新时代公民道德建设实施纲要》，人民出版社2019年版，第18页。
③ 《关于深化群众性精神文明创建活动的指导意见》，《人民日报》2017年4月6日。
④ 《关于进一步加强马克思主义无神论研究和宣传教育工作的通知》，载《中国精神文明建设年鉴（2005）》，学习出版社2007年版，第105—107页。

去，让人们在了解身体与精神的奥秘的同时，深化对"生物进化论"的认识，以反驳"智能设计论"；比如，将量子力学中的一些较为浅显的常识，以通俗的语言传播出去，以驳斥"量子佛学""量子神学"。除此之外，我们还应当大力宣传现代工业文明的成功，宣传近年来的"大国重器""超级工程""军事科技"以及"工匠精神"，宣传第四次工业革命的最新进展，以此增强人们把握自然异己力量的自信，自觉抛弃对自然异己力量的崇拜和"神化"，进而增强对有神论思想的抵御能力。

（二）同普及法律法规知识、增强法治意识结合起来

普及党的宗教政策和宗教方面法律法规是无神论宣传教育的重要内容，普及法律知识、增强法治意识也是群众性精神文明创建活动的重要任务，我们可以以此为切入点，将两者结合起来。新中国成立以来，党和国家出台了多项宗教政策，如《关于我国社会主义时期宗教问题的基本观点和基本政策》；多部宗教方面的法律法规，如《宗教事务条例》；多部具体法规，如《中华人民共和国境内外国人宗教活动管理规定实施细则》；还有其他法律法规中关于宗教的规定，如《中华人民共和国宪法》第二十四条、第三十六条，《乡村振兴战略规划（2018—2022年）》第二十六章，《高等学校接受外国留学生管理规定》和《中华人民共和国反恐怖主义法》相关内容；各部门各地区制定的有针对性的法规，如《新疆维吾尔自治区宗教事务条例》《新疆维吾尔自治区去极端化条例》等。

围绕这些政策法律法规，我们可以在不同地区、不同群体中开展有针对性的法治宣传，教育引导广大干部群众正确认识和处理国法与教规的关系，树立法治观念。比如在边疆地区、民族地区，我们可以有重点地讲解普及宪法中"任何人不得利用宗教进行破坏社会秩序、损害公民身体健康、妨碍国家教育制度的活动。宗教团体和宗教事务不受外国势力的支配"[①]，以及《宗教事务条例》中关

[①] 参见《中华人民共和国宪法》第三十六条。

于极端主义和宗教渗透相关规定，引导群众自觉警惕恐怖势力、极端势力利用宗教对边疆地区和民族地区的渗透。在内地的城市、农村和城乡接合部，重点宣传任何宗教组织和教徒不应当在宗教场所以外的地方进行宗教活动和传教、基督教私设聚会点与家庭聚会的区别、不允许强迫18岁以下少年儿童入教、合法宗教活动与非法宗教活动的区别。在党员干部群体中宣传党的宗教政策、共产党员不能信仰宗教以及党的宗教工作基本方针，即"全面贯彻党的宗教信仰自由政策，依法管理宗教事务，坚持独立自主自办的原则，积极引导宗教与社会主义社会相适应"。在大中小学宣传共青团员、共产党员不能信仰宗教，宣传国家法律规定的教育与宗教相分离政策。此外，各地区各部门依据自己的实际情况，要普及本地区制定的法律法规。在此基础上，引导人们自觉抵制宗教极端主义和境外宗教渗透的精神诱惑，自觉维护包括不信仰宗教、宣传无神论在内的公民宗教信仰自由权利。

（三）同移风易俗、树立文明新风结合起来

移风易俗，即改变旧的风俗和习惯。开展移风易俗、弘扬时代新风是群众性精神文明创建活动的重要内容，其目标任务和无神论宣传教育是一致的，两者可以结合起来，共同实施。比如，《中共中央、国务院关于实施乡村振兴战略的意见》明确指出，开展移风易俗行动应当"广泛开展文明村镇、星级文明户、文明家庭等群众性精神文明创建活动。遏制大操大办、厚葬薄养、人情攀比等陈规陋习。加强无神论宣传教育，丰富农民群众精神文化生活，抵制封建迷信活动"①。为此，我们可以在农村地区加强对封建迷信和陈规陋习危害性的宣传报道，加大曝光力度，传播文明新风。社区也可以利用电子显示屏、户外公益广告、微博微信、文化宣传栏等加大对文明新风的宣传力度。还可以发挥"三讲三评"活动的作用，鼓励驻村工作队发挥作用，帮助人们养成良好的行为习惯，科学合理地进行体育锻炼、保健

---

① 《中共中央、国务院关于实施乡村振兴战略的意见》，《人民日报》2018年2月5日。

养生、饮食起居、观光旅游、休闲娱乐。此外，还可以发挥好村镇文体团队的作用，以农民群众喜闻乐见的戏曲、小品、三句半等文艺作品形式展示封建迷信的危害性，通过百姓舞台天天演以及文化、科技、卫生"三下乡"等活动，让更多的农民群众了解封建迷信的危害性，进而树立起崇尚科学文明、反对愚昧迷信、抵制歪理邪说的健康风气和良好的社会氛围。

二　用好各种大众传播媒介

大众传播媒介指的是在信息传播过程中处于职业传播者和大众之间的媒介体，具有直接面向群众，信息传播迅速，覆盖面广，影响力大的特点。充分利用广播、电视、报刊、互联网等大众传播媒介各自的优势，传播渗透无神论立场和知识的电影、电视剧、书籍、文章，是开展马克思主义无神论宣传教育的重要途径。具体来说，分为以下几个方面。

（一）广播电视

广播电视是通过无线电波或通过导线向广大地区播送音响、图像节目的传播媒介，统称为广播。只播送声音的，称为声音广播；播送图像和声音的，称为电视广播。作为现代化的大众传播媒介，电视广播具有形象化（以声音和图像的形式来传递信息）、及时性（以电波传播的速度来传送信息）、广泛性（覆盖范围广泛）的特点，能够及时地宣传党的宗教政策法规，传播现代科学技术知识，批判迷信邪教等不正之风，因而也是马克思主义无神论宣传教育的优良载体。

在实践中，广播电视可以通过办好科教栏目、节目的方式来宣传马克思主义无神论。以 CCTV-10 科教频道为例。中央电视台科教频道是在"法轮功"事件之后建立的，是以教育、科学、文化题材为内容的电视频道。作为覆盖全国的最重要的科教类电视频道，CCTV-10 为弘扬科学精神、普及科学知识打造了多款明星科教栏目。在现有的 20 个栏目中，有自然科学常识普及栏目 11 个，文化历史普及栏目 6 个，综合类栏目 3 个。① 这些科普栏目多是从人民日常生活出发，选题贴近生活，内容引人入胜，科普通俗易懂，多层次、多维度、立体地传播了科学知识，弘扬了科学精神，倡导了健康文明的生活方式，已然成为马克思主义无神论宣传教育的品牌栏目，是马克思主义无神论宣传教育的重要渠道。

其他频道、电视台可以借鉴 CCTV-10 的成功经验，打造类似的科普栏目，弘扬科学精神、批判鬼神迷信。比如，CCTV-9 或者 CCTV-6 也可以引进放映宣传无神论的电影、电视剧。如电影《偶滴神啊》，这部电影以反讽和戏谑的方式批判了印度的宗教问题和鬼神迷信，此类电影电视剧也可以帮助人们树立起无神论的世界观。

但值得注意的是，当下热播的不少科普栏目较多地关注科学知识普及，较少涉及有神批判。倘若在科学普及中融入更多诙谐日常、通俗易懂的批判性内容，有针对性地剖析、批判一些迷信观念，势必能够取得更好的无神论宣传教育效果。

(二) 书籍报刊

报刊、书籍是印刷类的大众传媒，它有自己独特的传播优势：一是信息详细；二是可选择性强；三是可保留性好。人们在阅读这类印刷材料的时候，可以随时随地查阅自己感兴趣的内容，而不必等待电视、广播播放的简短内容。这些特点使得报刊、书籍有着广播、电视媒介无法替代的传播效果，因而可以作为马克思主义无神论宣传教育的载体。

为此，一方面我们要办好报刊的无神论理论专栏、专题。报纸的发行量较大，因而传播效果也比较显著，我们可以将宣传无神论、破除迷信的内容融入报刊的理论专栏、专题中，以期收到较好的宣传教育效

---

① 分别为科普类的《时尚科技秀》《健康之路》《自然传奇》《地理中国》《科学动物园》《解码科技史》《创新进行时》《实验现场》《科幻地带》《探索·发现》《透视新科技》，文史类的《百家讲坛》《中国诗词大会》《读书》《百家说故事》《跟着书本去旅行》《考古公开课》，综合类的《味道》《欣赏》《人物·故事》。这些节目各具特色，科普栏目除了关注社会生活中焦点、热点、疑点、难点及新现象，对科学事件进行真实记录，通过科学实验、实际验证等方式，对生活中的疑点和困惑给予科学的解释外，还引进、编译国外优秀节目。文史类节目通过走近文化古迹、实地实景讲故事等方式普及历史文化知识。

果。以《环球时报》为例。2016年9月8日至12日,《环球时报》先后刊发了时任全国政协民族和宗教委员会主任朱维群的文章《无神论宣传过头了吗》——强调了在无神论宣传工作中坚持"宗教信徒不可入党"的必要性;时任全国政协文史和学习委员会副主任叶小文的文章《答〈无神论宣传过头了吗〉》——在肯定无神论宣传工作松不得的前提下,主张不能过于激进;时任中国无神论学会理事长、中国藏学研究中心原党组书记、研究员朱晓明的文章《对无神论,既要坚持更要积极宣传》。这三位高级干部和业内人士在发行量巨大的《环球时报》上进行学术探讨,不但丰富了我们对于党的无神论宣传工作的认识,而且"把久疏战阵的无神论话题拉回公众视野"[1],使得"无神论"这一"敏感话题"和"濒危学科"重新回到公众的视野,对马克思主义无神论宣传教育工作起到了显著的推动作用。

另一方面,继续翻译、出版、发行无神论书籍。列宁曾经指出:

> 恩格斯早就嘱咐过现代无产阶级的领导者,要把18世纪末战斗的无神论的文献翻译出来,在人民中间广泛传播……指出人类从18世纪末以来对宗教的科学批判所取得的进步,指出有关的最新著作等等。[2]
>
> 18世纪老无神论者所写的那些泼辣的、生动的、有才华的政论,机智地公开地抨击了当时盛行的僧侣主义,这些政论在唤醒人们的宗教迷梦方面,往往要比那些文字枯燥无味,几乎完全没有选择适当的事实来加以说明,而仅仅是转述马克思主义的文章要合适千百倍……[3]

这项工作一直在做,比如商务印书馆在2012年11月出版发行了罗

---

[1] 朱晓明:《对无神论,既要坚持更要积极宣传》,《环球时报》2016年9月12日。
[2] 《列宁选集》第4卷,人民出版社2012年版,第648页。
[3] 《列宁选集》第4卷,人民出版社2012年版,第649页。

素的《为什么我不是基督教徒》，读者对此书的反响不错。[①] 但我们不能止步于"大师畅销书"，着眼于经济效益，"要密切注意用各种文字出版的一切有关文献，把这方面一切多少有些价值的东西翻译出来，或者至少摘要介绍"[②]，进一步翻译、出版、发行能带来更大社会利益的无神论著作。比如，列宁推荐过的罗·尤·维佩尔的《基督教的起源》和阿尔图尔·德雷夫斯的《基督神话》，霍尔巴赫的《揭穿了的宗教》，罗素的《为什么我不是基督教徒》，狄德罗的无神论著作《给有限的人读的盲人书简》《科学、美术与工艺百科全书》，拉美特利的《心灵的自然史》，爱尔维修的《论精神》《论人的理智能力和教育》，这些"法兰西精神的最高成就"[③] 在200多年后的今天，仍旧闪耀着人类智慧的光芒，值得我们翻译、出版、发行出来。英国哲学家罗素《为什么我不是基督教徒》等专门抨击基督教神学的论著可以翻译出版，作为宣传教育中适当侧重采用的学习材料。

18世纪战斗无神论者和世俗人文主义者专门抨击基督教神学的论著，为我国无神论宣传教育提供了大量的材料，对当代中国的无神论研究起到了"他山之石"和"举一反三"的作用，下一步我们还应继续拓展，引进、翻译、出版、发行当代西方无神论者的优秀著作。如英国物理学家、著名的无神论者斯蒂芬·威廉·霍金的科普著作也曾被国内多家出版社先后翻译出版发行，《时间简史》《果壳中的宇宙》《大设计》《我的简史》还多次登上畅销书排行榜，对无神论宣传教育起到了很大的推动作用。除此之外，当代西方无神论者也有很多有价值的著作，国内尚未翻译出版。这些著作吸收介绍了当代最新的科学技术知识，旗帜鲜明地批判了当下流行的神学思想和种种有神论思潮，对我国的无神论宣传教育工作有着借鉴意义，也值得我们翻译、出版、发

---

① 读者评论其为"哲学经典""大师作品""通俗易懂""大开眼界""内容扎实""可读性强"，好评率达99.8%，当当自营（http://product.dangdang.com/23174383.html），2019年3月31日。
② 《列宁选集》第4卷，人民出版社2012年版，第648页。
③ 《马克思恩格斯选集》第3卷，人民出版社2012年版，第297页。

行。比如，D. Mills 的《无神的宇宙的一位思想者对基督教原教旨主义的回答》，Raphael Lataster 的《没有耶稣没有上帝的关于一神论的科学的、历史的、哲学的证据的学术考察和讨论》，Richard Carrier 的《不需要上帝的意识与美德》《耶稣的历史真实性问题——为什么我们可以有理由对此提出质疑》，S. T. Joshi 的《不信仰宗教者的现代无神论的演进》，Gary Lenaire 的《不信教者宣言的虔诚的信教者为什么会放弃宗教》，David Niose 的《不信仰宗教者的美国世俗人口的勃兴》，Phil Zuckerman 的《没有上帝的社会》《无神论与现实性》，Victor J. Sterger 的《上帝和基督教的荒谬》《无神论入门：新无神论的科学与理性的立场》，Dan Barker 的《优秀的无神论者》，John W. Lofus 的《基督教的终结》，Armin Navabi 的《上帝并不存在：对二十个上帝存在常见论证的简要回应》，Howard Bloom 的《关于上帝的问题：无神的宇宙如何开始》等。

此外，中国古代也有很多优秀的无神论著作，比如，春秋战国时期荀子的《天论》，汉朝王充的《论衡》，南北朝范缜的《神灭论》，唐朝柳宗元的《贞符》《天对》《天说》《天爵论》和刘禹锡的《天论》三卷，清朝熊伯龙的《无何集》。这些著作蕴含了我国古代无神论者的智慧，但由于年代久远、晦涩难懂，现代人较少关注它们，为此，我们应将这批书籍整理、注释、翻译、发行出来，甄选提炼其优秀思想，融入新版《中国无神论史》与《西方无神论史》中，让古人的智慧助力当代中国的无神论宣传教育事业。

（三）互联网

互联网媒体，又被称为网络媒体，是借助互联网平台传播信息的大众传媒，也是继报刊、书籍等纸质第一媒体，广播第二媒体，电视第三媒体之后的第四媒体。比起传统的一、二、三媒体，网络媒体整合了报纸、期刊、书籍、广播和电视的所有优势，融合了大众传播、个众传播、分众传播和组织传播等媒介形态，结合了文字、声音、图像等通信符号，实现了传统一、二、三媒体所没有的双向信息交流，完成了信息传播的数字化和多媒体化，有着迅捷性、交互性、开放性的特点。网络媒体有着传统媒体难以企及的传播力和影响力，习近平总书记指出："网络是一把双刃剑，一张图、一段视频经由全媒体几个小时就能形成爆发式传播，对舆论场造成很大影响。这种影响力，用好了造福国家和人民，用不好就可能带来难以预见的危害。"[①] 也正因如此，我们应当主动接触、学习、拥抱互联网媒体，建设好互联网无神论宣传平台，打造以微信、微博、门户网站为核心的网络宣传矩阵，使互联网成为无神论宣传教育的前沿阵地。具体来说，可以分为微信公众号、微博和门户网站三个阵地。

第一，建设微信公众号无神论宣传平台。微信是国内最大的移动流量平台，覆盖了国内大部分移动互联网用户且用户依赖性高。微信公众号是微信平台的衍生产品，经过数年发展，微信用户已基本养成了使用公众号的习惯，这也为无神论宣传教育提供了新的网络传播平台。以共青团中央公众号为例。自2017年以来，"共青团中央"共推送20篇各种形式的无神论宣传教育文章，每一篇的阅读量都高达数万人次，其中，《是什么让你坚定了无神论观点？低笑点者慎入！》的阅读量近10万人次，并被多个有影响力的公众号转载，阅读人数不计其数。分析这篇文章可以发现，该文并没有艰涩深奥的理论和数据，而是深入浅出，从青年日常生活中常常遇到的迷信、星座、烧香拜佛等现象切入，以表情包、诙谐段子解开他们关心、疑惑的思想疙瘩，最后以2017年网络春晚的反讽剧《无神论教》结尾，收到了较好的宣传教育效果。这种宣传效果是传统媒体难以企及的。也正因如此，我们应当重视微信公众号传播平台，精心经营原有的微信公众号平台，如"科学与无神论"期刊公众号，建立起专业的无神论宣传教育公众号，加强与其他有影响力公众号的合作，争取推送出更多有社会影响力、有理论深度的无神论作品。

第二，建设微博无神论宣传平台。新浪微博是国内广泛使用的社交

---

① 习近平：《论党的宣传思想工作》，中央文献出版社2020年版，第356页。

媒体平台，用户数量大。新浪微博原创、实时、公开、裂变的传播方式使它拥有了强大的传播力和影响力，改变了网络信息的传播方式。截至2018年6月，微博已经成为当前最受欢迎的互联网应用平台，月活跃用户数（MAUs）达到4.31亿户。微博在舆情和信息传播中所扮演的角色越来越重要，根据中国互联网络信息中心第43次《中国互联网络发展状况统计报告（2019年2月）》，浏览微博、观看微博视频、参与微博话题已经成为年轻人上网的习惯之一。[①] 正是因为微博不断增长的传播力和影响力，我们才更应当抓住这一机遇，建设微博无神论宣传平台。

为此，一方面，我们可以创建无神论宣传教育官方账号。到目前为止，微博平台上暂无无神论宣传教育的官方微博，为了创建无神论的官方微博账号，可以参考类似微博@中国反邪教的运营和宣传教育经验。@中国反邪教是公安部中央政法委员会下属的中央防范和处理邪教问题领导小组及其办公室创建的官方微博，其职责是"弘扬正能量、关注民生、崇尚科学、破除迷信、抵制邪教、共建和谐家园"，与无神论宣传教育的实践指向重合，但更加侧重于"反邪教"。在运营过程中，@中国反邪教的账号运营团队熟稔微博文化，熟悉微博传播规律，善于综合运用各种宣传方式，以贴近生活、接地气的方式宣传反邪教知识。在当时的热门舆情"欧阳娜娜回应声明"中，@中国反邪教借助舆论热度，提醒欧阳娜娜和广大艺人，"'神韵演出'由邪教一手操纵，无关传统实则洗脑！"并在微博文章中戳穿了邪教"神韵演出"的邪恶面目，取得了较好的宣传教育效果。这些官方账号的组建和运营经验都值得无神论宣传教育借鉴。

另一方面，加强官方账号与其他无神论宣传账号的互动。微博的优势在于实时互动性，加强官方账号与其他无神论宣传账号的互动可以有效地扩大宣传教育的范围。以@中国反邪教为例。除了日常的宣传

---

① 参见《中国互联网络发展状况统计报告（2019年2月）》，中国互联网络信息中心，2019年2月28日。

任务外，@中国反邪教时常与微博上宣传无神论的其他官方账号，如@共青团中央、@中国警方在线、@阿勒泰公安在线，宣传无神论的"自干五"账号，如@习五一、@蔡小心、@江宁婆婆，互动、互转、互评。这种互动有效地增加了阅读人数，扩大了影响，传播了自己的理念，值得无神论宣传教育工作者学习。

第三，建设无神论门户网站。门户网站是运用广泛的网络宣传平台，建设无神论门户网站，一方面可以利用互联网的信息资源向社会提供大量的无神论理论、知识、新闻，拓展无神论宣传教育的时空；另一方面也可以将零散分布于互联网空间的无神论宣传教育相关的知识信息、个人网站、个人博客整合起来，扩大无神论宣传教育的声量。然而，截至2019年4月，国内"宣传宗教的中文网站，则有数百甚至上千家"[①]，而宣传无神论的网站仅有"科学无神论"[②]一家。根据主页信息，该网站建立于2004年，但直到2019年，该网站内容、链接、栏目依然较少，已有栏目也不完整。比如，主页导航栏除了"科学新闻"和"学术争鸣"两个栏目外，其余10个栏目多年已经不再更新，栏目内不少文章仅有标题，没有内容，点击"论坛"，甚至直接显示"Not Found"。这一方面反映了网站运营方资金和人员的匮乏，另一方面反映了我国无神论门户网站建设的滞后。

门户网站是一个组织、一个行业、一个学科的门户，是社会大众了解本组织、本行业、本学科的窗口。倘若政策、资金、人员支持到位，则可以将无神论门户网站的建设提上议事日程。在建设过程中，我们可以借鉴诸如新浪、网易、搜狐、腾讯、新华网、人民网、凤凰网之类成熟的大型门户网站的建设经验，规划自己的建设步骤：

首先，规划内容。门户网站类型多样，有综合门户、地方门户、企业门户、学科门户，无神论门户网站应当定位为宣传普及马克思主义无神论理论、知识、资讯的学科网站。明确了这一点之后，我们就可以

---

① 李申：《中国无神论学会三十五年》，《科学与无神论》2014年第3期。
② "科学无神论"网站地址：http://www.kxwsl.com/。

开始规划网站内容。门户网站在一般情况下起到的都是信息资讯发布平台的作用，所以对网站信息的选择一定要做好归类工作。倘若网站没有对海量的信息进行清晰的分类，那么用户将无法快速地找到自己想要的内容，这样门户网站建设就失去了价值。以成熟的"科学无神论"网站为例。其主页导航栏有"主页""科学新闻""社会生活""学术争鸣""论文集锦""科学普及""民俗之窗""探索发现""奇闻怪事""气功养生""宗教问题""邪教研究""论坛""精华论坛"14个栏目，用户可以快速便捷地找到自己想要阅读的内容。

其次，突出重点。门户网站页面规划的重点在于信息版块的摆放，每个版块都需要突出重要的信息和用户最想知道的信息。所以在建设过程中，可以尽量将各个分类的最新信息和热门信息在网站首页上体现，如分类过多，可将用户最为关心的或点击量较大的信息类体现在网站最重要的位置上。

再次，设置站内搜索功能。用户来到门户网站的主要目的就是了解信息，所以在门户网站建设时必须做好站内搜索功能的开发和设计，只有这样才能满足目标用户的需求。为此，我们可以在规划网站内容时主要针对信息或产品的参数进行设置，力求满足用户通过任意参数都能够在海量信息库中搜索到自己想要的内容。

最后，建立信息管理体系。门户网站属于拥有大量信息的网站类型，所以它对于数据库要求比一般的网站高很多，网站的数据库应在保证速度及安全的同时具备处理海量数据的能力。不仅如此，门户网站在维护时每天都会有大量的信息数据发布到网站上，所以后台信息管理系统必须比其他类型网站更为强大。无神论门户网站的信息管理系统，不但应当允许用户通过网页浏览器来访问网站，获取自己需要的信息，也应当允许用户通过网站来发布自己想要公开的无神论相关资讯。值得注意的是，后台的信息管理系统应当设立智能筛选和人工审核机制，及时将违反党和国家方针政策、违反国家法律法规、有悖于常识和伦理的信息过滤掉，以此来保证无神论宣传教育导向的科学性。

以上建议多借鉴自"科学无神论"网站成熟的建设经验,"科学无神论"网站运营时间已有 15 年,积累了大量的运营建设经验。倘若条件成熟,各种支持均已到位,宣传思想部门可以借鉴其建设经验,在较短的时间内建成拥有较大影响力的大型无神论宣传教育门户网站。

第六章　当代中国马克思主义无神论宣传教育的组织保障

马克思主义无神论宣传教育既是一项长期而紧迫的重要任务，又是一项复杂而艰巨的系统工程。组织实施这项工作，需要各级党委的高度重视、各部门之间的团结协作、各项保障措施的同步推进乃至全社会方方面面的齐心协力。我们党历来高度重视马克思主义无神论宣传教育的组织和保障工作，在新中国成立之初就将马克思主义无神论的研究和宣传教育纳入宣传思想工作的总体部署，在实践中创造积累了许多好的经验。在改革开放之后，马克思主义无神论研究和宣传教育的组织保障工作逐步步入了系统化、常态化的运行轨道。党的十八大以来，在党中央的关心和部署之下，马克思主义无神论研究和宣传教育创新工作积极推进，同时，开创了组织保障工作的新局面，取得了明显的社会成效。

事业越前进，遇到的问题就越多，面临的挑战也就越大。当前，我国的马克思主义无神论宣传教育的组织保障工作虽然在不断完善，但由于长期以来积重难返的一些体制机制障碍，制度安排方面的阻滞性、牵制性因素依然存在，我国的马克思主义无神论宣传教育工作难以在短时间内取得较好的成效。加之一段时间以来有神论与无神论在社会各层面话语权此升彼降的"老问题"，马克思主义无神论研究被边缘化、妖魔化，马克思主义无神论宣传教育在宣传思想战线中"失语"，在各级学校课堂中"失踪"，在学术期刊论坛上"失声"的境况还会在一定程度上存在。以上因素的存在妨碍了党中央总体部署和相关政策的贯彻执行，阻滞了马克思主义无神论研究和宣传教育工作的顺利开展。各级党委应总结经验教训，破除体制机制障碍，将马克思主义无神论研究和宣传教育工作摆上重要议事日程，制定具体规划，采取切实措施，精心组织实施。

第一节　体制保障：规划马克思主义无神论宣传教育的长效机制

宗教有神论经过了千百年的发展，已经建构起了精致完美的神学体系，行之有效的传教策略，组织严密的社会实体，对信徒思想行为的影响是根深蒂固的，对普通群众也是极具诱惑力的。面对如此强大的"对手"，马克思主义无神论宣传教育想要在短时间内取得卓有成效的效果，不但不切合实际，也不符合规律。马克思主义无神论的宣传教育，需要总体的谋划和周密的部署，需要有领导地常抓不懈和有步骤地协调实施，其效果也要在坚持不懈和潜移默化中逐渐显现。鉴于此，规划良性运转的长效机制就成为落实党中央对马克思主义无神论研究和宣传教育的总体部署，取得良好宣传教育效果的体制保障。

一　加强党的全面领导

党的领导是中国特色社会主义制度的最大优势，也是无神论宣传教育的根本保障。我们党历来高度重视马克思主义无神论宣传教育工作，中央、国务院多次出台各种文件，但在具体执行中，还存在着主观和客观两大方面的阻碍。

从主观方面来看，个别党员干部不敢旗帜鲜明地坚持和宣传无神论。由于一些历史原因，无神论常常在各种语境中被打上特殊的符号。[①] 在这

[①] "文化大革命"时期，受到"左"倾错误的影响，新中国成立以来实行的一系列正确的宗教理论和宗教政策中断了，部分信教群众的宗教信仰自由没有得到有效保护，一些宗教界人士受到错误对待，宗教设施遭到一定程度的破坏，党的宗教工作和无神论宣传教育工作受到干扰。党的十一届三中全会后，党中央纠正了"文化大革命"时期对待宗教问题的"左"倾错误做法。错误虽然纠正了，但其负面影响却无法在短时间内消除。尤其是随着宗教影响力的增大和信教人数的增多，宗教越来越成为一些人口中的"济世良药""救世良方"，更多的党员干部因而不敢公开提及"无神论"。

些语境中，党员干部一提及无神论就容易被扣上反对宗教信仰自由的"极左"帽子，一推动无神论宣传教育就可能被曲解为迫害宗教、消灭宗教的"文化大革命余绪"。为了少生事端，少出乱子，保住选票，护好羽毛，个别党员干部虽然不赞成有神论，却不愿意多讲无神论，对无神论躲、怕、绕，避之唯恐不及，在宣传无神论问题上旗帜不鲜明、态度不积极。再加上出于照顾信教群众和宗教界人士宗教感情的考虑，部分党员干部更多地强调保护公民的宗教信仰自由，较少提及坚持马克思主义无神论及其宣传教育。

从客观方面来看，由于主管机构不明确，无神论宣传教育部署难以落实。宗教既是一种特殊的意识形态，又是实际存在的社会实体，这种特殊复杂性决定了党的无神论宣传教育工作必须由一个权责相称的主管机构来负责落实。[①] 一方面，宗教作为一种社会实体、社会力量，党内由统战部主管，政府由宗教局负责。统战部、宗教局的主要工作对象是宗教界人士和宗教团体，根据党的19号文件，这两部门不能向他们宣称无神论。同时，这两部门的工作精力主要放在宗教事务管理和宗教政策落实上，也没有更多的精力去抓全党、全社会的无神论宣传教育。另一方面，宗教也具有意识形态属性。开展无神论宣传教育和有神论批判本应由承担统领意识形态领域工作的中宣部负责。但是，涉及无神论宣传教育部署的主要是宗教工作文件，而不是宣传思想工作文件。宣传部自然认为这是统战部主管的宗教工作内容，不属于自己的工作范畴。主管部门的不明确，责任的不清晰导致了党的无神论宣传

[①] 在新中国成立初期，党的无神论宣传教育工作由政务院文化教育委员会负责落实。政务院文化教育委员会负责指导当时的文化部、教育部、卫生部、科学院、新闻总署和出版总署的工作，下设办公厅、计划财务局、人事处、宗教事务处、对外文化联络局。1952年8月，中央人民政府新闻总署撤销后，下属的广播事业局、新华通讯社改由文化教育委员会直接领导。这种权责相称的机构设置使得马克思主义无神论宣传教育有了强有力的主管机构，在新中国成立初期的无神论宣传教育也取得了一系列的成绩。1954年9月，根据国务院《关于设立、调整中央和地方国家机关及有关事项的通知》，中央人民政府政务院文化教育委员会的使命即告结束，同年，在国务院成立时设立了国务院宗教事务局，主管宗教事务。2018年3月，中共中央印发了《深化党和国家机构改革方案》，将国家宗教事务局并入中央统战部，加强了党对宗教事务的领导，但无神论宣传教育依旧没有明确的主管机构。

教育部署难以落实。

党对无神论宣传教育工作领导不应当是空洞的、抽象的，而应是具体的、实践的。为切实贯彻党中央关于无神论研究和宣传教育的部署精神，应全面加强党对无神论宣传教育工作的领导，从中央、部委、地方和社会四个层面推动相关决策文件的落实。

在中央层面，应加强对马克思主义无神论研究和宣传教育工作的指导和检查。由党中央统一部署，制定马克思主义无神论研究和宣传教育的长期规划，指导各地区各部门各单位党委（党组）贯彻落实中央关于无神论宣传教育的方针政策、法律法规，督促检查中央关于无神论宣传教育的重大方针、政策、法律法规的贯彻落实等。以此确保包括宣传思想部门在内的各部委各级政府相关部门切实贯彻中央会议和领导的讲话精神，落实中央关于无神论宣传教育重大决策部署和重大方针、政策。

在部委层面，建立起各部门协同联动、各负其责、齐抓共管的工作机制。马克思主义无神论宣传教育的政治性、政策性很强，宣传教育渠道也复杂多变，单靠一个或数个部门无法面面俱到地进行宣传教育，为了加强宣传教育的时效性和针对性，可以综合运用法律、行政、思想政治教育等多种手段，落实无神论宣传教育工作。比如，由中宣部牵头，建立起统战部、组织部、教育部、文化部、文明委、宗教局、网信办、社科院、中央党校各部门协同联动、各负其责、齐抓共管的工作机制。民族宗教和政法统战各部门作为党和政府的职能部门尤其要把握好尺度，既有政治上的坚定性，又有工作中的分寸感，把握好尺度，无神论宣传教育才能取得最好的效果。

在地方层面，各级党委应落实无神论宣传教育工作的主体责任。指定各级党委、各部门党委（党组）主要领导应当好第一责任人，分管领导要站在一线抓，带头积极落实中央文件精神，将无神论宣传教育摆上重要议事日程，纳入党委意识形态工作责任制进行考核，制定具体规划，拿出实施细则，采取切实措施，用实际行动来落实党对无神论宣传教育的领导。

在社会层面，加强党对包括中国无神论学会在内的学术团体和人民团体的联系和指导。马克思主义无神论教育不能在宣传教育系统内孤立进行，要与全社会的相关工作结合起来，只有建立政府部门与人民团体的分工协作机制，才能取得根本性的效果。马克思主义无神论与自然科学是天然的盟友，可以加强自然科学与社会科学工作者在无神论宣传教育上的联合。例如，中国科协提出要旗帜鲜明地进行无神论宣传，从科学原理上阐明无神论的客观依据，宣传科学思想和科学精神，使人们牢固树立科学世界观并大力开展针对青少年和老年人的科普工作五条措施；国际儒学联合会专家认为，儒家及中华优秀传统文化中的人文主义传统，是马克思主义在中国传播的丰厚土壤，是抵制各种封建迷信活动的强大软实力。这些学术团体都是宣传普及无神论的重要社会力量，中央应当加强与这些学术团体和人民团体的联系，支持并且指导中国无神论学会与科协、中国科学探索中心、中国科普研究所、中国反邪教协会、中国关爱协会、国际儒联以及工会、共青团、妇联等人民团体的联合，从而增强马克思主义无神论宣传教育的实效。

二 纳入法治化运行轨道

加强党对无神论宣传教育的全面领导能够为无神论宣传教育工作提供广阔的空间和平台，但这一系列的领导体制、运行机制、目标宗旨、功能定位、业务范围只有用制度和法律确认下来，使之具有权威性、稳定性、连续性和可操作性，然后付诸实践，才能真正落到实处，使无神论宣传教育工作有制可依、有规可守、有章可循、有序可遵，步入良性运转、长效运行的发展轨道。为此，我们还应该推动马克思主义无神论宣传教育的制度化建设，提高法治化水平。具体来说，可以从以下几方面入手。

（一）将重大决策部署以政策法规的形式明确下来

中央政策文件是具有普遍约束力的规范性文件，它的形成和印发标志着党中央重大决策部署的制度化、法治化。在新中国成立初期，就印发了《中共中央关于宣传唯物主义思想批判资产阶级唯心主义思想的指示》，在党的十一届三中全会之后，出台了涉及无神论研究和宣传教育的 19 号文件，即《关于我国社会主义时期宗教问题的基本观点和基本政策》。21 世纪以来，党中央连续印发了多份推进无神论研究和宣传教育工作的文件，如 2004 年由中央组织部、中央宣传部、中央文明办、中央党校、教育部、中国社会科学院下发的 13 号文件《关于进一步加强马克思主义无神论研究和宣传教育工作的通知》。

这些文件推动了党中央的决策部署落地，但也应当清醒地看到，自新中国成立以来公开下发的文件，除了 2004 年的 13 号文件外，其他文件只是零星抽象地提及无神论宣传教育，并未形成具体的实施细则，即便是 13 号文件的落实情况也不容乐观。不仅如此，改革开放以来，许多关于宣传无神论的讲话精神，都未形成专门的中央文件和部门行政法规加以落实。

党的十八大以来，习近平总书记在 2014 年 9 月的中央民族工作会议、2015 年 5 月的中央统战工作会议、2015 年 8 月的中央第六次西藏工作座谈会、2016 年 4 月的全国宗教工作会议等多次强调马克思主义无神论的重要性。尤其是在 2016 年全国宗教工作会议上，习近平总书记将马克思主义无神论的重要性提升到前所未有的高度，提出了关于马克思主义无神论研究和宣传教育的总体部署，并写入了会议形成的文件之中。在此次会议结束后，各部委陆续贯彻落实会议精神，印发各项工作细则，但关于无神论宣传教育的讲话精神和对无神论宣传教育的部署却一直未能形成具体政策。

习近平总书记关于马克思主义无神论宣传教育的重要讲话精神旗帜鲜明、振聋发聩、高屋建瓴、深邃精辟，深刻回答了事关当代中国马克思主义无神论宣传教育的一系列重大理论和实践问题，提出了一系列新的重大思想观点、重大判断、重大举措，指明了新时代无神论宣传教育的工作重点和前进方向，理应形成政策法规加以制度化、法治化。然而，在现阶段，这一工作的落实较为滞后，还需要进一步地推进。

（二）将无神论宣传的合法性以宪法解释的形式确认下来

"宪法是国家的根本法，是治国安邦的总章程，具有最高的法律地位、法律权威、法律效力，具有根本性、全局性、稳定性、长期性。"[①]我国宪法以国家根本法的形式，确立了一系列制度、原则和规则，制定了一系列大政方针，保障了公民享有权利和履行义务，其中当然也包括无神论宣传教育的内容。我国七五宪法第二十八条，七八宪法第四十六条规定"公民有信仰宗教的自由和不信仰宗教、宣传无神论的自由"，八二宪法第三十六条将之变更为"公民有宗教信仰的自由"[②]。这既是特殊时期照顾宗教界人士宗教感情、消除他们顾虑的需要，也是拨乱反正后落实党的宗教信仰自由政策的需要，但这并不意味着公民"不信仰宗教、宣传无神论的自由"是不受宪法保护的，同年印发的19号文件[③]也对党的宗教信仰自由做了详细的阐释。

实践证明，八二宪法的修改在当时是积极、正面的，有效地团结了宗教界人士，有效地维护了社会的稳定，对推动党的宗教工作步入正轨有着积极的作用。但随着各宗教影响力的不断扩大，信教人数不断攀升，有学者开始在该条款上做文章，有人把宪法规定的"宗教信仰的自由"强化为衡量宗教领域一切是非的唯一标准和唯一要求，凡是有利于"宗教信仰的自由"的言行，一般被认为是正确的，主张公民还有"不信仰宗教、宣传无神论的自由"的言行，往往会被扣上"违

---

① 习近平：《在首都各界纪念现行宪法公布施行30周年大会上的讲话》，《人民日报》2012年12月5日。

② 1980年启动修宪时，部分宗教界人士与中国无神论学会部分专家学者、科技界人士针对这一条款展开了激烈的争论。在五届人大第三次会议期间，班禅、丁光训、赵朴初、张杰、施如璋、张家树六名宗教界人士代表联名提交第139号提案，认为"公民有信仰宗教的自由和不信仰宗教、宣传无神论的自由"条款可能会引起信教群众的猜疑和顾虑。1981年，任继愈、刘大年、谭其骧、刘佛年等认为修改这一条是"不妥当的，甚至是有害的"，可能会限制不信教公民的自由，尤其是在宗教流行的地区，不信教公民可能会受到歧视、打压，还可能会助长境外宗教渗透。宪法修改委员会综合各方面意见，在经过慎重考量、反复论证和多次调研后接受了宗教界领袖的意见，修改了七八宪法的第四十六条款。

③ 指《关于我国社会主义时期宗教问题的基本观点和基本政策》。

宪"的大帽子。这种所谓的"宪法解释"在很多群众，尤其是信教群众中有着很大的影响。"宗教信仰自由已经包括了不信仰宗教、宣传无神论的自由"这一规定需要专家来解释，需要公民自己主动查阅宪法第二十四条来理解，查阅党的第19号文件来确认，这在实际中很难操作。宪法是面向全体人民的，因而其行文必须严谨、明确、无歧义。普通群众很难从字面上理解"公民有宗教信仰的自由"的双重法律含义，往往误解为宪法没有明确公民享有"不信仰宗教、宣传无神论的自由"。差之毫厘，失之千里，部分群众对宪法的误解和某些学者对宪法的曲解导致了当下的无神论宣传教育工作虽然有规可查却无"法"可依，虽然有章可循却无"法"落实的窘境。

法律是体现党和人民意志的，也应随着党和人民事业的发展而不断完善。在种种有神论思潮不断侵蚀我国主流意识形态，境外宗教渗透不断与我们党争夺群众思想的今天，借助宪法解释，明确公民所享有的"不信仰宗教、宣传无神论"的权利，明确我们党"坚持不懈地宣传无神论"的义务符合时代的发展进步，也符合党和人民的根本利益。

(三) 纳入预算支出予以支持

20世纪80年代之后，由于缺乏必要的政策和法律支持，无神论宣传教育的活动经费日渐枯竭，加之话题的敏感性，旗帜鲜明地支持无神论宣传教育也愈发困难。与此同时，随着宗教影响力和渗透力的增强，为宗教说话成为一件名利双收的事情，个别学者"吃教""媚教"，一些地方也打着"打造地方特色""寻找经济增长点"的旗号，"宗教搭台，经济唱戏"。不仅如此，境外敌对势力也抓住了国内宽松的环境，加紧利用宗教对我国进行渗透，他们拿出经费支持国内的家庭教会传教、扩张，设立基金资助"文化宣教"的研究成果和书籍出版、发行。一时间，《荒漠甘泉》《游子吟》等大批"宗教文化"书籍摆上了各大书店的畅销书专柜。一方面是宣传有神论有钱、有利、有面子，国外有神论著作的翻译介绍越来越系统；另一方面是宣传无神论没钱、没利、有风险，无神论书籍的出版发行难觅一二，两相比较，无神论宣传教育自然日渐式微。

作为党和国家的重要战略部署，无神论宣传教育工作离不开一定的经费支撑，将各级各类学校和相关党政部门、人民团体开展马克思主义无神论教育活动的经费纳入预算支出范围，就是对无神论宣传教育工作的直接支持。为此，中央层面的预算编制应安排专门资金支持无神论宣传教育活动，支持相关学术研究和学术团体活动。在部委层面可以依托教育部、中央党校和社科院，项目预算编制直接细化到相关高校、研究院所和直属单位。国家社会科学基金和各类哲学社会科学研究项目也应加大无神论课题的立项数量和资助力度。纪检监察机关严格监督资金的使用，做到投入实、资金实、到位实，精打细算，用活用好，用在关键，用出效益。比如，首先，可以在国家社科基金支持下设立马克思主义无神论研究和宣传教育专项资金，面向全国进行课题征集和招标，力求在5年内推出若干专著，召开若干次有影响的研讨会，初步树立无神论学科的学术形象和话语权；其次，开展宗教学中外学术交流和合作研究，要严格执行国家有关规定，建立健全审批和备案制度，防止"文化传教"；最后，加强无神论研究领域的国际学术交流，有计划地邀请国外著名的无神论学者到国内访问、讲学，尽快组织国内翻译界、出版界选定并翻译出版一批当代国外无神论研究专著，编制发行一批适用于大中小学和党校教育的无神论教材。如此多方合力，共同推进当代中国的马克思主义无神论宣传教育工作。

第二节　学术支撑：加强马克思主义无神论学科建设

在体制机制保障具备之后，人才和知识就成为开展马克思主义无神论宣传教育的决定因素，而人才和知识的储备均仰赖于学科。《辞海》将"学科"界定为学术的分类或对"教学科目"的简称。中国教育界的研究者通常从三个不同的角度定义"学科"：从组织机构角度来看，学科是学术的组织，即从事科学与研究的机构；从知识创造角度来看，学科是一种学术的分类，指一定科学领域或一门科学的分支，是相对独立的知识体系；从知识传承角度来看，学科就是教学的科目。这三个基本内涵决定了"学科"所承担的三大职能：组织科学研究，推出学术成果，培养学科人才。学科建设水平决定着本学科能否有效组织起完整的科研体系，能否持续不断推出优秀的科研成果，能否接续培养出合格的专业人才。然而，一段时间以来，无神论研究机构稀少、研究成果难寻、人才寥寥无几，甚至沦为"濒危学科"[1]，这严重阻碍了马克思主义无神论宣传教育工作的推进。

学术研究是宣传教育的支撑，人才队伍是宣传教育的基础。只有心无旁骛地钻研，才能为宣传教育提供足够的智力支持，只有一代一代地培养，才能为宣传教育储备足够的优秀人才。因此，我们必须聚焦马克思主义无神论学科建设，鼓励马克思主义无神论理论研究和实践探索，培养马克思主义无神论专业人才，为马克思主义无神论宣传教育储备不可或缺的人才和知识。

一　发展学术组织

有神论产生于人类文明的初期，经过数万年的发展，其理论自成体系，其信众数以亿计，其成果汗牛充栋，海内外的神学或者宗教学都以其为研究对象，建立起了数量庞大的研究院、教研室、学会、协会、期刊。无神论是对有神论的批判和否定，其思想成果同样浩如烟海，也值得我们建立专门的组织机构去研究它们。然而，当前马克思主义无神论学科的学术组织却声音微弱，新闻媒体上也难以寻觅无神论研究机构、学术团体的活动报道。学术组织是学科建设的依托，是学术研究的保障，建设具有影响力的学术组织对推进马克思主义无神论宣传教育工作有着重要的现实意义。

---

[1] "马克思主义理论学科建设工程"已将"科学无神论"列为"濒危学科"加以扶持。

第六章　当代中国马克思主义无神论宣传教育的组织保障　　183

（一）科研机构

马克思主义无神论学科的科研机构应当"研究宗教，批判神学"[①]，即组织马克思主义理论研究工作者，对有神论相关的问题、现象进行科学研究，探究种种有神论的本质，揭露其荒谬性，进而为党的理论和宣传教育工作储备理论知识，提供智力支持。既然研究对象是有神观念，那么从理论上讲，无神论的研究机构应当挂靠于宗教研究机构。事实上，我国最早的无神论研究机构"无神论研究室"也是中国社会科学院世界宗教研究所的下设机构。然而，随着机构的改革和变迁，"无神论研究室"的研究一度被中断，甚至撤销，马克思主义无神论学科建设史上出现了很长一段时间研究机构空白的"窘境"[②]。直到 2009 年，在李长春、陈奎元等领导同志的关怀下，在任继愈、习五一等专家学者的推动下，中国社会科学院马克思主义研究院设立了"马克思主义无神论研究室"实体研究机构和"中国社会科学院科学与无神论研究中心"非实体研究中心，开始承担马克思主义无神论学科组织建设的艰巨任务。

由于长期的研究空白，无神论的学科知识储备短缺和人才断层严重，无神论研究室的发展步履维艰。截至 2019 年 4 月，除马克思主义研究院"马克思主义无神论研究室"外，各高等院校、各级学校、党校（行政学院）都未曾建立无神论相关的学部、学院、学系，也未曾建立任何实体或非实体的研究所、教研室、工作室，独

[①] 参见《"研究宗教"亟须拨乱反正　"批判神学"必须开展补课——访中国社会科学院世界宗教研究所原所长杜继文》，《马克思主义研究》2013 年第 5 期。

[②] 1963 年 12 月 30 日，中共中央外事小组、中宣部提交《关于加强研究外国工作的报告》，建议创立十几个研究外国的科研机构，毛泽东主席专门就创建无神论科研机构做了批示。根据批示，中宣部、北京大学、统战部筹建了"世界宗教研究所"，任继愈任所长，下设"无神论研究室"，这是新中国第一个无神论研究机构。但好景不长，无神论研究机构的建设之路一度中断。1964 年，由于种种原因，世界宗教研究所的"无神论研究室"先后变更为"宗教原理研究室""宗教理论研究室"。这种变更使得该研究室"把坚持和研究无神论作为自己工作的基本内容，已经没有了可能"，而在其他单位设立无神论研究机构的可能更是渺茫。在随后的时间里，我国无神论研究机构长期空缺（参见李申《任继愈传》，河北人民出版社 2016 年版，第 126、317 页）。

立的无神论研究机构尚属空白。与此同时，几乎所有的综合性大学和文科院校都建立了宗教学系及其附属基督教、佛教、伊斯兰教等教研室，社会上打着研究宗教旗号的组织机构也如雨后春笋般层出不穷。

形势严峻，机构空缺，为推进马克思主义无神论研究和宣传教育工作，建立健全研究机构刻不容缓。为此，应当进一步完善扩充马克思主义研究院下辖的"马克思主义无神论研究室"，选调优秀的无神论专业人才，将其建设成开展马克思主义无神论研究和宣传教育的坚强阵地，无神论研究和人才培养的重要基地。在此基础上，筹建更多的马克思主义无神论实体研究机构；鼓励有志于马克思主义无神论研究的专家学者，立足于已有研究基础和学科平台，在自己单位成立实体或非实体的研究机构；组织专门的教学研究人员特别是中青年人员对马克思主义无神论进行专门研究或主动承担国家和地方的科研课题。此外，还可以鼓励社会力量设立各类无神论研究和宣传教育相关的智库，多管齐下，共同推进我国的无神论研究机构建设。

（二）学术团体

学术团体，也称为学术社团或学会，是指为更好地研究某类或者某种客观事物而自发组织进行研究活动的社会团体。学术团体分为自然科学团体、社会科学团体以及交叉科学研究团体，如中国物理学会、中国宗教学会和中国科学技术学会。相较一般的社会团体，学术团体汇聚了本领域的专家学者，有着学术交流、学术创新和社会服务的职能。

作为群众性学术组织，学术团体或者学会能够汇聚有志于本领域研究的人才，能够在更大范围内推进学科研究，是学科建设的重要载体，也是马克思主义无神论宣传教育的重要组织保障。无神论也有相关的学术团体，如中国无神论学会。1978年，任继愈发起成立中国无神论学会，成立之初就确立了以研究和宣传无神论为宗旨。但由于种种原因，该学会运行不佳，1985年就完全陷入了停顿。在停顿期间，我国没有其他正式的无神论学术团体建立，这种情况直到1997年中国无神论学会的重建。①

党的十八大以来,在党中央的直接关怀和支持下,无神论相关的学术团体受到重视,中国无神论学会也获得了新的发展。但与此同时,"以鼓吹有神论为目的的宗教学也发展起来。由于种种原因,这些以鼓吹有神论、鼓吹神学为目的的宗教家,还往往占据着宗教学的领导地位,掌握了相当的社会和经济资源。鼓吹有神论、宣扬神学的宗教学家,成为有神论迅速扩张的重要推动力量"②。在这种环境中,无神论学会虽然规模扩大了,但与动辄千人的宗教学术团体相比,仍然弱小;③ 无神论学会虽然步入正轨了,但与影响力巨大、资金雄厚的"老牌"学术团体相比,仍需要进一步完善。首先,对中国无神论学会来说,作为当下唯一的无神论学术团体,应加强与主管部门的沟通和联系,更加积极地推动无神论研究,为无神论宣传教育工作储备足够的学术资源;其次,相关主管部门和民政部民间组织管理应当有针对性地支持鼓励无神论领域学术团体的建立,扩大无神论领域群众性学术团体的影响力;最后,无神论领域的学术团体应积极拓展网上平台、微信公众号等新媒体手段宣传无神论,还应主动发现吸收其他领域有志于宣传无神论的专家学者,继承和发扬"两科联盟"的好传统好经验,联合中国科协、国际儒联、中国反邪教学会等其他学术团体,共同推动落实党中央关于无神论宣传教育的部署。

---

① 由于形势的变化,无神论宣传工作越来越趋于困难。一些曾经热情参加中国无神论学会的青年和学者,都纷纷脱离无神论研究领域。1997 年,面对以"人体特异功能"面貌出现的新有神论思潮和以基督教超常发展为代表的"宗教热"现象,任继愈先生联合科技界、新闻界、社科界人士一起重组无神论学会。随后,学会积极吸收研究机构的研究人员及高等院校的教师,部分地区统战部和宗教局从事实际工作的干部,社会上关注关心无神论事业的从业者参加学会活动。此时的中国无神论学会,虽然与会学者寥寥无几,参与重建活动者凤毛麟角,但在重建之初便取得了一系列丰硕成果。比如,学会在"法轮功"事件之前就已深入调查并向中央要求取缔"法轮功"组织、梳理厘清"人体特异功能"泛滥轨迹及深层根源、编写出版分别面向大中小学生和党员干部的无神论普及读物,开展了中学生无神论教育试点。
② 李申:《中国无神论学会三十五年》,《科学与无神论》2014 年第 3 期。
③ 以 2018 年中国无神论学术年会为例,与会代表共 97 人。

二 推出优秀成果

建立学术组织的重要目的就是推出优秀的学术成果。学术成果的数量和质量标志着学科发展水平，优秀成果的推出，既推动了学科的建设发展，具有学术价值，又满足了社会需求，具有社会效益。对马克思主义无神论学科来说，推出优秀的学术成果，不但可以为党和国家部署无神论宣传教育工作提供意见和建议，可以推动马克思主义无神论学科的建设和发展，还可以为无神论宣传教育储备知识和理论。因此，鼓励无神论研究，推出优秀成果就成为学科保障的关键环节。

（一）学术论文

学术论文的数量和质量不仅体现了特色学科的发展水平，还可以为现实问题的解决提供理论支撑。无神论学科的特殊性决定其学术论文担负着更大的社会责任。无神论的研究对象是有神论，因而，该领域的论文应当运用马克思主义的立场、观点、方法认识和分析宗教，揭露其本质，应当敏锐地把握当下种种有神论思潮的动向，分析其本质，驳斥其虚伪性，应当筛选研究中外历史上有价值的无神论思想，使其时代化、中国化、大众化，服务于当代中国的无神论宣传教育。这种特殊性决定了有神论论文数量有多少、质量有多高，无神论论文就应该有多少、有多高。然而，在实践中，无神论学术论文的数量和质量都不尽如人意。截至2019年4月8日，在中国知网上以"无神论"和"Atheism"为篇名进行模糊检索，共检索出1292篇论文，其中，中文核心及CSSCI来源期刊有157篇。以"马克思主义无神论"为篇名进行模糊检索，共检索出92篇；以"无神论宣传教育"为篇名进行模糊检索，共检索出39篇。"中国知网"平台是中国最大的学术电子资源集成商，收录了95%以上正式出版的中文学术资源，从中国知网的检索数据来看，无神论相关学术论文的数量稀少，这也在一定程度上反映了无神论学术论文的边缘化程度。

无神论学术论文的稀少不仅限制了无神论学科的影响力和传播力，

还无力为无神论宣传教育工作提供足够的智力支持。这种现状的形成与无神论专业期刊建设的滞后有关。直至 20 世纪末，我国都没有专业研究无神论的学术期刊，学者们多在宗教学、哲学领域投稿，这种情况一直持续到 1999 年。在"法轮功"事件发生后，"中央领导同志问，我们国家有没有一本宣传科学无神论的杂志？回答是没有。而以'宗教'为名的杂志，包括有国家批号和各种主体创办的，到二十一世纪初，笔者随手拿到的，就有六十余种。估计总数当在百种左右。其中绝大部分，是以宣传宗教为目的的。最好的状况，不过是'中性研究'。主张批判神学、宣传无神论的，则一本也没有"[1]。也就是在当年，由于形势需要，《科学与无神论》创刊。该杂志在创刊之初便遭遇了极大困难，"在中央有关部门召开的有关会议上，在无神论学会有关的会议上，关于名字中要不要出现'无神论'三个字，都发生了激烈的争论。原因只有一个，这个名字不为人欢迎，甚至惹人讨厌，以致连党的有关部门，主张宣传无神论的许多人，也不愿用这个名字"，而且"《科学与无神论》杂志创办以后，接到指示：杂志上不能有主管单位的名字"[2]。这些"先天缺陷"限制了无神论领域学术期刊的创建和发展。

针对这些情况，可以从两方面着手。一方面，我们还要继续建设无神论领域的原有期刊，严格审核文章的学术性、规范性，加强无神论期刊与自然科学领域期刊、社会科学相关期刊的合作，以此提高自身的办刊水平和学术影响力；另一方面，相关部门应当积极鼓励无神论领域专业期刊的建立，同时，鼓励专家学者积极研究无神论，以期涌现出更多更好的学术成果。

（二）教材读本

马克思主义无神论的各类教材书籍往往以通俗读本的形式呈现出

---

[1] 李申：《科学无神论与建国六十年（提纲）——在中国无神论学会 2009 年学术年会上的发言》，《科学与无神论》2010 年第 5 期。
[2] 李申：《科学无神论与建国六十年（提纲）——在中国无神论学会 2009 年学术年会上的发言》，《科学与无神论》2010 年第 5 期。

来，当前我国无神论教材读本的出版发行情况不甚乐观。除新疆外[①]，我国各省、自治区、直辖市的各级学校没有开设任何与马克思主义无神论相关的课程，因而尚未发行标准的无神论教材。但我国曾在20世纪末和21世纪初出版发行了一系列有影响力的无神论通俗读本。这些教材读本面向不同的宣传教育对象，以通俗易懂的语言、贴近生活的案例、翔实生动的分析普及无神论，它们的出版发行，在应对和消除"法轮功"影响的过程中，取得了较好的教育效果和社会影响。但在"法轮功"事件过后，国内出版社再没有出版过类似的教材读本，原有的读本也因有神论思潮的发展而失去了时效性和针对性。因此，我们应加大对无神论教材读本编写发行的支持力度，推动教育部及相关部门在各部门的工作意见或导向性文件中，设置无神论项目并予以立项资助，尽早补救。

为此，有关部门应牵头联合社会各界，一方面重新编纂更新原有教材，另一方面吸收近年来国内各地无神论宣传教育工作的一些好的经验，系统梳理近年来线上线下、国内国际宗教领域出现的问题和谬论，组织编写面向青少年、党员干部和群众的马克思主义无神论宣传教育教材读本。比如，通过参考各地反邪教工作的经验教训，各地对"神化教主"的"教主崇拜"现象的揭露和批判，因地制宜利用本地素材，重点澄清"造神"的机理和"人神"的荒谬性、欺骗性，组织编写新时代大、中、小学无神论宣传教育教材。也可以围绕迷信、伪科学、邪教所造成的严重危害，联系干部群众的思想实际，组织编写面向党员干部的马克思主义无神论干部读本，逐步在各级党校、行政学院、社会主义学院和其他干部培训机构，在"两学一做"中，在宗教工作任务重的省区使用，争取通过一批有理论深度、有学术价值、有社会影响的教材读本，打造无神论学科建设的标志性成果。

---

① 目前仅有新疆高校开设"科学无神论"相关课程，由寇新华和苏来曼·亚森主编的较为成熟的《科学无神论简明读本》被新疆师范大学采用。

（三）课题专著

课题，指要研究、解决的问题，包括由国家各级政府成立基金支撑的纵向课题、来自企事业单位的横向科研合作课题和学院自筹课题；专著，指的是针对某一专门研究题材的著作的别称。课题必须经过立项才能开展后续的研究工作，通过审核方可获取基金支持，开展课题研究工作，在课题结项之时，往往以专著的形式提交研究成果，因而课题与专著关系紧密。对企事业单位而言，无神论研究难以为自身带来明显的效益，甚至可能带来"隐患"，因而很少支持无神论横向课题；对政府来说，无神论课题有利于国家长远利益和社会整体利益，理应大力支持无神论纵向课题。

但近年来，无神论领域的课题申报和立项成功的情况并不容乐观，尤其是 2014 年后，无神论相关课题的申报和立项数量呈现出明显的下滑趋势。[1] 这种趋势在短时间内难以扭转，但我们仍可以针对问题，采取一些补救性措施。首先，进一步争取相关部门的扶持，争取国家社科基金在"课题指南"中对无神论相关课题加以支持，或者设置专项基金，面向全国进行课题征集和招标，专门支持无神论课题，为无神论研究"保留火种"。其次，无神论研究领域的专家学者也应总结经验教训，苦练内功，提高自己的学术水准，推出一批有影响力的学术论文，为无神论课题的申报凝聚优秀团队，积累前期成果，进而提高立项成功率。

三　培养专业人才

施政之道，唯在得人。无神论专业方向的人才，是无神论宣传教育工作的基础。然而，由于长期以来的人才流失和学科培养体系的缺失，无神论专业出现"人才短缺""青黄不接""专业性不强"的情况，这限制了马克思主义无神论研究和宣传教育工作的开展。马克思主义无神论是从属于马克思主义理论的一门分支学科，与哲学、宗教学、历史

---

[1] 2015—2019 年，关于无神论研究的国家社会科学基金项目（含重点项目、一般项目、青年项目）立项数量均为 0。

学有着密切的联系,又从自然科学中汲取了大量知识资源,可以说是一个综合学科。这个学科的人才培养不但需要教育部门的精心呵护,还需要各个学科的鼎力支持,因而难度较大。目前,全国没有一家高校明确保留这一专业方向,科研机构保留此方向的也寥寥无几。没有学科人才的培养,就没有持续不断的智力支持,马克思主义无神论宣传教育也是肤浅、零散和后劲不足的。鉴于此,我们必须通过学位培养和短期培训的方式重建人才培养体系。

(一)学位教育

学位教育是专业人才储备的基础。在当前的学科划分之中和人才体系之内,并没有马克思主义无神论这一学科分类,因此,马克思主义无神论学科无法独立地招收培养本科生。在研究生培养领域,仅中国社会科学院有"无神论教育"或"科学无神论"方向,其他大学尚未开始无神论方向的招生。学位教育的成功与否关系到马克思主义无神论学科的发展,关系到马克思主义无神论宣传教育工作的人才储备,加强马克思主义无神论方向的学位教育刻不容缓。为此,2016年初,中国无神论学会起草上报了关于在马克思主义理论一级学科下设立无神论二级学科的建议。该建议得到了相关部门的肯定和积极回复。但在实际调研和论证的过程中,专家们指出,加强无神论教育需要包括哲学社会科学和自然科学各个学科的共同努力,但就现在来说,各高校应当加紧建设无神论课程,将无神论渗透到公共课程等相关课程中去。而且,按照国务院学位委员会和教育部修订的学科设置与管理模式,二级学科应当由学位授予单位自主设置。可以看出,经过专家学者的调研论证,当前设立马克思主义无神论二级学科的条件还不成熟,需要各学科、各部门、各界的共同努力。

在各界继续努力的同时,学位教育的进程也不能停滞不前。按照专家调研,当前可以先由相关学科,如马克思主义理论学科,哲学、宗教学研究领域的专家学者依据自己的研究方向,依托现有的学科平台,设置与无神论相关的研究方向,招收研究生,或者在其他研究方向下指导研究生进行与无神论有交叉的课题研究,由此"借船下海",培养无神论专业人才。这样,可以为未来无神论领域的学术研究,为马克思主义无神论宣传教育工作储备学术资源和学科人才。

(二) 短期培训

无神论宣传教育队伍建设还应抓好思想政治理论课教师、中小学德育课教师、相关哲学社会科学任课教师、各高校辅导员、各级学校班主任、共青团组织、高校政工干部、基层党政干部、保卫人员、传媒业者、自媒体运营方、网站运营团队的短期培训。思想政治理论课教师、哲学社会科学课教师面对的是课堂这个宣传教育主阵地;辅导员、班主任、共青团干部、高校政工干部与青少年学生朝夕相处,对他们的思想影响很大;基层党政干部、安全保卫工作人员长期斗争在抵御境外宗教渗透的第一线;传媒业者、新媒体平台运营方、网站维护团队掌握着至关重要的大众传播渠道,他们都是马克思主义无神论宣传教育队伍的重要成员,但是由于工作繁忙,没有足够的时间和精力参加长期培训,遑论学位教育和长期培训了,只能集中时间进行短期轮训。

为此,宣传思想部门或人员所在单位可委托马克思主义宗教观和无神论领域的专家学者,组织讲师团,集中时间对选拔出的无神论宣传教育工作人员进行高密度、专业化的短期培训。比如,加强面向辅导员、班主任队伍的无神论教育,使他们树立马克思主义无神论,熟悉党的宗教政策和相关的宗教法规,掌握无神论教育的理论和方法。各级师范院校应努力把无神论相关知识融入师范学生的必修课中;对在职教师要进行马克思主义无神论知识的专题培训,帮助教师确立马克思主义无神论世界观。各级教育行政部门要依法作出明确规定,贯彻"教育与宗教相分离"原则。在各类党员干部培训班、研修班中,也可以增加马克思主义无神论教育、党的宗教工作方针政策以及国家相关法律法规的内容,提高党员干部对宗教问题的分析判断能力和工作能力。此外,还可以组织高校专家学者和实际工作者加强对重大理论、重要政策和重点难点问题的研究,不断提高马克思主义无神论宣传教育工作的科学化水平。

结　　语

　　马克思主义无神论宣传教育，对于巩固马克思主义在意识形态领域的指导地位，保持党的先进性和纯洁性，提高全民族的思想道德素质和科学文化素质，打牢全党全国人民团结奋斗的共同思想基础，推动社会主义物质文明、政治文明和精神文明协调发展，具有特殊重要的意义。

　　党的十八大以来，以习近平同志为核心的党中央高度重视马克思主义无神论的研究和宣传教育工作，作出了一系列重大决策部署，各地区各有关部门主动采取措施，取得了显著社会成效，马克思主义无神论研究和宣传教育工作进入了一个新的发展阶段。但由于长期以来积重难返的一些思想障碍和体制机制内的一些阻滞性、牵制性因素，当前的马克思主义无神论宣传教育所面临的形势依然严峻而复杂，相关研究所要完成的任务依然艰巨而繁重。

　　集思广益，聚沙成塔。为对当前的马克思主义无神论研究和宣传教育有所贡献，本书试图从马克思主义无神论宣传教育的生成逻辑、核心内容、主要对象、具体途径和组织保障五个方面提出具有现实针对性的建议。但囿于阅历、能力和篇幅，本书普遍性研究多，特殊性研究少；理论性研究多，实践性研究少。未来则希望在同步推进以上几方面研究的同时，有机会对实践性较强的马克思主义无神论宣传教育的方法和艺术进行研究。

　　作为一项宣传思想工作，马克思主义无神论宣传教育有其独特的方法，加之宗教问题在各领域、各群体中呈现出的特殊复杂性，我们还应格外重视马克思主义无神论宣传教育的艺术。为了在取得良好宣传教育效果的同时最大限度团结广大信教和不信教群众，实际工作要避免因只看到"世上无神"看不到"宗教有神"而导致的片面否定宗教，以及因只看到"宗教有神"看不到"世上无神"而导致的过度美化宗教两种倾向，然后在坚持政治上团结合作、信仰上相互尊重的基础上，通过多接触、多谈心的工作方式，以理服人，以情感人的工作方法，以"春风化雨"般的高超艺术实现"润物无声"的宣传教育效果。

总的来说，作为一项长期而紧迫的重要任务，马克思主义无神论研究和宣传教育工作既要满怀理想，又要立足现实；既要看到宗教走向最终消亡的历史必然性，又要看到有神论与无神论矛盾运动的长期性、复杂性和曲折性。在此基础上，建立起长效运行机制，有领导地常抓不懈，有步骤地协调实施，以此绵绵用力，必能久久为功。

参考文献

一 经典文献

《马克思恩格斯选集》第1—4卷,人民出版社2012年版。

《马克思恩格斯文集》第1—10卷,人民出版社2009年版。

《马克思恩格斯全集》第1、3、20、27、42卷,人民出版社1956、1960、1971、1972、1979年版。

《列宁选集》第1—4卷,人民出版社2012年版。

《列宁全集》第6、9、35卷,人民出版社2013、2017、2017年版。

《列宁专题文集·论辩证唯物主义和历史唯物主义》,人民出版社2009年版。

《列宁专题文集·论无产阶级政党》,人民出版社2009年版。

《列宁专题文集·论社会主义》,人民出版社2009年版。

《毛泽东选集》第1—4卷,人民出版社1991年版。

《毛泽东文集》第7、8卷,人民出版社1999年版。

《建国以来毛泽东文稿》第6册,中央文献出版社1992年版。

《邓小平文选》第1—3卷,人民出版社1994、1994、1993年版。

《邓小平思想年谱(1975—1997)》,中央文献出版社1998年版。

《江泽民文选》第1—3卷,人民出版社2006年版。

《胡锦涛文选》第1—3卷,人民出版社2016年版。

《习近平谈治国理政》第1、2卷,外文出版社2018、2017年版。

《习近平关于全面从严治党论述摘编》,中央文献出版社2016年版。

《习近平关于党风廉政建设和反腐败斗争论述摘编》，中国方正出版社 2015 年版。

《习近平关于科技创新论述摘编》，中央文献出版社 2016 年版。

《习近平关于全面依法治国论述摘编》，中央文献出版社 2015 年版。

《习近平关于社会主义经济建设论述摘编》，中央文献出版社 2017 年版。

《习近平关于青少年和共青团工作论述摘编》，中央文献出版社 2017 年版。

《习近平扶贫论述摘编》，中央文献出版社 2018 年版。

《习近平关于社会主义文化建设论述摘编》，中央文献出版社 2017 年版。

《习近平关于社会主义政治建设论述摘编》，中央文献出版社 2017 年版。

习近平：《论坚持党对一切工作的领导》，人民出版社 2019 年版。

习近平：《摆脱贫困》，福建人民出版社 1992 年版。

习近平：《干在实处　走在前列——推进浙江新发展的思考与实践》，中共中央党校出版社 2013 年版。

《三中全会以来重要文献选编》（上、下），中央文献出版社 1982 年版。

《建国以来重要文献选编》第 1—7 册，中央文献出版社 1992 年版。

《十八大以来重要文献选编》（上、中、下），中央文献出版社 2014、2016、2018 年版。

《十九大以来重要文献选编》（下），中央文献出版社 2019 年版。

《中华人民共和国宪法》，法律出版社 2018 年版。

《中华人民共和国教育法典》，中国法制出版社 2016 年版。

《中华人民共和国国家安全法律法规汇编》，法律出版社 2018 年版。

《新时期宗教工作文献选编》，宗教文化出版社 2014 年版。

《宗教政策法规文件选编》，宗教文化出版社 2012 年版。

《宗教事务条例》，中国法制出版社 2017 年版。

《宗教政策法规读本》，宗教文化出版社2012年版。
《中国保障宗教信仰自由的政策和实践》，人民出版社2018年版。
《中国特色社会主义宗教理论学习读本》，宗教文化出版社2013年版。
《中央民族工作会议精神学习辅导读本》，民族出版社2015年版。
《中国精神文明建设年鉴（2005）》，学习出版社2007年版。
《中国共产党纪律处分条例》，中国法制出版社2018年版。
《关于新形势下党内政治生活的若干准则 中国共产党党内监督条例》，中国法制出版社2016年版。
《习仲勋论统一战线》，中央文献出版社2013年版。
《习仲勋文集》（上、下），中共党史出版社2013年版。

二 著作

陈来：《古代思想文化的世界：春秋时代的宗教、伦理与社会思想》，北京大学出版社2017年版。

陈来：《中华文明的核心价值：国学流变与传统价值观》，上海三联书店2015年版。

陈林：《中国无神论与政治》，江苏人民出版社2014年版。

陈万柏、张耀灿：《思想政治教育学原理》，高等教育出版社2010年版。

丁郁：《中西无神论比较研究》，江苏人民出版社2014年版。

杜继文：《科学与无神论文集》，中国社会科学出版社2014年版。

段德智：《境外宗教渗透与苏东剧变研究》，人民出版社2015年版。

段德智：《新中国宗教工作史》，人民出版社2013年版。

樊建新：《我国社会主义初级阶段基本经济制度》，中国社会科学出版社2016年版。

葛剑雄、朱永刚：《人文精神》，上海科学技术出版社2010年版。

龚学增、李申编著：《马克思主义无神论干部读本》，人民出版社2004年版。

龚学增：《马克思主义宗教观中国化研究》，四川人民出版社2012

年版。

龚学增：《宗教问题概论》，人民出版社 2011 年版。

郭齐勇：《中华人文精神的重建：以中国哲学为中心的思考》，北京师范大学出版社 2011 年版。

昊文治：《柳宗元资料汇编》，中华书局 1964 年版。

加润国：《中国宗教与宗教政策》，国家行政学院出版社 2013 年版。

金鑫：《中国问题报告：新世纪中国面临的严峻挑战》，中国社会科学出版社 2000 年版。

金宜久：《当代宗教与极端主义》，中国社会科学出版社 2008 年版。

寇新华、苏来曼·亚森：《科学无神论简明读本》，中国农业大学出版社 2013 年版。

李建生：《马克思主义宗教观教育的理论与实践研究》，中国社会科学出版社 2013 年版。

李申：《任继愈传》，河北人民出版社 2016 年版。

李申：《宗教简史》，广西师范大学出版社 2012 年版。

李士菊：《马克思主义科学无神论的当代阐释》，人民出版社 2006 年版。

梁漱溟：《人生的三路向：宗教、道德与人生》，当代中国出版社 2010 年版。

林存光：《"文明以止"：中华民族的人文精神与文明特性研究》，学习出版社 2016 年版。

刘福军：《马克思主义宗教观教育初探》，宗教文化出版社 2014 年版。

刘建军：《信仰书简》，中国青年出版社 2012 年版。

《刘禹锡集笺证》，上海古籍出版社 1989 年版。

楼宇烈：《中国文化的根本精神》，中华书局 2016 年版。

吕大吉、高师宁：《马克思主义宗教理论研究》，中国社会科学出版社 2011 年版。

吕大吉：《宗教学通论新编》，中国社会科学出版社 2010 年版。

孟宪霞：《社会主义国家处理宗教问题的经验教训》，中国社会科学出版社 2012 年版。

牟钟鉴、张践：《中国宗教通史》（上、下），中国社会科学出版社 2007 年版。

南怀瑾：《中国道教发展史略》，复旦大学出版社 2007 年版。

欧阳肃通：《转型视野下的中国农村宗教：兼以乡村基督教为个案考察》，中国社会科学出版社 2009 年版。

任继愈：《天人之际》，人民日报出版社 2010 年版。

任继愈：《宗教·道德·文化》，宁夏人民出版社 1988 年版。

任继愈：《宗教学讲义》，国家图书馆出版社 2013 年版。

申振钰：《解读神秘》，科学出版社 2003 年版。

孙倩：《青少年科学无神论教育的理论与实践》，中国社会科学出版社 2009 年版。

孙倩、任事平：《科学无神论小学生读本》，人民出版社 2004 年版。

唐晓峰：《中国基督教田野调查》，社会科学文献出版社 2014 年版。

田心铭：《马克思主义与无神论研究》，中国社会科学出版社 2019 年版。

王充著，张宗祥注：《论衡校注》，上海古籍出版社 2010 年版。

王友三：《中国无神论史论集》，江苏人民出版社 2014 年版。

王珍：《东西方无神论哲学思想研究》，宗教文化出版社 2010 年版。

王珍、孙倩、申振钰：《科学无神论中学生读本》，人民出版社 2004 年版。

王作安：《大辞海·宗教卷》，上海辞书出版社 2013 年版。

王作安：《中国的宗教问题和宗教政策》，宗教文化出版社 2010 年版。

习五一：《科学无神论》（第 1、2 辑），中国社会科学出版社 2015、2018 年版。

习五一：《科学无神论与宗教研究》，中国社会科学出版社 2012 年版。

习五一：《马克思主义理论学科前沿研究报告（2010）》，中国社会科学出版社 2012 年版。

习五一：《马克思主义无神论研究》（第 1—5 辑），中国社会科学出版社 2013、2015、2017、2016、2017 年版。

辛向阳：《解读中国》，江西人民出版社 2001 年版。

徐长安、刘光育：《儒学与中国无神论》，江苏人民出版社 2014 年版。

许崇德：《中华人民共和国宪法史》（下卷），福建人民出版社 2005 年版。

许正林：《基督教传播与大众媒介》，上海人民出版社 2015 年版。

牙含章、王友三：《中国无神论史》，中国社会科学出版社 2011 年版。

叶小文：《中国破解宗教问题的理论创新和实践探索》，中共中央党校出版社 2014 年版。

于歌：《美国的本质：基督新教支配的国家和外交》，当代中国出版社 2015 年版。

袁贵仁、杜继文、李申：《科学无神论大学生读本》，人民出版社 2004 年版。

曾传辉：《马克思主义宗教观研究（2012、2013、2014）》，社会科学文献出版社 2013、2015、2017 年版。

张岱年：《中国人的人文精神》，贵州人民出版社 2017 年版。

张岂之：《中华人文精神》，西北大学出版社 1997 年版。

张耀灿、郑永廷、吴潜涛、骆郁廷等：《现代思想政治教育学》，人民出版社 2006 年版。

赵朴初：《佛教常识答问》，华文出版社 2011 年版。

郑念：《科学文化建设研究》，中国科学技术出版社 2019 年版。

周伯琦：《中外宗教概览》，宗教文化出版社 2012 年版。

朱维群：《民族宗教工作的坚持与探索》，四川人民出版社 2016 年版。

朱晓明：《爱国宗教力量建设问题研究》，中国藏学出版社 2009 年版。

卓新平：《马克思主义经典作家关于宗教的基本观点研究》，人民出版社 2017 年版。

卓新平：《中国宗教与文化战略》，社会科学文献出版社 2013 年版。

［德］费尔巴哈：《宗教的本质》，王太庆译，商务印书馆 2010 年版。

［德］马克斯·韦伯：《新教伦理与资本主义精神》，马奇炎、陈婧译，

北京大学出版社 2012 年版。

［德］马克斯·韦伯：《宗教社会学》，康乐译，广西师范大学出版社 2005 年版。

［苏］彼·斐·柯洛尼茨基：《马克思主义哲学唯物主义是与宗教斗争的理论武器》，郭力军译，上海人民出版社 1956 年版。

［苏］卢卡启夫斯基：《无神论》，李天纲编，谭辅之译，上海社会科学院出版社 2017 年版。

［美］乔恩·米查姆：《美国福音：上帝、开国先贤及美国之建立》，王聪译，华夏出版社 2009 年版。

［美］罗伯特·加斯特罗：《上帝与天文学家》，唐兴礼译，宁夏人民出版社 2008 年版。

［美］梅尔·斯图尔特：《科学与宗教——21 世纪的问题》，徐向东编，邢滔滔、陈玮译，北京大学出版社 2015 年版。

［美］塞缪尔·亨廷顿：《文明的冲突与世界秩序的重建》，周琪等译，新华出版社 2015 年版。

［美］塞缪尔·亨廷顿：《谁是美国人——美国国民特性面临的挑战》，程克雄译，新华出版社 2010 年版。

［美］詹腓力：《"审判"达尔文》，钱锟译，中央编译出版社 2006 年版。

［美］帕利坎：《历代耶稣形象》，杨德友译，上海三联书店 1999 年版。

［罗］米尔恰·伊利亚德：《神圣与世俗》，王建光译，华夏出版社 2002 版。

［英］戴维·麦克莱伦：《马克思主义与宗教》，林进平、林育川、谢可晟译，天津人民出版社 2018 年版。

［英］罗素：《宗教与科学》，徐奕春、林国夫译，商务印书馆 2010 年版。

［英］詹姆斯·思鲁威尔：《西方无神论简史》，张继安译，吕大吉校，中国社会科学出版社 1982 年版。

［英］斯蒂芬·威廉·霍金、［美］列纳德·蒙洛迪诺：《大设计》，吴忠超译，湖南科学技术出版社2011年版。

［英］理雅各：《中国人关于神与灵的观念》，齐英豪译，福建教育出版社2018年版。

三 论文

陈村富：《简论马克思主义与宗教：兼议宣传无神论与信徒能否入党的两场争论》，《世界宗教研究》2016年第5期。

陈卫华：《当代美国无神论逻辑演进的三重维度》，《理论建设》2016年第5期。

陈祖甲：《脱愚重于脱贫》，《中国青年报》2014年3月24日。

戴继诚：《宗教与国家安全》，《中国人民公安大学学报》（社会科学版）2007年第4期。

杜继文：《不宜用个人认识中的"宗教"和从事的"宗教研究"强加于人》，《马克思主义研究》2014年第7期。

杜继文：《是什么"宗教观"、"宗教学"？兼论"学术神学"——答〈科学研究马克思主义宗教观 发展中国宗教学〉》，《马克思主义研究》2014年第3期。

段启明：《贯彻19号文件中的得与失——纪念中共中央"中发1982年19号文件"下发30周年》，《科学与无神论》2012年第4期。

樊建新：《美国如何对社会主义国家进行意识形态战》，《红旗文稿》2005年第11期。

高永：《高校马克思主义宗教观教育机制的系统构建》，《思想教育研究》2013年第4期。

龚育之：《坚持科学的唯物论和无神论》，《党建》1999年第9期。

龚云：《马克思主义无神论研究和宣传教育是党的意识形态工作的重要组成部分》，《科学与无神论》2017年第3期。

龚云：《宗教热对主流意识形态构成严重挑战》，《科学与无神论》2017

年第 4 期。

韩琪：《西方无神论思想发展的启示》，《科学与无神论》2014 年第 6 期。

何虎生：《论中国特色社会主义宗教理论的形成发展及实践》，《世界宗教研究》2016 年第 3 期。

黄超：《美国对华宗教渗透新模式及其意识形态演变》，《中国党政干部论坛》2012 年第 2 期。

黄奎：《炮制"极端无神论"的帽子意欲何为?》，《科学与无神论》2017 年第 6 期。

黄艳红：《马克思主义无神论思想的中国化实践与发展》，《世界宗教文化》2019 年第 3 期。

黄艳红：《苏联无神论宣传教育的历史经验与教训》，《马克思主义研究》2017 年第 12 期。

加润国：《无神论宣传与共产党人的初心使命》，《治理现代化研究》2019 年第 5 期。

金宜久：《文化传教："抓住中国的脑袋和脊背"》，《科学与无神论》2011 年第 5 期。

李渤：《苏联东欧国家处理宗教思潮的经验与教训》，《广州社会主义学院学报》2007 年第 4 期。

李超英：《无穷探索与终极答案——从两个有神论兼无神论的小故事看科学与神学的区别》，《科学与无神论》2009 年第 5 期。

李存山：《中国传统哲学是"天人之学"》，《光明日报》2003 年 9 月 23 日。

李建生：《目前基督教在新疆的传播及影响——兼谈基督教传播与商业发展》，《甘肃社会科学》2009 年第 6 期。

李申：《任继愈与中国马克思主义宗教学》，《世界宗教文化》2019 年第 4 期。

李申：《中国无神论学会三十五年》，《科学与无神论》2014 年第 3 期。

李士菊：《由"宗教批判"到"政治批判"再到"经济批判"——马克思创立科学无神论的艰苦历程》，《马克思主义研究》2007年第11期。

李维建：《反对"族教一体"论，引导宗教中国化》，《新疆社会科学》2018年第3期。

李志英：《关于大学生信教的若干问题》，《科学与无神论》2010年第3期。

林贤明：《马克思文本研究的方法论思考——基于"宗教是人民的鸦片"的文本解读》，《世界宗教研究》2015年第4期。

刘爱莲、刘心一：《科学无神论与社会主义核心价值体系的辩证解读》，《思想政治教育研究》2010年第1期。

刘福军：《中国特色社会主义宗教理论的历史发展经验研究》，《世界宗教文化》2018年第4期。

刘澎：《基督教文明与美国强盛之基》，《人民论坛·学术前沿》2012年第11期。

牟钟鉴：《警惕极端无神论的危害》，《中国民族报》2017年3月21日。

牟钟鉴：《中国的社会主义者应当是温和的无神论者》，《中国民族报》2007年1月16日。

牟钟鉴：《尊重宗教是无神论的新高度——温和无神论述要》，《中国民族报》2014年1月14日。

任继愈：《不仅要脱贫而且要脱愚——谈科学无神论宣传的必要性和意义》，《人民日报》1999年6月24日。

任继愈：《哲学的永恒主题——究天人之际》，《群言》1994年第3期。

申振钰：《科学无神论是践行社会主义核心价值体系的理论基石——中国无神论学会2014年学术年会综述》，《科学与无神论》2015年第1期。

沈漳：《科学无神论与人民幸福》，《科学与无神论》2006年第6期。

孙浩然：《"宗教渗透"概念辨析》，《世界宗教研究》2007年第4期。

田心铭：《试论科学无神论学科中的基本矛盾》，《马克思主义研究》

2017 年第 2 期。

田心铭：《"无神"是马克思主义一切理论的前提》，《科学与无神论》2013 年第 5 期。

涂建华：《发展社会主义先进文化与抵制神秘主义》，《马克思主义研究》2012 年第 9 期。

汪维钧、张强：《我们为什么还要坚持科学无神论》，《南京政治学院学报》2015 年第 2 期。

王奇昌：《依法管理宗教事务与积极引导宗教之关系》，《中国民族报》2015 年 6 月 23 日。

王伟光：《坚持马克思主义无神论是大原则》，《科学与无神论》2017 年第 6 期。

王祥：《论马克思科学无神论产生的时代规定性及其当代启示》，《马克思主义研究》2018 年第 12 期。

王珍：《中西方视野下的宗教文化》，《中央社会主义学院学报》2017 年第 2 期。

习五一：《当代全球的宗教复兴与宗教冲突的加剧》，《科学与无神论》2007 年第 3 期。

习五一：《公立世俗大学没有上帝和神灵的位置》，《中国社会科学报》2014 年 12 月 26 日。

习五一：《警惕国际基督教右翼势力的文化渗透》，《马克思主义研究》2013 年第 3 期。

辛向阳：《〈黑格尔法哲学批判〉中的国家观及其现实逻辑》，《教学与研究》2015 年第 9 期。

邢国忠：《十八大以来中国特色社会主义宗教理论的坚持与发展》，《科学与无神论》2019 年第 6 期。

徐麟：《关于改革开放以来无神论宣传教育的回顾与前瞻》，《科学与无神论》2011 年第 7 期。

徐麟：《中国共产党"宗教信仰自由"政策的形成和发展》，《河北学刊》1994 年第 2 期。

徐玉成：《关于无神论宣传教育的几点思考》，《佛学研究》2003 年第 7 期。

杨俊峰：《宗教与道德关系的哲学反思》，《科学与无神论》2017 年第 2 期。

叶小文：《关于中国特色社会主义宗教理论的几个问题》，《世界宗教研究》2016 年第 4 期。

于祺明：《怎样看待自然科学家的宗教信仰》，《科普研究》2014 年第 2 期。

玉提库尔·达吾提：《对高校科学无神论教育的几点思考——以新疆和内地部分高校为例》，《科学与无神论》2014 年第 2 期。

曾传辉：《必须辩证看待宗教的社会作用》，《中国民族报》2015 年 9 月 1 日。

曾传辉：《略论习近平新时代中国特色社会主义思想关于宗教理论和政策的创新要点》，《世界宗教文化》2018 年第 2 期。

张俭松：《"新时代无神论的使命和任务"——中国无神论学会第五次会员代表大会暨 2018 年学术年会在京召开》，《科学与无神论》2019 年第 1 期。

张新鹰：《审视无神论研究与宣传教育的中国路径》，《世界宗教文化》2012 年第 3 期。

赵文洪：《宗教中国化与宗教信仰自由的关系》，《基督宗教研究》2018 年第 2 期。

郑念：《让科学理性成为社会文化的改造力量》，《科技日报》2015 年 3 月 14 日。

朱维群：《共产党员不能信仰宗教》，《求是》2011 年第 24 期。

朱维群：《旗帜鲜明地坚持和宣传无神论》，《环球时报》2016 年 5 月 4 日。

朱维群：《为什么不问苍生问鬼神？——谈保持共产党人世界观的纯洁

性》,《求是》2013 年第 18 期。

朱晓明:《不能颠倒坚持无神论和实行宗教信仰自由的关系》,《世界社会主义研究》2018 年第 5 期。

朱晓明:《对无神论,既要坚持更要积极宣传》,《环球时报》2016 年 9 月 12 日。

朱晓明:《始终保持马克思主义无神论在人民群众思想中的主导地位》,《红旗文稿》2016 年第 17 期。

卓新平:《从文化战略角度看待我国的宗教存在》,《中国民族报》2012 年 9 月 25 日。

卓新平:《科学宣传无神论保护宗教信仰自由》,《世界宗教研究》2017 年第 1 期。

左鹏:《高校思想政治理论课中宗教问题教育的现状及对策研究》,《思想教育研究》2015 年第 1 期。

四 外文文献

Raymond W. Converse, *Atheism as a Positive Social Force*, New York: Algora Pub., 2003.

Richard Dawkins, *The God Delusion*, Boston: Houghton Mifflin Harcourt, 2006.

Christopher Hitchens, *God Is Not Great: How Religion Poisons Everything*, New York: Hachette Book Group, 2007.

Sam Harris. *The End of Faith*, New York: W. W. Norton & Company, 2005.

Marianna Krejci, "Papa: Taking on Dawkins' God: An inter-view with Alister McGrath", *Science & Theology News*, 2005 - 04 - 25.

Gary Wolf, "The Church of the Non-believers", *Wired*, 2006, (11).

Jesse M. Smith, "Creating a Gogless Community: The Collective Identity Work of Contemporary American Atheists", *Journal for the Scientific Study of Religion*, 2013 (01).